D1873881

Die drei ???®

Fußballfluch

Kosmos

Umschlagillustration von Silvia Christoph, Berlin
Umschlaggestaltung von eStudio Calamar, Girona, auf der Grundlage der Gestaltung von Aiga Rasch (9. Juli 1941 – 24. Dezember 2009)

In diesem Buch sind folgende Bände enthalten:

Die drei ??? – Fußball-Gangster / erzählt von Brigitte Johanna Henkel-Waidhofer
1995, Franckh-Kosmos Verlags GmbH & Co. KG, Stuttgart

Die drei ??? – und die Fußball-Falle / erzählt von Marco Sonnleitner
2008, Franckh-Kosmos Verlags GmbH & Co. KG, Stuttgart

Die drei ??? – und das Fußballphantom / erzählt von Marco Sonnleitner
2010, Franckh-Kosmos Verlags GmbH & Co. KG, Stuttgart

Unser gesamtes lieferbares Programm und viele weitere Informationen zu unseren Büchern, Spielen, Experimentierkästen, DVDs, Autoren und Aktivitäten finden Sie unter **kosmos.de**

FSC www.fsc.org
The mark of responsible forestry
FSC® C017859

Gedruckt auf chlorfrei gebleichtem Papier

© 2012, Franckh-Kosmos Verlags GmbH & Co. KG, Stuttgart.
Alle Rechte vorbehalten
Mit freundlicher Genehmigung der Universität Michigan

Based on characters by Robert Arthur.

ISBN 978-3-440-12697-4
Redaktion: Anja Herre, Martina Zierold
Gestaltung und Satz: DOPPELPUNKT, Stuttgart
Printed in the Czech Republic / Imprimé en République Tchèque

Die drei ???®
Fußballfluch

Die drei ???®
Fußball-Gangster

erzählt von
Brigitte Johanna Henkel-Waidhofer

Die drei ???®
Fußball-Gangster

Ein böses Foul

Peter wandte Justus sein schmerzverzerrtes Gesicht zu. Sekundenbruchteile später stürzte der Zweite Detektiv im Zeitlupentempo zu Boden. Dort wälzte er sich, die Arme vor dem Gesicht gekreuzt.
»Peter!«, schrie Justus erschrocken auf, aber sein Freund konnte ihn nicht hören. Mit Riesenschritten sprang er die schmale Steintreppe zum Rasen hinunter und wäre fast mit Elizabeth und Kelly zusammengestoßen. Die Mädchen gehörten zum Medical Help Team, das verletzte Spieler versorgte. Hinter zwei Männern mit einer Bahre auf Rädern liefen sie aufs Spielfeld. Justus wollte ihnen nach, aber ein Junge mit einer Armbinde hielt ihn zurück. »Du nicht«, sagte er knapp, »du gehörst nicht dazu.« Justus fauchte ihn an, blieb aber an der Seitenlinie stehen.
»Peter!«, rief er noch einmal. Aber der reagierte nicht. Er wälzte sich auch nicht mehr, sondern lag jetzt ausgestreckt auf dem Rücken. Sein türkis und violett gestreiftes Trikot hob sich schreiend vom hellgrünen Rasen ab. Justus beobachtete, wie sich Peters Bauchdecke heftig nach oben und unten bewegte. Besorgt beugte sich Kelly über ihren Freund.
Inzwischen waren fast alle Spieler herangetrabt und standen im Kreis um den Verletzten. Der Schiedsrichter trieb die Helfer mit hektischen Handbewegungen an. Justus merkte, dass unbändige Wut in ihm hochstieg. Da lag ein Spieler offenbar schwer verletzt am Boden und dieser Schnösel in Rot reagierte wie ein kalter Karpfen. »Mistkerl«, hörte er sich zischen.
Vorsichtig wurde Peter auf die Bahre gehoben. Es war nicht zu erkennen, ob er bei Bewusstsein war. Einem Trauerzug ähnlich bewegten sich die Helfer auf Justus zu. Als sie an ihm vorbeikamen, versuchte er einen Blick auf Peters Gesicht zu werfen. Der Junge vom Sicherheitsdienst hielt ihn wieder ab. »Sind wir

hier bei einem Schülerturnier oder bei der Weltmeisterschaft?«, schimpfte Justus, aber sein Gegenüber zuckte nur die Schultern.
»Kelly«, rief Justus den Helferinnen nach, »was ist denn los?« Das Mädchen schaute über die Schulter zurück. Es war ziemlich blass geworden. »Ich komm' gleich wieder!«, schrie sie zurück, bevor sie mit den anderen hinter einer breiten Flügeltür verschwand.
Bei offiziellen Spielen der Jugendliga gab es in den Stadien einen streng abgegrenzten Sicherheitsbereich, den nur Spieler, Trainer, Schiedsrichter, das Medical Help Team und die offiziellen Vertreter von Mannschaften und Verband betreten durften. Justus hatte keine Chance hineinzukommen. Unschlüssig ließ er seinen Blick über die Ränge schweifen und merkte erst an den Reaktionen der Zuschauer, dass das Spiel wieder angepfiffen worden war. Vor lauter Aufregung hatte er gar nicht mitbekommen, ob der Missetäter als Strafe die gelbe Karte gesehen hatte.
Seit dem vergangenen September, als die Mannschaft seiner High School in die Jugendliga aufgestiegen war, hatte sich Justus zum ersten Mal richtig mit Fußball beschäftigt. Die Regeln kapierte er schnell, ein richtiger Fan war er dennoch nicht geworden. Zu schleppend gingen ihm viele Spiele voran. Auch diesmal hatte er das Geschehen nicht konzentriert verfolgt. Eigentlich war er nur mitgekommen, weil sich Peter in den vergangenen Wochen zum Mittelfeldstar der Truppe entwickelt hatte.
»Hey!« Justus ging noch einmal auf den Jungen vom Sicherheitsdienst zu. »Wie ist denn das gerade passiert?«
Der andere sah ihn mitleidig an. »Beim Konter nach dem Corner hat der linke Manndecker der ›Angels‹ eine Flanke verschlagen.« Er schien bewusst viele Fachausdrücke zu gebrauchen, um sich als Kenner der neuen Lieblingssportart vieler Jugendlicher aufzuspielen und Justus zu ärgern. »Euer Mann

kam an den Ball, und der Libero der ›Angels‹ säbelte ihn um.«
»Sowieso blöd, dass die noch mit Libero spielen, richtig altmodisch!« warf der Erste Detektiv ein und vergaß für einen Moment seinen Freund Peter. Die Gelegenheit, diesem Angeber Paroli zu bieten, wollte er sich doch nicht entgehen lassen.
»Es war ein böses Foul«, sagte der Junge knapp. Er versuchte nicht einmal seinen Ärger darüber zu verbergen, nicht weiter den Oberlehrer spielen zu können. Dann machte er auf dem Absatz kehrt und ging grußlos weg.
Justus sah auf die Uhr. Im selben Moment flog die Flügeltür auf. Kelly kam herausgestürmt.
»Und?«, rief er ihr entgegen.
»Wahrscheinlich das Kreuzband«, antwortete sie außer Atem. »Entweder gedehnt oder angerissen.« Sie schnaufte tief durch. »Außerdem war er kurz bewusstlos.« Justus fluchte. »Sonst ist aber alles in Ordnung, sagt der Doktor. Nur zum Röntgen muss er noch«, beruhigte ihn Peters Freundin. Verstohlen schaute er noch einmal nach der Zeit. »Ich hab' ein Problem«, begann er. »Ich würde gern mit ins Krankenhaus, aber heute kommt ein Cousin von mir. Er wird eine Zeit lang bei uns wohnen. Ich hab' Onkel Titus versprochen, dass ich mit auf den Flughafen fahre.«
»Klar doch«, meinte Kelly. »Elizabeth und ich begleiten Peter. Danach rufen wir dich an. Okay?«
Justus nickte erleichtert. Früher hatte er die beiden Mädchen samt ihrem Cheerleader-Team oft als ganz schön kompliziert empfunden. Aber seit die Freundinnen von Bob und Peter selbst Fußball spielten und Turniere organisierten, hatte sich das gründlich geändert.

James genannt Jimboy

Weil am Nationalen Flughafen in Burbank die Lotsen streikten, sollte Jimboy am Internationalen Airport von Los Angeles ankommen. Onkel Titus fuhr auf dem San-Diego-Freeway in Richtung Süden. Je näher die Ausfahrt Iglewood kam, desto größer wurde das Gedränge. An der Einfahrt zum Flughafen krochen die Busse, Taxis und Personenwagen nur noch im Schritttempo.
Justus musste an Peter denken, der inzwischen sicherlich im Krankenhaus lag. Er hoffte inständig, dass sein Freund nicht lange dort bleiben musste. Wenn das Knie tatsächlich schwerer verletzt war, konnte er den Traum vom Ligafinale in vier Wochen jedenfalls aufgeben.
»Ein Glück, dass wir so rechtzeitig los sind«, riss ihn Onkel Titus aus seinen Gedanken. »Jetzt bin ich nur gespannt, ob die Maschine pünktlich ist.«
Bevor sie in Rocky Beach abgefahren waren, hatte er sich über die Ankunftszeit des Flugs aus Chicago erkundigt und erfahren, dass sie planmäßig landen würde. Gerade rechtzeitig, bevor der Verkehr endgültig zum Stehen kam, steuerte Onkel Titus eine Großtankstelle vor der Auffahrt zur Abflughalle an. Der Pächter war Stammkunde im ›Gebrauchtwaren-Center Titus Jonas‹ in Rocky Beach und hatte immer einen Parkplatz für ihn frei. Sie stiegen aus. Der Geräuschpegel war enorm. Autofahrer hupten, Menschen riefen durcheinander, aus den Lautsprechern dröhnten Durchsagen. Auf dem Weg zu dem langgestreckten, zweistöckigen Gebäude kamen sie nur langsam voran. Unten waren der Ankunftsbereich und die Gepäckausgabe untergebracht, oben die Abfertigungsschalter.
»Was zwanzig Fluglotsen alles auslösen können«, sagte Justus, als sie das Getümmel sahen. Die Schlangen reichten bis vor die Abfertigungshalle hinaus.

In der vergangenen Woche hatte es im Luftraum über Los Angeles einen Beinahe-Zusammenstoß zweier Maschinen im Inlandsverkehr gegeben. Die verantwortlichen Fluglotsen waren in der Öffentlichkeit scharf kritisiert worden. Ihre Kollegen erklärten sich solidarisch und legten die Arbeit mit der Begründung nieder, wer im Schichtdienst zwölf Stunden pro Tag Dienst am Radarschirm verrichte, müsse überlastet sein. Sie betraten die Ankunftshalle, in der es ebenfalls laut und dazu noch stickig war. Einige Transparente informierten darüber, dass die Fluglotsen nicht für mehr Geld, sondern mehr Erholungszeit und für die Einstellung von zusätzlichem Personal streikten.

Onkel Titus und Justus kämpften sich durch eine Traube von Wartenden zur Anzeigetafel vor. Die Maschine aus Chicago befand sich tatsächlich bereits im Anflug. Vorbei an einigen Geschäften und einem völlig überfüllten Stehcafé gingen sie Richtung Flugsteig 9 und postierten sich an der Absperrung.

»Hab' ich Jimboy eigentlich schon mal gesehen?«, fragte Justus.

Onkel Titus schüttelte den Kopf. »Tante Mathilda und ich waren nach seiner Geburt in Chicago. Aber da gab es dich noch nicht.«

Über die komplizierten Verwandtschaftsverhältnisse war Justus bereits von seiner Tante Mathilda eingehend aufgeklärt worden: Seine Mutter und Jimboys Vater hatten einen gemeinsamen Vater, der wiederum ein Bruder von Onkel Titus' Vater war. Für Justus' Computerhirn war das eine Kleinigkeit. Als Justus aber auch Peter und Bob erklären wollte, wie er mit Jimboy verwandt sei, hatten sie abgewinkt und gemeint, es sei ihnen egal, wessen Blut durch Jimboys Adern fließe.

»Ich bin gespannt, ob wir uns ähnlich sehen«, fuhr der Erste Detektiv fort.

»Kann ich mir kaum vorstellen«, sagte Onkel Titus lachend. Sein schwarzer Schnurrbart zitterte. »Derny, Jimboys Vater, ist

ein richtiger Riese. Zwei Köpfe größer als alle anderen in der Familie. Von ihm hat Jimboy auch das Fußballtalent geerbt.«
Die beiden abwechselnd blinkenden Lampen an der Informationstafel signalisierten, dass die Maschine gelandet war. Justus merkte plötzlich, dass er ziemlich gespannt war auf den Ankömmling. Immerhin sollte er ein halbes Jahr lang das Zimmer mit ihm teilen.
Die ersten Reisenden verließen das Gate. Im Getümmel der Wartenden reckte sich Justus, um besser sehen zu können. Ein Blondschopf mit Kleidersack und Cowboystiefeln kam an die sich selbstständig öffnende Milchglastür. Er lachte einer alten Dame zu, die neben ihm ging, und war Justus auf Anhieb sympathisch. Allerdings würdigte er Onkel Titus keines Blickes, und Jimboy, das wusste Justus, hatte ein Foto von Onkel Titus bei sich, damit er ihn auch ganz bestimmt nicht verfehlte. Als Nächstes trottete ein rothaariger Junge im Jogginganzug mit Sporttasche heran. Justus musterte ihn und beobachtete, wie er mit ernstem Blick die Wartenden in Augenschein nahm. Aber auch er reagierte nicht auf Onkel Titus.
»Hey«, sagte plötzlich eine dunkle Stimme von rechts, »ich bin James Jonas.«
Überrascht sah sich Justus um. Er hatte den hoch gewachsenen Typ mit dem langen Zopf durchaus gesehen, ihn aber nie und nimmer für seinen sportbegeisterten Cousin gehalten, eher für einen Musiker oder einen Maler.
»Ich bin Titus Jonas«, sagte Onkel Titus, »und das ist dein Cousin Justus.«
»Hallo, Jimboy.« Justus streckte seinem Gegenüber die Hand entgegen. Der nahm sie und lächelte.
»Jimboy?«, wiederholte er. »In Chicago sagt niemand mehr Jimboy zu mir.«
»Wir hier nennen dich immer so, wenn wir von dir reden. Was dagegen?«, wollte Justus wissen, während sie eingekeilt zwischen anderen Passagieren zur Gepäckausgabe gingen.

James schüttelte den Kopf. »Eigentlich nicht«, antwortete er. »Ist vielleicht gar nicht so schlecht, sich von James zu verabschieden.«
Obwohl Jimboy nur fünf Monate älter war als Justus, überragte er ihn um gut einen Kopf. Er trug helle, weite Hosen und einen saloppen Sweater. Trotzdem sah man, wie durchtrainiert er war. Sie holten Jimboys Seesack und kämpften sich zum Ausgang durch. Dank des strategisch günstigen Parkplatzes kamen sie schnell aus dem Flughafengelände heraus.
»Warst du schon einmal an der Westküste?«, fragte Justus, während sie auf den Freeway einbogen. Jimboy verneinte. »Warst du schon mal im Osten?« Jetzt war es an Justus, den Kopf zu schütteln.
Jimboy wollte mindestens ein halbes Jahr lang in Rocky Beach bleiben, um auf die Tamilton High School zu gehen, die eine der berühmtesten Jugend-Fußballmannschaften bis hinunter zur mexikanischen Grenze beherbergte. Am nächsten Wochenende sollte ein Turnier mit den größten Soccer-Talenten aus allen Bundesstaaten stattfinden, um für die neue Profi-Liga zu werben. Jimboy war aus einigen hundert Anwärtern in Chicago ausgewählt worden.
»Ich will Berufsfußballer werden«, sagte er. »Ich glaube ziemlich sicher, dass ich das kann.«
Justus gefiel die selbstbewusste Art seines Cousins. Er hegte keinen Zweifel, dass sie gut miteinander auskommen würden.
»Habt ihr euch wegen des Zimmers schon geeinigt?«, fragte Onkel Titus, als er die Küstenstraße in Richtung Rocky Beach verließ.
»Wir schlafen beide bei mir«, sagte Justus, »und er kann meinen Schreibtisch benutzen. Ich geh' zum Arbeiten einfach in den Campingwagen.« Dann weihte er seinen Cousin ein, dass er mit zwei Freunden ein erfolgreiches Detektivbüro betrieb.
»Peter dürfte allerdings einige Tage ausfallen«, fuhr er fort, »der ist heute Nachmittag böse gefoult worden.«

»Ihr spielt auch Fußball?«, fragte Jimboy erfreut.
Justus nickte. »Peter sogar mit ziemlichem Erfolg. Aber mit dir kann er sich bestimmt nicht messen.«
»Dafür kann ich keine Kriminalfälle lösen«, meinte Jimboy und wollte mehr über die drei ??? wissen.
Justus berichtete über ihre Zentrale in dem alten, umgebauten Campingwagen. Er stand an einer abgeschiedenen Stelle des Schrottplatzes, den Onkel Titus seit vielen Jahren mit großem Erfolg in Rocky Beach betrieb. Sein Gebrauchtwaren-Center hatte sich unter Kennern und Liebhabern von Raritäten seit vielen Jahren einen guten Namen gemacht. Der Campingwagen bot alles, was ein professionelles Detektivteam brauchte – vom Fotolabor bis zum Anrufbeantworter. Seit wenigen Tagen gab es außerdem zwei neue Errungenschaften. Die drei ??? hatten sich ein Faxgerät und ein tragbares Telefon besorgt. Letzteres wollten sie der hohen Gebühren wegen allerdings nur in Notfällen benutzen.
Da Tante Mathilda noch mit ihrer Freundin Emily unterwegs war, hatte Justus gleich nach der Ankunft Gelegenheit, Jimboy ihre Zentrale zu zeigen. Der staunte nicht schlecht über die moderne Ausstattung des Büros. Als Justus dann auch noch die Klappe zum Geheimgang hochhob, war sein Cousin sprachlos.
»Das ist unser Tunnel zwei«, erklärte der Erste Detektiv sachlich. »Der führt unter dem halben Schrottplatz durch, falls wir mal schnell raus müssen aus der Zentrale.«
»Ist das, was ihr macht, so gefährlich?«
Justus zwinkerte ihm zu. »War früher mehr dazu da, um Tante Mathilda zu entwischen.«
»Verstehe.« Jimboy lachte.
»Wir haben noch einen anderen Geheimgang. Der bringt uns unbemerkt vom Schrottplatz.« Justus ließ die Klapptür ins Schloss fallen. »Komm mit!«
Sie liefen durch die hintere Zufahrt von außen um den Zaun herum und Justus zeigte seinem Cousin das Bild vom großen

Erdbeben und dem Feuer in San Francisco im Jahre 1906. Er steckte den Finger durch das Astloch, das auf den Bretterzaun gemalt worden war und das Auge des kleinen Hundes ersetzte. Eine schmale Tür sprang auf.
»Toll!« Jimboy sah ihn ungläubig an. »Du musst mir unbedingt mehr von euch und euren Fällen erzählen.« Sie gingen wieder auf den Platz und standen bald vor dem Campingwagen. »Und dann«, fuhr er fort, »möchte ich so schnell wie möglich deine Kumpels kennen lernen.«
Bevor sie einschliefen, erzählte Justus noch lange von Peter und Bob, von ihren Freundinnen Lys, Kelly und Elizabeth, von Inspektor Cotta, mit dem die drei ??? immer wieder zusammenarbeiteten, und von Morton, dem Chauffeur mit seinem Rolls-Royce, den ihnen ein millionenschwerer früherer Klient seit Jahren zur Verfügung stellte, wann immer sie ihn brauchten.
Als Jimboy dann auch noch wissen wollte, was der aufregendste Fall ihrer Karriere war, winkte sein Cousin ab. »Das haben wir uns schon oft gefragt«, meinte Justus, »und wir kommen immer zum selben Ergebnis: der, an dem wir gerade arbeiten. Und dann warten wir darauf, dass der nächste noch spannender wird.«
Jimboy gähnte. »Das ist wie im Fußball«, meinte er schläfrig, »da ist auch immer das nächste Spiel das schwerste.«

Ballkünstler unter sich

Auch sein zweiter Wunsch wurde James Jonas rasch erfüllt. So kurz vor den Ferien war in der Schule nur noch wenig los. Hausarbeiten gab es keine mehr. Peter, Bob, die Mädchen, Justus und sein Cousin trafen sich gleich nach dem Mittagessen auf dem Sportplatz, um trotz der heißen Junisonne etwas für ihre Kondition zu tun.

Jimboy, dessen weiße Hosen samt dem blauen Shirt an das Trikot der italienischen Fußball-Nationalmannschaft erinnerten, hatte sich von Justus dessen Freunde ausführlich beschreiben lassen. Jetzt bestand er darauf zu raten, wer wer war. Jedes Mal tippte er ins Schwarze.

»Bist ein schlauer Bursche«, lobte Justus.

»Bist eben ein guter Erzähler«, gab Jimboy zurück.

»Wenn er nur ein genauso guter Langstreckenläufer wäre«, stöhnte Kelly und trabte unter dem Gekicher der anderen los. »Aber er holt nicht einmal mich ein«, rief sie über die Schulter zurück.

Das ließ sich Justus nicht zweimal sagen und sprintete hinter dem Mädchen her. Auch die anderen liefen los. Peter zog sich unterdessen auf eine Bank zurück und legte sein Bein hoch. Er zog ein Buch über Fußballtaktik heraus und schmökerte darin. Glücklicherweise hatten die Ärzte festgestellt, dass sein Kreuzband nur gedehnt war. Er hatte einen Kniestrumpf verpasst bekommen, sollte sich einige Tage schonen, konnte aber zum Liga-Endspiel voraussichtlich antreten.

Nach drei Runden hatte Justus genug von der schweißtreibenden Nachmittagsbeschäftigung und gesellte sich zu seinem Freund.

»Guter Typ, dein Cousin«, meinte Peter, während Justus auf dem Rücken liegend nach Luft schnappte. »Dieser Zopf – einfach Spitze.«

»Ich hab's gewusst!« Der Erste Detektiv kam langsam wieder zu Atem. Er hob den Kopf, stützte sich auf die Ellenbogen und studierte eingehend Peters Aussehen. »Zu deiner edel geformten Nase, den sanft geschwungenen Augenbrauen und dieser rotbraunen Haarpracht würde ein Zopf auch ganz toll passen. Oder am besten mehrere. Peter Shaw, der Rasta-Man von Rocky Beach.«
»Ich hätte nichts dagegen.« Von hinten war Kelly herangekommen.
»Ich schon«, sagte Justus bestimmt und rappelte sich hoch. »Wäre viel zu auffällig für einen erfolgreich arbeitenden Detektiv. Oder könnt ihr euch Sherlock Holmes mit Irokesenschnitt vorstellen?«
Gemeinsam beobachteten sie Jimboy Jonas, der viel schneller als die anderen seine Runden drehte.
»Wenn er am Ball auch so gut ist, dann ist er super«, meinte Kelly. »Wisst ihr was? Wir könnten ihn testen. Ich hab' den Schlüssel zum Sportraum. Da liegen einige Bälle drin.«
»Gute Idee!« Peter war sofort dafür und Kelly sprang davon.
»Nur keine Eifersucht!«, raunte Justus dem Freund zu. Er wusste genau, dass ihm Kellys offenkundiges Interesse für den angehenden Fußballstar aus Chicago sauer aufstieß.
Da Lys, Elizabeth und Bob zu ihnen stießen, verschluckte Peter die passende Antwort.
»Was liest du da?«, fragte Elizabeth. Sie ließ sich auf die Bank fallen, während Bob zum Wagen lief, um die Fußballschuhe zu holen.
Peter zeigte ihr das Taktik-Buch. »Kenn' ich. Hat unsere Trainerin auch«, sagte sie, nahm Peter das Buch aus der Hand und blätterte darin. »Vorgestern haben wir drei gegen drei auf drei Tore gespielt.« Elizabeth zeigte auf das passende Schaubild. »Nach zwanzig Minuten war ich völlig k. o.«
»Drei gegen zwei ist noch schlimmer«, mischte sich Lys ein. Wie Kelly und Elizabeth begeisterte sich auch Justus' Freundin

seit einiger Zeit für Fußball. Ihr College war das erste an der Westküste, das, neben Mannschaften in den klassischen amerikanischen Sportarten Basketball, Baseball und Football, auch eine Fußballelf aufgestellt hatte. Und zwar eine weibliche, weil sich anfangs im Sportunterricht viel mehr Mädchen als Jungs für Soccer interessiert hatten.

Kelly und Jimboy kamen gleichzeitig an. Das Mädchen hatte ein großes Netz voller Fußbälle geschultert und ließ sie mit einem Handgriff auf den Rasen springen.

»Wollen mal sehen, was wir von dir lernen können«, sagte Justus zu Jimboy. Sein Cousin lachte. Er gabelte sich einen Ball auf den rechten Rist und ließ ihn hüpfen, als wäre er mit einem Gummiband an seinem Schuh festgebunden. Seine Zuschauer sperrten Mund und Nase auf.

Sie beschlossen, auf einer kleinen Fläche mit zwei Stürmern gegen drei Verteidiger zu spielen. Bob und Jimboy sollten versuchen, Tore zu schießen, während die Mädchen den Part der Abwehrspielerinnen übernahmen. Justus rückte zwei Bänke zurecht. Peter machte den Schiedsrichter. Zum Auftakt pfiff er mit großer Geste auf einer imaginären Pfeife.

Schon nach wenigen Spielzügen war klar, dass es sich bei Jimboy tatsächlich um einen absoluten Könner handelte. Er führte den Ball immer ganz nah am Fuß, dribbelte nach Belieben an seinen Gegenspielern vorbei, täuschte raffiniert und schoss vier Mal ins improvisierte Tor. Bob musste sich mit einem einzigen Treffer begnügen. Trotzdem war auch er begeistert, als sie nach zehn Minuten aufhörten.

Einige aus der High School der drei ??? hatten die Einlage beobachtet und wollten wissen, wer Jimboy sei und woher er käme. Nicht ohne Stolz stellte Justus ihn als seinen Cousin vor.

»Hat bestimmt eine große Karriere vor sich«, hörte Justus einen Mitschüler sagen. »Nur schade«, antwortete einer der überzeugtesten Baseball-Fans in seiner Klasse, »dass er sich ausgerechnet auf Fußball spezialisiert hat. Ist doch brotlose Kunst.«

Nach dem Duschen wechselten alle sieben in die kleine Kneipe gegenüber. Sie bestellten Limonade und Hamburger. »Glaubst du wirklich, dass man mit Fußball genügend Geld verdienen kann?«, wollte Justus wissen.
Jimboy nickte nachdenklich. »Hängt viel von der nächsten Fußballweltmeisterschaft ab«, meinte er. »Wenn sich bei uns genug Leute für Fußball begeistern, wird es bald auch eine funktionierende Profiliga in den USA geben.« Er sah in die Runde. »Und dann gehör' ich dazu.«
»Glaub' ich aber nicht«, widersprach Bob. »Der erste Anlauf, Fußball bei uns populär zu machen, war doch ein Riesenflop. Obwohl Weltstars wie Pele in New York gespielt haben.«
Kelly hielt dagegen. Die Schulen seien damals vergessen worden, meinte sie, niemand habe sich um Jugendarbeit gekümmert und darum, dass es Nachwuchs im eigenen Land gab.
»Ihr kennt euch ja prima aus.« Jimboy war sichtlich beeindruckt. Kelly lächelte etwas verlegen und drehte an ihrem langen Zopf.
»Aber noch immer nicht genug«, schaltete sich Peter ein. Er sah auf die Uhr. »Und deshalb müsst ihr jetzt zum Erste-Hilfe-Kurs.«
»Tatsächlich. Hätten wir fast vergessen.«
»Und wir«, fuhr Justus fort, »können endlich ein richtiges Männergespräch über Fußball führen.« Vorsichtshalber setzte er bei dieser Provokation sein breitestes Grinsen auf und die Mädchen verzichteten darauf zu protestieren.

Explosive Nachrichten

»Wie ein Dressman«, urteilte Justus, als er sich Jimboys Unterlagen ansah. Es war eine regelrechte Bewerbungsmappe, mit Hochglanzfotos, Lebenslauf, Urkunden von Turnieren, an denen er teilgenommen hatte, und einer genauen Auflistung von sportmedizinischen Untersuchungsergebnissen nach den verschiedensten Trainingseinheiten.
Mit diesem Portfolio, erzählte Jimboy, hatte er sich erfolgreich an der Tamilton High School in Pasadena um einen Platz beworben. Der Schule war ein College angeschlossen, das er bei entsprechendem Schulerfolg weiter besuchen konnte, ohne auf Fußball verzichten zu müssen.
Justus blätterte weiter. Er saß in einem alten Schaukelstuhl, den Onkel Titus aus seinem Fundus herausgerückt hatte, ebenso wie das Stockbett. Jetzt war es richtig gemütlich in dem Zimmer, das eigentlich ziemlich klein war für zwei.
»Du müsstest erst mein Video sehen«, sagte Jimboy. »Nächste Woche nach dem Turnier bekomm' ich es zurück.«
Durch das offene Fenster hörten sie ein Auto am Wohnhaus vorfahren. Eine Hupe ertönte, und dann stand auch schon Peter in der Tür und wollte Jimboy zum gemeinsamen Training einiger Jugendmannschaften mitnehmen. Jimboy sah Justus fragend an, aber der meinte, er solle unbedingt mitfahren. Im Handumdrehen hatte Jimboy seine Sporttasche gepackt.
»Aber halt dich ein bisschen zurück!«, rief Justus ihm nach. »Damit die Kalifornier nicht gleich grün werden vor Neid!« Er verstaute einige Kleidungsstücke im Schrank, stellte Jimboys Mappe ins Regal und ging ebenfalls hinunter.
»Wie wär's mit einem Stück Kirschkuchen zur Stärkung?«, hörte er die Stimme von Tante Mathilda, der kein Geräusch im Haus entging. Das ließ sich Justus nicht zweimal sagen. Lange Zeit hatte er Figurprobleme gehabt und sich daran gestört, dass

unter den geliebten T-Shirts sein Bauch kaum zu verbergen war. Seit er Lys und ihre Ansichten über gesunde Ernährung kannte und seit er mehr Sport betrieb als früher, war es damit vorbei.
Wenig später ging Justus über den Schrottplatz. Gebrauchtes Bauholz stapelte sich hier neben Eisenträgern, Fensterrahmen und Wasserrohren aus Keramik. Gerade wurde eine Ladung alter, quaderförmiger Sandsteine abgeladen, die Onkel Titus beim Abbruch einer Villa entdeckt hatte.
Der Erste Detektiv fingerte nach dem Schlüssel in seiner Hosentasche, nahm die beiden Briefe, die der Postbote wie immer unter die Fußmatte geschoben hatte, und schloss die Tür des Campingwagens auf. Nachdem er sich vergewissert hatte, dass keine Anrufe auf dem Anrufbeantworter waren, ließ er sich in den Stuhl hinter dem Schreibtisch fallen und warf den Computer an. Peter und Bob hatten ihn händeringend gebeten, endlich einmal einen Kassensturz zu machen. Die drei ??? nahmen von ihren Kunden niemals Geld, bekamen aber gelegentlich Spenden, die sie auf ein Konto einzahlten. Nach der Anschaffung des Faxgerätes und des tragbaren Telefons herrschte dort ziemlich Ebbe. Aber Genaues wusste keiner.
Justus öffnete das Buchhaltungsprogramm. Fein säuberlich trug er regelmäßig ihre Ausgaben und Einnahmen ein. Schon ein flüchtiger Blick auf die Zahlen zeigte, dass sie unbedingt ihre laufenden Kosten senken mussten. Wieder einmal überlegte Justus, dass es das Einfachste und Wirksamste wäre, wenn Onkel Titus ihnen für einige Monate den Beitrag stundete, den sie für die Unterstellung des Campingwagens auf dem Schrottplatz zahlten.
Während der Computer in den Zahlenaufstellungen blätterte, fiel Justus' Blick auf die beiden Umschläge. Er nahm den Brieföffner aus der Schreibtischschublade und schlitzte ein Kuvert auf. Eine Werbesendung für Briefpapier kam zum Vorschein. »Woher die wohl unsere Adresse haben«, murmelte er und rief zwei neue Seiten auf. Nebenbei griff er zu dem anderen Um-

schlag. Er fühlte sich ziemlich weich an. Justus fuhr mit dem Brieföffner hinein und im selben Moment gab es einen ohrenbetäubenden Knall. Er wurde in den Stuhl gedrückt, als hielten ihn Riesenkräfte fest. Zugleich schwappte eine Welle unbeschreiblichen Gestanks über ihn hinweg. Die Augen begannen ihm zu tränen. Justus rappelte sich hoch und stolperte zur Tür.

Draußen atmete er einige Male tief durch. Dann sah er sich um. Wegen des Lärms, den das Abladen der Steinquader machte, hatte wohl niemand den Knall gehört. Er drehte sich zum Campingwagen um. Durch die offene Tür verzog sich langsam grauer Rauch. Justus wunderte sich, dass nichts zerstört worden war. Nicht einmal die Fenster waren zu Bruch gegangen.

Er hielt sich die Nase zu, kehrte ins Büro zurück, nahm den Brieföffner zur Hand und hob mit ihm das halb zerfetzte Kuvert auf. Dann ging er wieder nach draußen und zog ein Taschentuch aus der Hose. Damit nahm er das Kuvert zwischen Daumen und Zeigefinger und holte das weiße Papier heraus, das fast unversehrt in dem Umschlag steckte. Vorsichtig, um mögliche Fingerabdrücke nicht zu verwischen, öffnete er das Blatt.

»Fußball Findet Falsche Freunde«, stand da zu lesen. Mit einem Blick registrierte Justus, dass die Buchstaben einzeln aus Zeitungen ausgeschnitten worden waren. »Freitag Finger Feg Fon Football-Fans! Fafnir Feuert Feuerstein!«

Zwanzig Minuten später knatterte Bobs orangefarbener VW-Käfer auf den Schrottplatz. Justus hatte den Fachmann für Recherchen sofort alarmiert. Er war im Team der Detektive außerdem für die Archivierung der Fälle verantwortlich, gab aber auch einen brauchbaren Kriminaltechniker ab.

»Schöne Schweinerei!«, sagte Bob und rümpfte die Nase.

»Trotzdem haben wir Glück gehabt.« Justus stutzte. »Habe ich Glück gehabt«, verbesserte er sich. »Wenn da Sprengstoff drin gewesen wäre …«

Während Bob den Koffer mit allen notwendigen Utensilien aus dem Schrank holte, lief Justus zum Wohnhaus. Zwei Minuten später war er zurück, mit einem Ventilator unter dem Arm. »Ist zwar schon ziemlich altersschwach«, meinte er, »aber vielleicht besser als gar nichts.«
Das Einzige, was passierte, als er den Stecker einschob, war, dass eine kleine Stichflamme emporschoss und erneut ein lauter Knall ertönte. Justus ließ einen Fluch vom Stapel.
Bob machte sich inzwischen über den Drohbrief her. Laut Poststempel war er vor zwei Tagen in Los Angeles aufgegeben worden. Vorsichtig streute er ein graues Pulver über das Blatt. »Vielleicht haben wir Glück und es gibt noch schöne, saubere Fingerabdrücke«, murmelte er. Das Kuvert unterzog er derselben Prozedur. Dann holte er mit einer Pinzette ein schmales Stück Karton aus dem Kuvert. Er nickte anerkennend und zeigte Justus den Zünder, der auf dem Karton montiert war. Dann verstaute er den Umschlag in einer Klarsichthülle, setzte sich an den Schreibtisch und nahm den Mechanismus der Zündung unter die Lupe.
»Und?« Justus beugte sich von hinten über ihn.
»Das Stinkpulver war in einem Plastikröhrchen untergebracht. Und dieses Rohr hier war durch einen Faden mit der Lasche des Umschlags verbunden. Als du mit dem Brieföffner daran gekommen bist, ging die Sache los.«
»Das heißt, dass unter das Stinkpulver irgendein Sprengstoff gemischt worden sein muss«, kombinierte Justus.
»Richtig. Und zwar in der genau ausreichenden Dosierung.« Er legte die Lupe aus der Hand. »Da war ein Fachmann am Werk. Dieses Pulver werde ich mir genauer ansehen.« Er stand auf und verschwand hinter dem dicken Vorhang, der das Labor abtrennte.
Justus rief ihm nach, sie müssten als Erstes herausfinden, aus welchen Zeitungen die Buchstaben stammten. »Am besten mit dem Datum der jeweiligen Ausgabe.«

Bob kam hinter dem Vorhang hervor. »Dauert zehn Minuten«, meinte er. »Dann hab' ich das Mischungsverhältnis heraus.« Er sah Justus über die Schulter. »Fußball-Fan ist der Absender garantiert nicht. Aber Anhänger von Alliterationen.«
Justus schenkte dem Freund einen erstaunten Blick. »Alliterationen? Gratuliere, was du für Fremdwörter kennst.«
Ärgerlich runzelte Bob die Stirn. Natürlich, Justus Jonas war auf allen Gebieten ein absolutes As und unschlagbar. Aber musste er dann so tun, als fiele er aus allen Wolken, wenn andere auch etwas wussten? Das Wort ›Alliteration‹ hatte Bob gleich gefallen, als er es zum ersten Mal im Unterricht gehört hatte. Und er hatte sich die Bedeutung eingeprägt: dass mehrere Wörter mit demselben Buchstaben anfangen und dass Dichter und Werbeleute gern Alliterationen benutzten. Er schluckte seinen Ärger hinunter, zumal es eine Stelle in dem Drohbrief gab, bei der er tatsächlich passen musste. »Du weißt doch sicher, wer oder was Fafnir ist?«
Es schien, als hätte Justus auf die Frage gewartet. Ohne Punkt und Komma ratterte er seine Kenntnisse über die Nibelungensage herunter, über ihren Schatz, der vom Drachen Fafnir bewacht wird, bis Siegfried ihn tötet und dank des Drachenbluts unverletzlich wird, bis auf eine einzige Stelle.
Bob deutete auf den Brief. »Aha. Und unser Brieffreund weiß das auch alles?«
»Wieso gehst du eigentlich davon aus, dass es ein ›Er‹ ist?«
Bob strich sich die Haare aus der Stirn. »Mädchen haben ja meistens nichts gegen Soccer. Oder jedenfalls weniger als die vielen Jungs, die Fußball für europäisch, langweilig und zu wenig brutal halten.«
Justus zupfte an der Unterlippe, wie immer, wenn er angestrengt nachdachte. »Du hast Recht. Nimm mal unsere Schule. Immer mehr interessieren sich dort für Soccer. Zuerst waren die Mädchen ganz wild und dann die Kleinen.«
»Vielleicht, weil sie es ganz toll finden, dass ihre Eltern nicht

mitreden können«, gab Bob zu bedenken. »Baseball, Football und Basketball spielt in den USA doch praktisch jeder. Fußball ist einfach mal was Neues. Wir haben uns doch auch von Kelly, Lys und Elizabeth anstecken lassen.«

Der Erste Detektiv nickte. »Ich habe in der Schülerzeitung gelesen, dass in vielen High Schools und Colleges zurzeit der Etat für die anderen Sportarten zu Gunsten von Fußball gekürzt worden ist.«

»Aber bestimmt nicht durch uns«, antwortete Bob trocken. »Das ist doch keine Erklärung dafür, dass wir eine Stinkbombe zugeschickt bekommen.«

Jimboy unter Vertrag

Justus und Jimboy standen vor dem großen Spiegel mit aufwändig geschnitztem Holzrahmen, den Onkel Titus seit Jahren in seiner Schatzkammer in der Garage aufbewahrte. Wie von so manchem anderen Stück wollte er sich davon um keinen Preis trennen. Nur so zum Spaß, hatte Jimboy gemeint, sollten sie doch mal prüfen, ob familiäre Ähnlichkeiten festzustellen wären. Zu Justus' Überraschung gab es tatsächlich welche. Auch wenn Jimboy größer und durchtrainierter war als er, so hatten sie doch beide ziemlich breite, aber runde Schultern und leichte O-Beine. »Hättest du einen Zopf, könntest du mein Zwillingsbruder sein«, meinte Jimboy.

»Na, ich weiß nicht.« Justus hielt sich die Stirnfransen aus dem Gesicht und fixierte zuerst Jimboys und dann sein eigenes Spiegelbild. Unübersehbar war, dass sie beide ziemlich ähnliche Ohren hatten und außerdem die gemeinsame Neigung, rund um die Nase etliche Sommersprossen zu entwickeln. »Genug geforscht«, meinte er schließlich. »Ich hab' das Gefühl, dass wir uns wieder ernsteren Dingen zuwenden müssen. Peter und Bob werden gleich da sein.«

Jimboy und Justus gingen hinüber zur Zentrale der drei ??? und entdeckten vor der Tür einen Teller voller Sandwiches und einen Krug Orangensaft. Während Justus die Spenderin Tante Mathilda in den höchsten Tönen pries, breitete Jimboy draußen eine Decke aus, auf der sie sich niederließen. »Da drinnen«, sagte er und zeigte über die Schulter in den Campingwagen, »stinkt's immer noch abscheulich.« Er sah Justus aufmerksam an. »Gibt es Streit zwischen den Fangruppen von Fußball, Football oder Baseball in Rocky Beach?«

»Wenn überhaupt, dann zwischen einzelnen Clubs. Aber dass sich die Anhänger verschiedener Sportarten in die Haare kriegen – das wäre völlig neu.«

»Bei uns in Chicago nicht. Da besteht eine uralte Feindschaft zwischen Handballern und Basketballern.«
Auf ihren Fahrrädern bogen Peter und Bob in elegantem Schwung auf den Schrottplatz ein. Als Bob sein Rad gegen die Wand des Wohnwagens lehnte, zog er die Nase kraus. »Pfui Teufel!«, rief er. »Das riecht ja immer noch wie fünfzig faule Eier!«
Justus kam gleich zur Sache. »Wisst ihr was von Rivalitäten zwischen den Fans einzelner Sportarten bei uns?«, wollte er von den Freunden wissen.
Der Zweite Detektiv schüttelte bloß den Kopf. Bob zuckte die Schultern und nahm wortlos einen dicken Stapel Zeitungen vom Gepäckträger. »Mit den allerbesten Grüßen von meinem Vater. Vielleicht haben wir ja Glück.«
Mr Andrews arbeitete als Journalist bei der ›Los Angeles Post‹ und hatte seinem Sohn alle in Rocky Beach und Umgebung verfügbaren Blätter der vergangenen Tage mitgebracht.
»Ich habe den Klebstoff herausgefunden«, verkündete Bob. »Erwartungsgemäß eine absolute Allerweltsmarke. Die bringt uns nie und nimmer auf die Spur des Absenders.«
Justus verteilte die Zeitungen. »Dann mal ran«, forderte er die Runde auf und hielt Jimboy einige Ausgaben hin. »Du auch, wenn du magst.«
Mit Eifer stürzten sich die vier auf die unzähligen Überschriften. Justus hatte den Drohbrief einige Mal kopiert, sodass jeder ein Exemplar zum Vergleich der Buchstaben hatte.
Schneller als gedacht waren sie erfolgreich, zu erfolgreich. Denn sie fanden vier der dreizehn verschiedenen Fs bei zwei Zeitungen, zwei sogar bei dreien.
»So kommen wir nicht weiter«, ärgerte sich Justus und schenkte allen Limonade nach.
»Ihr müsst am Freitag einfach mit«, sagte Jimboy.
»Wieso?«, fragte Bob. »Wohin?«
»Hier steht doch ›Freitags Finger Feg Fon Fußball-Fans‹«, las

Jimboy langsam vor. »Am Freitag ist das große Turnier in der Rose Bowl von Pasadena. Deshalb bin ich überhaupt hier.«
»Natürlich!«, rief Peter und schlug sich mit der flachen Hand auf die Stirn. »Ich hab' bisher nur an dieses Soccer-Magazin auf ITNTV gedacht. Der Sender bringt doch jeden Freitagabend zwei Stunden Fußball. Aus Europa und so.«
»Wir müssen Cotta informieren«, entschied Justus. »Und dann besorgen wir uns Karten für dieses Spektakel.«
»Das mach' ich«, bot sich Jimboy an. »Ich lade euch alle ein.«

Natürlich fuhren auch die Mädchen mit nach Pasadena. Jimboy war bereits am frühen Vormittag aufgebrochen. An einem Treffpunkt in Ventura sollte ihn ein Bus auflesen und ins Stadion bringen. Die Sonne strahlte vom wolkenlosen Himmel. Es war heiß wie im Hochsommer. Sie hatten gelost, wer in welchem Auto fahren sollte. Justus gewann gleich doppelt: Nicht nur, dass er Peters Cabrio als fahrbaren Untersatz zog, es gesellte sich auch noch Lys zu ihnen. Lys de Kerk war ein erfolgreicher Jungstar in Hollywood gewesen, bevor sie ihre Karriere unterbrach, um aufs College zu gehen. Justus imponierte das blonde Mädchen sehr. Immer wieder gelang es ihr, Justus mit ihren Kenntnissen zu verblüffen. Auch sie hatte sofort gewusst, wer Fafnir war. Aus diesem sonderbaren Drohbrief wurde sie allerdings auch nicht schlau. Jetzt ließen sie sich auf der Rückbank den Fahrtwind um die Ohren wehen, während Peter pfeifend auf dem Ventura Freeway Richtung Pasadena steuerte.
Mehr als 90 000 Menschen hatten in der Rose Bowl Platz. Ganz so viele waren zu dem vom Sportartikelhersteller ›Victoria‹ organisierten Jugendturnier allerdings nicht gekommen. Trotzdem waren die Reihen gut besetzt, denn das Unternehmen hatte viele Schulen in Los Angeles und Umgebung dazu gebracht, den Schülerinnen und Schülern für den Besuch der Spiele freizugeben. Sie fanden ihre Plätze schnell. Jimboy hatte Kar-

ten direkt gegenüber der Riesenleinwand an der Westseite des Stadions ergattert.
Bereits am Vormittag hatte die Vorrunde stattgefunden. Parallel auf zwei kleinen Feldern standen jetzt die Halbfinal-Spiele auf dem Programm. In zwei mal zwanzig Minuten wurde ermittelt, welche Spieler am Sonntag an dem Spiel teilnehmen durften, das am selben Ort vor dem regulären Liga-Spiel der ›Fresno Cowboys‹ gegen ›Riverside Cosmo‹ stattfinden sollte.
Justus kümmerte sich weniger um die Geschehnisse auf dem Spielfeld, obwohl er die Austragung von zwei Spielen zur gleichen Zeit auf kleinen Feldern spannend fand. Es erinnerte ihn an Zirkusveranstaltungen, wo häufig auch in drei Manegen parallel Darbietungen liefen. Er hatte sich Peters Fernglas geborgt und ließ seinen Blick durch das Stadion schweifen, um irgendwo einen Hinweis auf feuersteinspeiende Drachen oder wütende Football-Enthusiasten zu finden. Aber nichts Ungewöhnliches fiel ihm auf.
»Schau doch mal Jimboy zu«, forderte ihn Lys auf. »Was der da zaubert, ist wirklich sehenswert.«
Justus ließ das Fernglas sinken. Er hatte Mühe, Jimboy im Gedränge zu erkennen.
»Da!«, schrie Peter. »Tor! Dein Cousin ist einfach Spitze!« Er klopfte Justus auf die Schulter. »Wenn der so weiterspielt, ist er am Sonntag dabei.«
»Das ist er auf jeden Fall«, schaltete sich Kelly ein. »Wetten?« Sie hielt ihrem Freund die Hand hin, aber der tat, als sähe er sie nicht.
Unten auf dem Rasen wurde Jimboy von seinen Mitspielern gefeiert. Nach dem Wiederanpfiff konzentrierte sich Justus für ein paar Minuten ganz auf seinen Cousin. Tatsächlich war seine Spielweise eindrucksvoll. Er bewegte sich noch geschmeidiger als bei dem Spiel vor einigen Tagen. Aber auch zwei seiner Mitspieler fielen Justus auf. Ein Verteidiger, der ungemein schnell war und außerdem immer wieder gefährlich im Angriff

auftauchte; und der Tormann. Unwillkürlich musste er an den Drohbrief denken. »Dieser Torwart aus Jimboys Mannschaft könnte doch auch gut in einem Football-Team stehen, oder?«, fragte er.

»Klar«, erwiderte Peter. Dann stutzte er und sah Justus an. »Meinst du, die Footballer haben Angst, dass ihnen Spieler abgeworben werden, wenn die Fußball-Profiliga anläuft?«

»Könnte doch sein, oder?«

»Eine Erklärung für den Brief wäre das jedenfalls auch nicht«, sagte Peter knapp. »Oder warst du in einem früheren Leben ein Football-Profi und hast es uns verschwiegen?«

Justus stieß den Freund in die Seite, aber der hatte sich schon wieder dem Spiel zugewandt und keine Lust, sich noch einmal ablenken zu lassen.

In Windeseile holten sie einige Lampions aus der Garage. Onkel Titus stellte Stühle um den Steintisch und Tante Mathilda kümmerte sich um das leibliche Wohl. Es galt, Jimboy zu überraschen. Denn seine Mutter hatte aus Chicago bei Tante Mathilda angerufen und berichtet, dass ihr Sohn einen Vertrag in der Tasche habe. Noch in der Rose Bowl war er vom Rasen weg engagiert worden. Bereits am Montag sollte er in ein Trainingslager am Silverwood Lake umziehen.

»Ungewöhnlich«, meinte Peter, nachdem sie sich vor dem Haus niedergelassen hatten.

»Ist ja auch ein ungewöhnlicher Spieler«, gab Kelly zurück.

»Weißt du, wer ihn engagiert hat?«, fragte Justus seine Tante. Die schüttelte den Kopf. »Ein Sportverein wahrscheinlich«, antwortete sie und musste sich von Onkel Titus darüber aufklären lassen, dass nicht mehr Vereine die erste Geige im Sport spielten, sondern große Unternehmen, die sich mit viel Geld ihre Mannschaften zusammenkauften.

»Vielleicht ›Victoria‹«, schaltete sich Elizabeth ein, »die haben doch das ganze Turnier veranstaltet.«

»Wir werden gleich klüger sein.« Justus zeigte auf den Lichtkegel, den die Scheinwerfer von Bobs Käfer auf den Schrottplatz warfen. Er hatte Jimboy in Ventura abgeholt.
Jimboy stieg aus und kam näher. Er strahlte über das ganze Gesicht und fragte grinsend, wer denn Geburtstag habe.
»Gratulation!«, riefen alle im Chor. Jimboy sah zu der Gruppe am Tisch, dann zu Bob und wieder zurück.
»Wir wissen längst alles«, sagte sein Chauffeur. »Ich hab' bloß so getan, als hätte ich keine Ahnung.«
»Deine Mutter hat angerufen«, klärte Tante Mathilda ihren verblüfften Neffen auf, »und wir haben gedacht, das muss gebührend gefeiert werden.«
Jimboy war begeistert, verabschiedete sich aber nach gut einer Stunde als Erster ins Bett. Er wollte am Sonntag unbedingt fit sein. Die anderen blieben und hörten gespannt Onkel Titus' Geschichten zu, der in seiner Jugend auch Soccer gespielt hatte. »Wir haben damals überall gekickt«, erinnerte er sich. »Auf der Straße, im Schulhof und vor der Garage.« Aber bald hatten Football und Baseball Soccer den Rang abgelaufen, und Fußball war für die nächsten Jahrzehnte als langweilig und viel zu europäisch verschrien. »Dann kam die Werbung im Fernsehen«, erzählte Onkel Titus weiter. »Und dann ging gar nichts mehr. Denn wie ihr selber wisst, kann man ein Fußball-Match nicht beliebig unterbrechen.«
»Im Gegensatz zu nächtlichen Feten«, mischte sich Tante Mathilda ein. Aller Protest half nichts, unerbittlich wurden sie schlafen geschickt. Allerdings nicht ohne sich für den Sonntagabend nach dem Endspiel verabredet zu haben. Tante Mathilda versprach, eine Riesenpizza ins Rohr zu schieben.
»Ist dann Jimboys letzter Abend«, meinte Justus betrübt.
»Aber er ist doch nicht aus der Welt«, tröstete ihn Onkel Titus.
Stimmt auch wieder, dachte der Erste Detektiv und nahm sich vor, den frisch gebackenen Profifußballer mindestens einmal pro Woche am Silverwood Lake zu besuchen.

Eisiger Empfang

Nach Rücksprache mit einer Freundin von Tante Mathilda, einer Rechtsanwältin, unterschrieb Jimboy den Vertrag. Der Lebensmittelkonzern ›Smell‹, der überall auf der Welt Niederlassungen hatte, verpflichtete sich, Jimboy zwei Jahre lang im hauseigenen Sportinternat zu unterrichten, unterzubringen und medizinisch zu versorgen. Außerdem wollte die Firma 10 000 Dollar pro Jahr zahlen, Erfolgsprämien nicht eingerechnet. Jimboy musste dafür pro Jahr immerhin 40 Spiele bestreiten, vorausgesetzt, seine Trainingsleistungen waren entsprechend, und an Werbeveranstaltungen teilnehmen. Seine guten Noten in der Schule, hatte Jimboy etwas verwundert berichtet, spielten bei den Gesprächen mit den Managern aus dem kalifornischen ›Smell‹-Werk in Fresno praktisch keine Rolle.
»Das sollte mir auch mal passieren«, sagte Bob neidisch auf der Fahrt nach Pasadena zum Endspiel. Dabei hatte er nach einem Durchhänger im vergangenen Semester ein Zeugnis bekommen, das sich sehen lassen konnte. Allerdings hatten seine Eltern damals die Daumenschrauben angesetzt und verlangt, er müsse entweder in der Schule deutlich besser werden oder seinen Nebenjob in der Musikagentur von Sax Sendler aufgeben. Aber das kam auf keinen Fall in Frage, vor allem, weil er selbst gerne Musikmanager werden wollte.
Rund um das Stadion war noch mehr los als am Freitag. Peter brauchte eine Viertelstunde, um einen Parkplatz zu finden. Dann marschierten sie zügig zu dem Treffpunkt, den sie mit Lys, Kelly und Elizabeth ausgemacht hatten. Als er die Mädchen entdeckte, bemerkte Justus sofort, dass etwas nicht stimmte. »Jimboy?«, fragte er, und die Bilder von dem Foul an Peter schossen ihm durch den Kopf.
»Kann man nicht sagen.« Elizabeth zeigte auf eine schmale Aktenmappe, die Kelly in der Hand hielt.

»Ich habe einen Drohbrief bekommen«, begann Kelly. »Genau wie ihr. Ich hab' gleich bei euch angerufen, aber ihr wart schon weg.« Sie hielt Justus die Mappe hin. »Ich hab' versucht, keine Fingerabdrücke zu verwischen.«
Der Erste Detektiv öffnete den Schnappverschluss und ließ den Inhalt der Tasche ein Stück herausgleiten. Alle sechs starrten auf das Blatt Papier. Wieder waren Buchstaben aus Zeitungen ausgeschnitten worden. »Baseball Braucht Baggios Bittere Bananen«, lautete der Spruch diesmal. Selbst Justus konnte sich auf Anhieb keinen Reim darauf machen. »Hast du auf den Poststempel geschaut?«
Kelly nickte. »Ist wieder in Los Angeles aufgegeben worden. Wer ist Baggio?«
Keiner hatte je diesen Namen gehört.
»Und jetzt?«, fragte Peter und sah unschlüssig zwischen Brief und Stadioneingang hin und her.
Lys hatte eine Idee. »Wie wär's, wenn wir uns Jimboy ansehen, auf das Hauptmatch aber verzichten, damit ihr euch um den Brief kümmern könnt?« Die anderen waren sofort einverstanden.

Jimboys Mannschaft gewann das Turnier, allerdings erst im Elfmeterschießen und mit einer Riesenportion Glück. Trotzdem war die Freude groß, als er am Abend nach Rocky Beach zurückkam.
Die drei ??? hatten sich inzwischen mit dem Drohbrief an Kelly beschäftigt. Anders als das erste Schreiben trug er keinerlei Fingerabdrücke. Dafür war der Mechanismus, aus dem das Stinkpulver geschleudert worden war, identisch. Genauso wie das Mischungsverhältnis des Pulvers zum Sprengstoff.
»Wir müssen in den nächsten Tagen beim Briefeöffnen alle aufpassen«, meinte Justus. »Ich hab' so ein Gefühl, dass wir von dieser Sorte noch mehr bekommen.«
»Wenn mehr Sprengstoff drin ist«, ergänzte Bob, »kann die Sache brenzlig werden.«

Sie saßen rund um den Steintisch und machten sich genüsslich über die versprochene Pizza her.
»Ist dir etwas passiert?«, fragte Jimboy, als er erfuhr, dass Kelly ebenfalls einen Drohbrief erhalten hatte. Das Mädchen schüttelte den Kopf und las den Spruch vor.
»So ein Blödsinn«, kommentierte Jimboy mit vollem Mund. »Niemals würde der zum Baseball wechseln.«
»Wer?« Justus schaute seinen Cousin erstaunt an.
»Baggio natürlich. Roberto Baggio.«
»Kennt keiner von uns«, schaltete Bob sich ein.
Lys warf ihre langen blonden Haare nach hinten. »Ich inzwischen schon. Das ist dieser italienische Stürmer, der zum Buddhismus übergetreten ist.«
»Sehr richtig«, sagte Jimboy und nickte Lys anerkennend zu. »Roberto Baggio ist der bestbezahlte Stürmer in ganz Italien. Er spielt beim AC Mailand, ist Buddhist und hat einen ...« Jimboy stockte und blickte irritiert in die Runde.
»Und hat was?«
»... einen Zopf.« Jimboy fingerte nach seiner Haartracht. »Wie ich!«
Justus legte überrascht das Besteck aus der Hand. »Tatsächlich?« Er fixierte seinen Cousin scharf. »Dann könnten die Briefe mit dir zu tun haben«, sagte er langsam.
»Aber hier kennt mich doch niemand.«
»Sag das nicht«, widersprach Kelly.
»Ich hol' die Dinger mal her«, entschied Peter und stand auf.
»Aber die Kopien«, rief ihm der Erste Detektiv nach.
»Klar doch«, gab Peter zurück.
Bob und Justus räumten den Tisch ab, während die Mädchen im Keller Nachschub an Wasser und Limonade holten. Als Peter wiederkam, saßen alle gespannt um den Tisch. Er legte die Briefe in die Mitte.
Bob fasste die Ergebnisse seiner Untersuchungen zusammen und berichtete von einem Vergleich der Fingerabdrücke mit den

Daten im Computer von Inspektor Cotta. Sie waren nicht gespeichert. In Downtown Los Angeles waren die Briefe eingeworfen worden. Bob hatte beim Hauptpostamt erfragt, dass mehr als 300 Briefkästen in Frage kamen. Bei dem Stinkpulver handelte es sich um einen Jux-Artikel, der in jedem Drugstore erhältlich war. Der Sprengstoff der Marke ›Slurry‹ war nicht im freien Verkauf, trotzdem konnte man leicht an ihn herankommen. »Für zehn Dollar im Schwarzhandel am Entrada Drive, meint Cotta«, sagte Bob.
»Und das Papier?«, fragte Lys.
»Richtig, das Papier«, fuhr Bob fort. »Das ist auffällig, weil die Qualität ziemlich gut ist. Ist nach einer neuen umweltschonenden Art gebleicht. Allerdings gibt es die Sorte mittlerweile auch schon in vielen Läden. Es ist aber teurer als normales Papier, deshalb verkauft es sich schlecht.«
Peter stöhnte. »Und diese Geschäfte sind über den ganzen Bezirk verstreut. Wird eine schöne Arbeit bei dieser Hitze.«
»Mal abwarten«, warf Justus ein. »Wir wissen ja noch einiges mehr. Zum Beispiel, dass es sich bei dem Absender um einen Fan von Alliterationen handelt.«
»Ich hab' zu Hause einige Bücher gewälzt. Da könnte es eine Verbindung zu Fafnir und den Nibelungen geben«, unterbrach ihn Lys. »Es gibt Verse über sie im Stabreim.«
Elizabeth hatte mit wachsender Ungeduld zugehört. »Vielleicht könnt ihr mich mal aufklären, wovon ihr redet«, sagte sie schließlich. Ziemlich umständlich erklärte Justus ihr eine Alliteration. »Wenn dir das Fremdwort nicht passt, kannst du auch Stabreim sagen«, dozierte er und kam gleich auf Fafnir zu sprechen. »Das ist der Drache, der den Schatz der Nibelungen beschützt. Und die Nibelungen …«
»… kenne ich aus dem Comic«, warf Bobs Freundin ein.
»Schön und gut!«, rief Jimboy dazwischen. »Aber was soll das alles? Es geht um verschiedene Ballsportarten und irgendwer kann offenbar Fußball nicht ausstehen.«

»Und vielleicht geht es um dich«, stellte Peter richtig. »Du hast am Freitag gespielt und einen Zopf hast du auch.«
»Wir müssen einfach Geduld haben«, meinte Justus. »Der Absender verfolgt ein Ziel. Das hat er noch nicht erreicht. Deshalb wird er weitermachen.« Er grinste. »Vielleicht mit: Soccer schadet Spielers Schönheit.«
»Oder: Jämmerlich joggt Justus Jonas«, fuhr Kelly schlagfertig fort.
»Kellys Knochen knirschen kriminell«, gab der Erste Detektiv zurück.
»Justus jagt ...«, fing Kelly wieder an.
»Es reicht!«, rief Peter und klopfte nach der Art von Basketball-Spielern mit der flachen linken Hand auf die Fingerspitzen der rechten, so dass ein T entstand.
»Wir hätten aber noch ein paar auf Lager!«
»Glaub' ich euch aufs Wort«, sagte Peter. »Nur, schlauer werden wir davon nicht.«
»Peter protestiert pedantisch«, fing jetzt Elizabeth kichernd von neuem an.
»Ihr könnt ziemlich anstrengend sein«, beklagte sich Peter.
»Aufhören!«, verlangte Justus energisch. »Es ist Jimboys letzter Abend. Streiten könnt ihr euch, wenn er weg ist. Bis dahin machen wir einen guten Eindruck, klar?«

Da die Mädchen sich freiwillig zu den Vorbereitungen für das Abschlussfest in der Schule gemeldet hatten, fuhren die drei ??? Jimboy allein ins Internat. Einen Teil seiner Sachen ließ er in Rocky Beach. Die freien Tage, die ihm laut Vertrag zweimal im Monat zustanden, wollte er mit seinen neuen Freunden verbringen.
»Die meisten Touristen kennen nur die Stadt, Hollywood und die Studios oder Disneyland«, erklärte Peter, als sie auf den National Forest zufuhren. »In die Berge und die Canyons kommen nur wenige. Dabei ist es dort zu jeder Jahreszeit schön. Im

Winter kann man Skifahren und im Sommer ist es immer viel kühler und klarer als unten an der Küste.«
Sie durchquerten einige Kiefernwälder und hielten an einem Aussichtspunkt, von dem man Richtung Osten in die Mojave-Wüste und Richtung Westen San Fernando Valley sehen konnte. »Allein dort unten leben zwei Millionen Menschen«, sagte Justus und deutete auf riesige Wohnsiedlungen, die im Dunst kaum auszumachen waren. Noch eindrucksvoller fand Jimboy allerdings den Blick in die Wüste, eine der heißesten der Welt, wie Bob fachmännisch erläuterte.
Vorbei an vielen Campingplätzen fuhren sie weiter zum Silverwood Lake. Sie kamen schneller voran als erwartet und erreichten eine Stunde vor der vereinbarten Zeit das Seeufer. Peter hatte keine Mühe, die Abzweigung zum Sportinternat zu finden. Unruhig rutschte Jimboy hin und her, als sie die kurvenreiche Straße durch den Wald nahmen. Plötzlich stand ein hässlicher, grauer Klotz vor ihnen. Das zweistöckige, langgezogene Gebäude erinnerte an eine Kaserne oder ein Camp für straffällige Jugendliche. Links und rechts vom Haupthaus gingen fensterlose Mauern ab. Das Portal war mit einer großen Sicherheitsschleuse richtiggehend verbarrikadiert.
Grässlich, dachte Justus. Von der Seite beobachtete er Jimboy. Auch dem stand die Enttäuschung ins Gesicht geschrieben. Unschlüssig sah er von einem zum anderen, als wollte er sagen, bevor ich da hineingehe, überlege ich mir das Ganze noch einmal.
Peter parkte und nickte Jimboy aufmunternd zu. »Es muss dir von innen gefallen und nicht von außen. Außerdem werden die schon wissen, warum sie das so sichern.«
»Liegt eben ziemlich einsam«, stimmte Bob zu.
»Ihr habt ja Recht«, sagte Jimboy, »nur im ersten Moment …«
Er nahm seine Sporttasche und steuerte entschlossen auf den Eingang zu.
Sie entdeckten einige Kameras über ihren Köpfen. Wie von

Geisterhand öffnete sich die vergitterte Außentür der Schleuse. Mit einem dumpfen Schlag fiel sie hinter ihnen ins Schloss, dann öffnete sich das Eingangstor. Zu sehen war niemand. Sie betraten einen kahlen Vorraum. Hier war das verglaste Büro des Portiers. Ein Riesenkerl mit quadratischem Gesicht stand dahinter.

»Guten Tag«, sagte er, ohne die Miene zu verziehen. »Wie sind eure Namen?«

Jimboy antwortete und stellte die drei ??? vor.

»Ihr habt hier nichts zu suchen«, sagte der Mann.

Peter starrte den Burschen an. So ein Flegel, dachte er, schluckte das Wort aber gerade noch herunter. »Suchen nicht, aber bringen«, erklärte er stattdessen.

»Wir wollten unseren Freund begleiten und uns das Internat ansehen«, meinte Justus verbindlicher. »Ist doch nicht verboten, oder?«

»Doch«, antwortete der Portier und deutete mit dem Daumen auf ein Schild, das hinter ihm hing. ›Zutritt nur für Berechtigte‹, stand darauf zu lesen. »Und zwar ohne Ausnahme«, bekräftigte er.

»Tja, dann«, sagte Justus etwas zu fröhlich und gab Jimboy einen Klaps auf die Schulter, »dann müssen wir uns jetzt trennen. Du machst Karriere und wir fahren nach Hause.«

Sie verabschiedeten sich und hörten im Hinausgehen, wie Jimboy aufgefordert wurde, eine Reihe von Aufnahmeformularen auszufüllen. Schweigend passierten sie die Schleuse.

»Er wird sicher schnell ein paar Freunde finden«, meinte Peter, während sie zurück Richtung See fuhren.

»Sicher«, wiederholte Justus. Trotzdem war er froh, dass sein aktueller Berufswunsch Anwalt war und nicht Profifußballer.

Jetzt Jammert Jimboy

Bobs Hände waren ganz ruhig, als er mit der Nadel zustach. Vorsichtig ritzte er eine kleine Öffnung in den Umschlag. Justus und Peter beobachteten ihn aus einigen Metern Entfernung. Er nahm eine Pinzette und führte sie durch das Loch. Mit einem Ruck zerriss er den Faden zum Zünder.
»Da, für dich.« Ansatzlos warf er Peter den Brief zu. Der öffnete unwillkürlich die Hände, um ihn aufzufangen, und schrak zugleich zurück. Das braune Kuvert flatterte zu Boden.
»Sehr witzig«, knurrte er.
Justus zog ein Taschentuch hervor, bückte sich und hob den Brief vorsichtig auf. Auf Fingerabdrücke hatten sie ihn schon vergeblich untersucht. Jetzt zog er den Inhalt heraus. Zum Vorschein kam wieder eines dieser Blätter, die sie schon kannten. Peter sah dem Ersten Detektiv über die Schulter und las laut vor. »Jetzt Jammert Jimboy Jedenfalls. Jogger Jagen Jefferson.«
»Also doch! Es geht um deinen Cousin, und die Kerle wissen, dass er hier ist!« Bob nahm Justus das Kuvert aus der Hand und ging zum Campingwagen. »Ich schau' mir den Zündmechanismus an.«
Peter und Justus setzten sich auf die alte Gartenbank, die Onkel Titus ihnen spendiert hatte, und tauschten aus, was sie über Thomas Jefferson wussten. Der dritte Präsident der USA hatte zu Beginn des 18. Jahrhunderts regiert und die Demokratische Partei gegründet. Er war ein ausgesprochen vielseitiger Mann gewesen, nicht nur als Politiker erfolgreich, sondern auch als Architekt und Wissenschaftler. Außerdem war er ein begabter Musiker gewesen, was seinen Landsleuten sehr imponiert hatte.
»Vielleicht zweifelt da bloß jemand an unserer Allgemeinbildung und will uns auf die Probe stellen«, witzelte Justus.
»Oder das Ganze ist ein Scherz«, sagte Peter.

»Glaube ich nicht«, hörten sie Bobs Stimme aus dem Campingwagen. Dann trat er in die Tür. »Das Mischungsverhältnis war diesmal fast eins zu eins«, brummte er. »Hätte für ein paar blutige Finger gelangt. Oder für mehr. Das ist kein Spaßvogel, sondern ein Krimineller!«
Justus stand auf. »Gib mir mal die Telefonnummer dieser Papierfabrik.«
»Liegt auf dem Schreibtisch.«
Justus ging in den Campingwagen. Die beiden anderen hörten, wie er eine Aufstellung der Geschäfte erfragte, die die besonderen Papierbögen führten. Dann kam er zurück und setzte sich zu den beiden auf die Bank. »Kommt gleich über Fax.«
»War eine gute Anschaffung, dieser Apparat«, sagte der Zweite Detektiv.
Justus gab ihm Recht. Dann kam er auf das Thema Geld zu sprechen. »Ich bin noch nicht fertig mit der Durchforstung unserer Bilanzen. Aber ich weiß schon jetzt, dass wir unbedingt unsere monatlichen Kosten senken müssen.«
»Du redest wie unser Bürgermeister, wenn er seine Vorträge über Einsparungen bei Krankenhäusern oder Kindergärten hält«, unterbrach ihn Peter.
»Mit einem Unterschied: Er hat Unrecht und ich hab' Recht«, gab Justus zurück. »Also, ich schlage vor, dass wir Onkel Titus fragen, ob er die Platzgebühr aussetzt. Das tut er sicher.«
Peter und Bob waren sofort einverstanden. Sie hörten, wie das Faxgerät seinen Betrieb aufnahm. Wenig später hielt Justus eine Liste in der Hand und berichtete, dass die Vertreiber dieses Papiers tatsächlich über den ganzen Bezirk verstreut waren.
Sie breiteten eine Landkarte auf dem Boden aus und markierten mit Stecknadeln die Standorte der einzelnen Läden. Mehr als zwei Dutzend davon lagen zwischen den beiden Fixpunkten Rocky Beach und Downtown Los Angeles, wo die Briefe aufgegeben worden waren. »Die nehmen wir uns als Erstes vor«, entschied Justus.

Zehn Minuten später saß er mit Peter in dessen MG und beobachtete im Rückspiegel Bob in seinem Käfer. Ihr erstes Ziel waren zwei Geschäfte am Rathaus von Rocky Beach.
In beiden hatte sich seit langem niemand für das Umweltpapier interessiert. Auch Besuche in den einschlägigen Läden von Ventura und Oxnard brachten sie nicht weiter. Sie fuhren in die Innenstadt von Santa Monica. Elf Adressen hatten sie hier abzuklappern, allesamt in der noblen und stark belebten Fußgängerzone.
Justus kam als Erster zum Treffpunkt vor dem Kaufhaus ›Altmann‹. In einem Spiegel entdeckte er auf seinem T-Shirt die großen, dunklen Flecken an seinen Achseln. Er wischte sich den Schweiß von der Stirn, kniff die Augen zusammen und blinzelte ratlos in die Sonne. Eins ist klar, dachte er etwas mürrisch, wenn uns jetzt nicht Kommissar Zufall hilft, der Schutzpatron aller Detektive, dann ist diese Tour umsonst gewesen. Ein Teil der Läden verkaufte das Papier gar nicht, der andere, kleinere, hatte Stammkunden. Und zwar zu viele, um sie alle ausfindig zu machen.
An einem Kiosk kaufte sich Justus einen Becher Eistee und schlenderte ziellos vor einigen Bücherständen auf und ab. Studenten boten abgegriffene Schulbücher an, einige ältere Herrschaften hatten offenbar Teile ihrer Bibliothek ausgeräumt. Er ließ seinen Blick über die Titel schweifen, blieb aber an keinem hängen.
»Träumst du?«, hörte er plötzlich eine Stimme neben sich. »Wir rufen nach dir und du reagierst nicht.« Justus drehte sich um. Peter und Bob strahlten über das ganze Gesicht.
»Wir haben eine Spur, vielleicht sogar eine ziemlich heiße«, platzte Bob heraus.
»Da hinten, in einem kleinen Geschäft«, sagte Peter. »Ein Verkäufer erinnert sich an einen jungen Mann, dem er das Papier verkauft hat. Es kam durch einen Fehler aus dem Lager. Der Kunde wollte es eigentlich nicht, hat es dann aber doch genom-

men, weil er sonst ein zweites Mal hätte warten müssen. Aber jetzt kommt das Tollste: Wegen des ganzen Hin und Hers hatten die sogar seine Adresse gespeichert.«
Justus sah ihn ungläubig an. »So viel Glück gibt's nicht«, murmelte er.
»Doch, gibt es«, konterte Bob. »Sie haben sie sogar rausgerückt. Und jetzt pass auf: Der Knabe wohnt nicht dort, wo er behauptet hat.«
Justus runzelte die Stirn. »Jetzt mal langsam! Und das alles habt ihr in den paar Minuten herausgekriegt?«
»Da brauchten wir nichts herauszukriegen.« Der Zweite Detektiv grinste. »Was sagt dir die Adresse ›811 Horn Road‹?«
»Blöde Frage. Unsere Schule.«
»Und da wohnt nachweislich kein etwa 20-jähriger dunkelhaariger Mann«, meinte Peter und zog seinen Block aus der Hosentasche. »Etwa von meiner Größe und Statur und mit einer protzigen Goldkette um den Hals.«
»Super!«, rief Justus und knuffte Bob ein bisschen zu heftig in den Magen, so dass der schmerzlich das Gesicht verzog. »Habt ihr prima gemacht. Nach den vielen Nieten, die wir heute schon gezogen haben, wollte ich schon alle Hoffnung aufgeben.«
Am nächsten Stand gab Justus eine Runde Eistee aus, auf eigene Rechnung. Dann schlenderten sie zum Parkhaus zurück und machten sich zufrieden auf den Heimweg.
»Eigentlich nicht sehr plausibel«, sagte Justus, der diesmal mit Bob fuhr, »dass jemand seine Drohbomben ausgerechnet mit einem so ausgefallenen Papier verschickt.« Sonst sprachen sie nicht mehr viel, außer über die Hitze und darüber, was Lys, Kelly und Elizabeth wohl gerade taten. Angekündigt hatten sie eine gemeinsame Radtour. Aber das Ziel, das sie angegeben hatten, lag fast tausend Meter hoch, und deshalb äußerte Bob starke Zweifel, ob sie ihr Vorhaben wahr gemacht hatten. »Immerhin haben wir glatte 37 Grad«, stöhnte Bob und beugte

sich etwas nach vorn, um das durchgeschwitzte T-Shirt vom Fahrtwind trocknen zu lassen.

Gleich hinter dem Tor des Schrottplatzes stieg Justus aus. Sie verabredeten sich für den nächsten Morgen, und Bob wollte gerade losfahren, als sie ihre Namen hörten. Im selben Moment kam Peter in seinem MG angeprescht und wäre um ein Haar aufgeprallt, wenn er nicht mächtig auf die Bremsen gestiegen wäre.

»Meine Mutter hat mir ausgerichtet, dass Kelly –«, rief er, stieg aus und zeigte zum Campingwagen hinüber. Auf dem Absatz drehte sich Justus um. Elizabeth und Kelly kamen angelaufen. Kelly winkte mit einem Paket.

»Oh, nein!«, rief Peter entsetzt. »Bitte nicht schon wieder eine von diesen Briefbomben!«

Elizabeth schüttelte den Kopf. »Wir müssen euch etwas zeigen. Wenn ihr das nicht mit eigenen Augen seht, glaubt ihr uns nie.«

Foul auf Bestellung

Seit Kelly zum Geburtstag von ihren Eltern einen Camcorder bekommen hatte, war sie ein richtiger Videofan und drehte alle möglichen Filme. »Alle unmöglichen«, meinte Peter, wenn er sie ärgern wollte. Im Grunde war er stolz auf seine Freundin, die ein gutes Auge für Raumaufteilung hatte und mit sicherer Hand selbst extreme Schwenks meisterte.

Die Erzählung der Jungen über das Sportinternat am Silverwood Lake hatte ihr keine Ruhe gelassen. Warum, das konnte sie auch nicht so richtig erklären. »Der sechste Sinn eben«, sagte sie lächelnd und machte sich am Videorekorder im Hauptquartier der drei ??? zu schaffen. Jedenfalls hatte sie sich bei der Verwaltung des Medical Help Team erkundigt, ob im Lauf der Woche eine von ›Smell‹ gesponserte Jugendmannschaft in der Nähe spielte.

»Statt uns bei diesem Wetter auf unseren Drahteseln in die Berge zu quälen, waren wir heute Nachmittag in Oxnard«, kürzte Elizabeth die Erzählung ab.

»Wir auch«, gab Bob zurück.

Seine Freundin sah ihn verwirrt an. »Aber nicht am Sportplatz, da hätten wir euch gesehen.«

»Ist ja auch egal, wo ihr wart«, fuhr Kelly dazwischen. »Jetzt seht ihr etwas, was ihr noch nie gesehen habt.« Sie schaltete den Fernseher ein.

»Ein Fußballspiel«, kommentierte Peter, als die ersten Bilder erschienen.

»Bist ein kluges Kerlchen«, gab Kelly spitz zurück. »Kannst gleich mal zeigen, was du noch alles auf dem Kasten hast.« Zu sehen waren einige wenig spektakuläre Spielzüge auf der Höhe des Mittelkreises.

»Die Mannschaft in den schwarzweißen T-Shirts ist die von ›Smell‹«, informierte Elizabeth.

»Jetzt!«, sagte Kelly. Einer der ›Smell‹-Jungs hatte den Ball ins Aus geschossen.
»Na und?«, fragte Bob und sah verständnislos in die Runde. Justus und Peter zogen es vor, vornehm zu schweigen und die Mädchen erwartungsvoll anzusehen.
»Ihr guckt nicht richtig hin. Macht die Augen auf!« Elizabeth ließ den Film zurücklaufen, aber auch beim zweiten Betrachten fiel den drei sonst so gewitzten Detektiven nichts auf. Sogar Justus hatte ausnahmsweise nichts zu bieten und saß bloß stumm da, mit verschränkten Armen und hängenden Mundwinkeln. Er konnte es nun mal nicht leiden, wenn andere ihm etwas voraushatten. Und er ahnte, dass dies hier so ein Fall war. So wie sie sich verhielten, waren die Mädchen ihrer Sache vollkommen sicher.
»Na los!«, brummte Peter etwas kleinlaut. »Ihr seht doch, wir sehen nichts.«
Kelly sagte leise etwas, was die drei Jungen nicht verstanden. Wahrscheinlich nichts Schmeichelhaftes, dachte Justus, und im selben Augenblick legte Kelly los.
»Dieser Knabe da«, rief sie, »der den Ball über die Seitenlinie befördert, der hat überhaupt keinen Grund dazu! Er wird nicht bedrängt, keiner der gegnerischen Stürmer ist in der Nähe! Nichts, gar nichts!«
»Aha«, sagte Peter. Die beiden anderen schwiegen.
Der Film zeigte noch ein paar solcher Szenen. Immer fanden sie in der Nähe der Mittellinie statt. Beim dritten Schuss ins Aus hatte Kelly auf den Spieler draufgehalten, der den Ball holte. Er ließ sich auffallend viel Zeit, bis er ihn wieder einwarf.
»Ist aber noch nicht alles«, meinte Kelly, die vor Eifer ganz rote Wangen hatte. »Der Höhepunkt kommt noch.« Sie hatte zwei Zusammenstöße von ›Smell‹-Spielern aufgenommen, bei denen jeweils einer liegen blieb – und dazu ein besonders fieses Foul im Rücken des Schiedsrichters.
Nach dieser Szene pflanzte sich Elizabeth vor dem Fernseher

auf. »Ich glaube«, sagte sie, »das heißt, wir glauben, ich meine, wir sind ganz sicher, diese Jungs von der ›Smell‹-Truppe unterbrechen das Spiel absichtlich.«
Tante Mathilda steckte den Kopf zur Tür herein. »Oh, full house«, sagte sie. »Ich hab' Licht gesehen und dachte, ihr könntet mit uns zu Abend essen.«
Aber Justus meinte, sie hätten etwas sehr Wichtiges zu besprechen. Also versprach Tante Mathilda, persönlich ein paar Toasts herüberzubringen.
»Sie sind ein Schatz!«, rief Kelly. Peter hatte sie lange nicht mehr so aufgekratzt gesehen.
»Sagt mein Mann auch immer«, lachte Tante Mathilda und zog sich diskret zurück.
»Na? Was sagt ihr jetzt?«, platzte Elizabeth heraus.
»Weiß nicht.« Peter hatte eine betont skeptische Miene aufgesetzt. »Warum sollte jemand absichtlich ein Fußballspiel unterbrechen?«
»Das müsst ihr eben herausfinden. Ihr seid doch die Detektive!«
»Könnte der Schuss ins Aus nicht mit den Regeln zu tun haben?«, gab Justus zu bedenken. »Im Regelbuch stehen die tollsten Sachen. Hab' ich mal richtig gründlich gelesen.« Er grinste. »Früher durfte man sogar den Torwart umwerfen oder vom Platz tragen, solange er den Ball in der Hand hatte.«
Die Jungen lachten, aber den Mädchen war in ihrem Eifer nicht nach Lachen zumute. »Früher ist nicht heute«, antwortete Elizabeth knapp. »Ich spiele am längsten von euch allen Fußball und ich kann euch sagen, so eine Regel gibt es nicht.«
»Aber vielleicht in Europa«, blieb Justus hartnäckig. »Müsste man herausfinden.«
»Dann bleiben aber immer noch diese sonderbaren Zusammenstöße und das Foul!«, rief Elizabeth dazwischen.
»Könnten auch Zufall sein«, meinte Bob.
Kelly klopfte mit der flachen Hand auf den Schreibtisch. »Ihr

seid ja wirklich komisch. Da merkt doch jeder, dass was faul ist. Nur ihr nicht. Könnt ihr nicht – oder wollt ihr vielleicht nicht?«
Justus merkte, dass sie wütend war.
»Wir gehen einfach gemeinsam zum nächsten Spiel«, schlug Elizabeth vor. »Dann werdet ihr sehen, dass wir Recht haben.«
»Das Toast-Taxi ist da!«, hörten sie Tante Mathildas Stimme.
Justus fiel der Anrufbeantworter ein. Während die anderen draußen den Klapptisch deckten, kümmerte er sich um die Mitteilungen. Als Erste war Lys auf dem Band. Sie teilte mit, dass sie für zwei Tage zu ihrem Bruder nach Hollywood fahren würde, der dort gerade einen seiner Science-Fiction-Filme drehte.
»Hallo, ich bin's«, begann der zweite Anruf. Justus erkannte Jimboy. »Mir geht es gut«, sagte er knapp. »Ich spiele am Freitag um drei Uhr nachmittags in Glendale im Schulstadion. Kommt, wenn ihr könnt.« Und schon war die Mitteilung zu Ende.
Justus zupfte an seiner Unterlippe. Besonders glücklich hatte sein Cousin nicht geklungen. Und der letzte Satz? Der hatte sich merkwürdig angehört. Beinahe wie ein Hilferuf. Viele Menschen reagierten etwas hölzern, überlegte er, wenn sie es mit einem Anrufbeantworter zu tun bekamen. Vielleicht gehörte Jimboy ja dazu. Trotzdem verspürte Justus ein Ziehen in der Magengegend. Er ging hinaus zu den anderen und setzte sich an den Tisch. »Hab 'ne Neuigkeit«, sagte er langsam. »Am Freitag gehen wir gemeinsam auf den Fußballplatz. Jimboy spielt in Glendale. Und dann werden wir ja sehen.«

Das Match brachte sie nicht einen Schritt weiter. Die Jungs aus dem Internat spielten keineswegs glänzend. Auch Jimboy war längst nicht so gut wie in Pasadena. Wieder wurde der Ball mehrfach ins Aus geschlagen, wieder gab es einige Zusammenstöße zwischen Mitgliedern der ›Smell‹-Elf. Und dazu einige

Fouls, die für Jugendspiele viel zu hart ausfielen, wie Peter meinte. Jedes Mal, wenn er die Spieler sah, die sich auf dem Rasen wälzten, musste er an seinen eigenen letzten Einsatz denken.
»Tut mir Leid«, sagte Justus nach 80 Minuten. »Aber ich bin so schlau wie vorher.«
Elizabeth schüttelte den Kopf, dass ihre Haare flogen. »Darf doch nicht war sein!«, rief sie. »Seid ihr blind?« Und Kelly stemmte die Arme in die Hüften und funkelte die Jungen an. »Ihr seid so schlau wie vorher, weil ihr nicht schlauer werden wollt. Elizabeth und ich, wir sind uns einig: Ihr wollt einfach nicht wahrhaben, was hier gespielt wird!« Jetzt fauchte sie Justus förmlich an. »Der reine Neid, nichts anderes!«
Justus sah sie an und verzichtete auf eine Erwiderung.
Nach dem Schlusspfiff gingen sie gemeinsam an den Spielfeldrand. Jimboy winkte von weitem und verschwand zum Duschen und Umziehen in einem Holzhaus. Davor stand ein Bus, den in schrillem Grün ein übergroßer Schriftzug des Lebensmittelunternehmens zierte.
»Wenn die Ware genauso künstlich schmeckt, wie diese Farbe aussieht – na, dann guten Appetit!« Bob schüttelte sich.
»Bestimmt nicht«, meinte Peter. »Die Produkte von ›Smell‹ werden täglich von Hunderttausenden gekauft und verzehrt.«
»Nicht alles ist richtig, nur weil es Hunderttausende tun.« Justus sah Peter und Bob an, um festzustellen, welchen Eindruck dieser Satz bei ihnen gemacht hatte. Bob glaubte den Tonfall ihres Politiklehrers wiederzuerkennen. »Oder?« Justus wollte eine Bestätigung, aber keiner hatte eine passende Antwort parat.
»Seht mal, da ist Jimboy!«, rief Kelly plötzlich. »Er steigt ein.«
»Hey, Jimboy! Was ist los mit dir?«, schrie Justus und lief mit großen Schritten Richtung Bus.
Jimboys Gestalt erschien an der hinteren Tür. »Ich hab' euch

nicht gesehen«, sagte er und wurde rot dabei. Er ist kein guter Lügner, dachte Justus. Jimboy zog verlegen die Schultern hoch. »Wir müssen gleich weg.«
»Komm noch mal raus. Zwei Minuten wirst du doch Zeit haben«, forderte Peter ihn auf. »Ihr seid ja noch gar nicht alle fertig.«
Jimboy zögerte. Dann kam er die drei Stufen herunter.
»Wie geht's dir?«, wollte Justus wissen.
»Wie soll's mir schon gehen?«, gab sein Cousin steif zurück. »Gut.«
»Und wie ist es im Trainingscamp?«, wollte Peter wissen. Dabei beobachtete er Jimboy genau.
»Toll ist das alles«, lautete die Antwort. »Wirklich, ganz tolle Anlagen.«
»Einsteigen, alles einsteigen!«, kam eine herrische Stimme aus dem Inneren des Busses. »Das gilt auch für dich, Jonas.«
»Wir telefonieren«, sagte Jimboy. Er lächelte schief und wandte sich ab. Dann wurde die Tür geschlossen. Stumm sahen die fünf dem Bus nach.

Aktion Earphone

»Kannst du uns sagen, wo wir Mr Bow finden?«, fragte Justus das Mädchen hinter dem Getränkestand.
»Da vorn am Strand, bei den blau-weißen Schirmen«, meinte sie freundlich.
Der Malibu Lagoon State Beach war äußerst gut besucht an diesem Tag. Viel fehlt nicht mehr, und man muss sie stapeln, dachte Justus. Er stieg über vier Paar Füße, nur um im nächsten Augenblick vor einem Wall von Körpern zu stehen, die sich an den Händen hielten und irgendwelche wilden Tänze aufführten. Dabei stießen sie unverständliche Laute aus. Die Sonne brannte auf den Sand. Halbhohe Wellen mit weißen Kronen rollten vom Meer herein.
Unter einem Sonnenschirm saß ein schwarzhaariger Mann an einem runden Tisch. Auf der einen Seite hatte er eine Kasse neben sich stehen, auf der anderen ein Schachbrett. Sein Gegenüber trug einen großen Sonnenhut und streckte gerade die rechte Hand zu einer der Figuren aus, zog sie aber unsicher wieder zurück.
»Entschuldigung«, begann Peter höflich. Der Mann sah auf, nahm seine Sonnenbrille ab und musterte die Jungen. Sofort fielen Peter diese merkwürdig dunklen Augen auf.
»Wenn ihr Schirme oder Liegestühle wollt, tut's mir Leid. Bin ausverkauft.« Er zeigte auf die dichten Reihen, die den Sandstrand fast bis zum Wasser hin säumten.
»Eigentlich nicht«, setzte der Zweite Detektiv fort. »Reden wollten wir mit Ihnen.«
»Ich muss ohnehin weiter.« Der andere nutzte die Gelegenheit und zog ein riesiges Tablett mit gebrannten Mandeln unter dem Tisch hervor. »In einer Stunde bin ich zurück«, meinte er und hielt plötzlich ein altes Posthorn in der Hand. »Gebrannte Mandeln!«, schrie er und dann entlockte er dem Instrument

einen tiefen Signalton. Durch die Liegestuhlreihen stapfte er davon.

Justus warf einen Blick auf das Brett. Mr Bow spielte mit Weiß und hatte einen Turm mehr als sein Gegner. Offenbar Grund genug für ihn, sich erst einmal zu verziehen.

»Eddy«, brummte Bow, »ein richtiges Original hier am Strand. Leider spielt er lausig Schach. Aber gern. Und worüber wollt ihr mit mir reden?«

»Wenn Sie Mr Bow sind, über Fußball«, sagte Bob locker.

Harold Bow zog die Augenbrauen hoch.

»Mr Lloyd schickt uns«, erklärte Justus.

Die Miene des Mannes wurde eine Spur freundlicher. »Lloyd«, sagte er mehr zu sich selbst. »Den gibt es auch noch?«

»Ja«, fuhr Bob fort. »Er arbeitet bei derselben Zeitung wie mein Vater und meint, Sie könnten uns alles Wichtige über die ›Aktion Earphone‹ erzählen.«

»Die ›Aktion Earphone‹?« Bow war sichtlich überrascht. Er schüttelte den Kopf, öffnete den Mund und schloss ihn wieder. Dann musterte er seine Besucher von oben bis unten. »Und warum interessiert ihr euch für die alten Geschichten, wenn ich fragen darf?«

Natürlich hatte sich der Erste Detektiv eine Antwort auf diese nahe liegende Frage zurechtgelegt. Er war zwar noch immer nicht überzeugt davon, dass die Mädchen mit ihrem Verdacht richtig lagen. Jimboys sonderbares Verhalten nach dem Spiel hatte ihn allerdings stutzig gemacht. Hinzu kam dieser Skandal aus den 70er Jahren, von dem Bobs Vater erzählt hatte. Jedenfalls wollte er Bow nicht auf die Nase binden, dass sie Detektive waren. Unverfänglicher war es, ihn einfach mit der Story von den Stinkbomben zum Reden zu bringen. Also spielte Justus den naiven Schuljungen, der einfach empört ist, weil er solche explosive Post bekommt.

Die Rechnung ging auf. »Nehmt Platz«, sagte Bow und deutete auf einen Stapel etwas vergammelter Stühle neben einem schmalen Holzverschlag, in dem eine Dusche und ein kleiner Eisschrank untergebracht waren. »Wollt ihr die Geschichte in voller Länge hören?«, fragte er. »Dann braucht ihr etwas Geduld.«

»In voller Länge.« Justus nickte ihm zu und die drei ??? machten es sich bequem.

Glücklicherweise konnte Mr Bow gut erzählen. Aber auch so war das, was er zu berichten hatte, spannend genug. Er war in den 70er Jahren Fußball-Schiedsrichter gewesen, zuerst an der Ostküste und dann in Kalifornien. Die Geschichte, die ihn fast ins Gefängnis gebracht hätte, hatte begonnen, als sich einige Verantwortliche im Nationalen Fußballverband dafür stark machten, Fußball für Werbekunden der Fernsehanstalten attraktiver zu gestalten.

»Ihr wisst doch selber«, sagte Bow, »was bei uns nicht durch Werbung zu unterbrechen ist, lässt sich nicht verkaufen.« Ein Gutachten war in Auftrag gegeben worden: Britische Fußballexperten sollten herausfinden, wie das Regelwerk verändert werden könnte, um regelmäßige Pausen einzuführen. Die sollten dann mit Werbeblöcken gefüllt werden.

»Hinter den Kulissen lief aber eine zweite Sache«, berichtete Bow weiter. Über Hintermänner waren maßgebliche Manager eines großen Unternehmerverbands an den Geschäftsführer der Schiedsrichtervereinigung mit der Frage herangetreten, ob die Spiele nicht auch künstlich, also auf Bestellung, unterbrochen werden könnten. Gegen Geld hatten sich einige Schiedsrichter, darunter auch Bow, an Geheimversuchen beteiligt. Sie pfiffen Verstöße, die gar nicht stattgefunden hatten, zu dem Zeitpunkt, an dem ein Werbeblock eingespielt werden sollte. Als das offizielle Verbandsgutachten zu dem Schluss gekommen war, dass die Regeln nicht sinnvoll verändert werden konnten, weil Fußball durch regelmäßige Pausen seinen typischen Charakter verlieren würde, übten die Hintermänner Druck auf die bestochenen Schiedsrichter aus.

»Wir wurden erpresst«, sagte Bow. »Sie erklärten uns, sie würden die Sache mit den Geheimversuchen auffliegen lassen, wenn wir nicht weiter mitspielen würden.« Er hielt inne und schien für einen Moment ganz in seine Erinnerungen versunken. »Wir waren damals ziemlich dumm«, sagte er dann, »diese Hintermänner, die die Drähte gezogen haben, wären ja selber mit dran gewesen.« Da sich die beteiligten Schiedsrichter aber erst später, nämlich während des Gerichtsverfahrens, kennen lernten, waren Absprachen untereinander vorher nicht möglich gewesen. Aus Angst um ihre Lizenzen und ihren guten Ruf hatten sie schließlich nachgegeben. Aber noch bevor das betrügerische Spiel im Spiel zum ersten Mal in großem Maßstab über die Bühne gehen konnte, war die Sache aufgeflogen. Irgendjemand hatte sie verpfiffen. Bow und sieben andere Schiedsrichter waren lebenslang gesperrt worden. Außerdem hatte man sie vor Gericht gestellt und zu deftigen Geldstrafen und 400 Stunden Sozialdienst verurteilt.

»Und die Leute von diesem Unternehmerverband?«, fragte Peter.

»Die?«, wiederholte Bow verächtlich. »Die feinen Herren hatten natürlich keine Ahnung von allem. Wir seien Betrügern aufgesessen, hieß es in der Verhandlung.« Er tippte sich an die Stirn und blickte aufs Meer. »Immer nach dem Motto: Die Kleinen hängt man und die Großen lässt man laufen.« Abrupt stand er auf. Erst jetzt sahen die drei ???, dass Bow fast zwei Meter groß war. »Ich hatte Glück«, beendete er seine Erzählung. »Ich hab' dieses schöne Stück Strand gepachtet und verbringe meine Zeit vor allem mit Schachspielen. Es gibt Schlimmeres.« Der Mann stellte vier Cola-Dosen auf den Tisch.

»Können Sie sich vorstellen, dass jemand dieselbe Nummer noch einmal abziehen will?«, fragte Peter, nachdem er einen kühlen Schluck genommen hatte.

»Schwierig«, antwortete Bow spontan. »Die Zuschauer können heute auf der Großleinwand ein Spiel detaillierter verfolgen als früher. Es gibt die Wiederholung in Zeitlupe. Außerdem wisst ihr ja sicher, dass zurzeit überlegt wird, einen Videobeweis einzuführen. Wie beim Eishockey. Da muss sich der Schiedsrichter die umstrittene Szene noch einmal auf einem Fernsehschirm am Spielfeldrand ansehen, bevor er sie ahndet. Er würde sich schnell verdächtig machen oder zumindest in den Ruf kommen, ein miserabler Spielleiter zu sein, wenn der Videobeweis regelmäßig gegen ihn spräche.« Er schüttelte den Kopf. »Nein, ich glaube, heutzutage müsste man schon andere Wege gehen.«

Der Erste Detektiv spitzte die Ohren. »Und zwar?«

Bow zuckte die Schultern.

»Zum Beispiel gemeinsame Sache mit Spielern machen?«, hakte Justus nach.

»Ihr seid verdammt hartnäckig.« Zum ersten Mal lächelte Bow. »Vorstellen kann ich mir vieles ...« Er stutzte. »... Immer mehr. Je älter ich werde.« Was er sich vorstellen konnte, wollte Bow offenbar für sich behalten. Zumindest wandte er sich wieder seinem Schachbrett zu.

Als Peter die Cola zahlen wollte, winkte der Mann ab, ohne aufzusehen. »Grüßt lieber Lloyd von mir, den alten Knaben. Und richtet ihm aus, er könnte auch mal wieder in Malibu vorbeischauen. Bei Harry Bow.«

Wieder machte sich das Faxgerät bezahlt. Bob hatte noch einmal seinen Vater um Hilfe gebeten. Jetzt ging Blatt für Blatt bei ihnen ein, was das Archiv der ›Los Angeles Post‹ über die Firma ›Smell‹ hergab.

Das Unternehmen war zu Beginn des Jahrhunderts in New Orleans von einem eingewanderten Franzosen namens Victor Sentir gegründet worden. Bald eröffnete er eine Niederlassung in Denver, wo noch heute bis an den Fuß der Rocky Mountains Zuckerrüben gepflanzt wurden. Fleischfabriken in Dallas und Chicago kamen dazu, Erdnussfelder in Georgia, eine Speiseöl-

Raffinerie in Houston, Konservenfabriken in Kalifornien und zwei Mühlen bei den Niagarafällen. Die Produktpalette reichte von Dosenmilch und Erdnussbutter bis zu Würsten, Brot und Zucker. Nach dem Zweiten Weltkrieg zogen Sentirs Erben eine riesige Konserven- und Tiefkühlkostkette auf, mit Niederlassungen in Großbritannien, Japan und Südamerika. Der jüngste Sohn ging in der Nähe von San Francisco unter die Weinbauern. Er war es auch, der den Grundstein zum Sportsponsoring gelegt hatte.

»Die haben daran gedacht, in die Formel 1 einzusteigen«, staunte Peter.

Sie saßen um den Schreibtisch in ihrem Büro herum, um die immer neuen Fax-Mitteilungen in Empfang zu nehmen. Dank des Ventilators, den Bob überraschend wieder in Gang gebracht hatte, war die drückende Hitze einigermaßen zu ertragen. Peter kniff die Augen zusammen. Gerade las er, dass ›Smell‹ ein ausgesprochener Billiganbieter war, bei gleich bleibend guter Qualität der Waren. Viele kleine Lebensmittelhändler konnten da nicht mithalten und mussten ihren Laden verkaufen: an ›Smell‹. So hatte das Unternehmen unter dem Namen ›Shooter‹ eine Einzelhandelskette aufgebaut, mit einer stattlichen Anzahl von Filialen an ausgesucht guten Plätzen. Pächter waren vielfach die früheren Besitzer, denen oft nichts anderes übrig blieb, als den angebotenen Vertrag zu unterschreiben, wenn sie über die Runden kommen wollten. Ebenfalls mit strengen Verträgen band ›Smell‹ die Farmer an sich. Ihnen wurde die Abnahme einer gleich bleibend großen Menge an Erdnüssen, Zucker, Rindfleisch oder Getreide versprochen. Dafür mussten sie sich verpflichten, fünf Jahre lang die Preise nicht zu erhöhen. Egal, ob die Ernten gut oder schlecht waren.

Peter schüttelte den Kopf und warf die Papiere auf den Tisch. Die Sache war klar: Konnten die Farmer die Verträge nicht erfüllen – wie die Einzelhändler –, drohte ihnen der Ruin. »So eine Gemeinheit«, sagte er.

»Dass so etwas überhaupt erlaubt ist«, schimpfte Bob. »Wenn die mit ihren Sportlern genauso umgehen, wundert mich nichts mehr.«
»Seht mal«, meinte Peter plötzlich und zeigte auf die Liste der Unternehmen, die ›Smell‹ im Lauf der Zeit gekauft hatte. »Panorama Goods«, las er vor. »Ich bin sicher, dass Mr Lloyd diesen Namen im Zusammenhang mit Earphone erwähnt hat.« Das Klingeln des Telefons unterbrach ihn.
Justus ging an den Apparat. »Hallo, Jimboy!«, rief er erfreut, aber seine Miene änderte sich schnell. »Das war doch ausgemacht«, sagte er. »Und wann sehen wir uns dann?« Er legte auf und sah die beiden Freunde enttäuscht an. »Jimboy kommt nicht mit ins Animal Theater. Und Besuch will er auch keinen.«
»Dabei war er doch mal so scharf auf die Tier-Show«, wunderte sich Peter. Sie hatten mit den Mädchen vereinbart, am Wochenende nach Hollywood zu fahren, in eine Vorführung mit vierbeinigen Filmstars, die dort ihre Kunststücke zeigten.
»Was hat er sonst noch gesagt?«, wollte Bob wissen.
»Nichts. Ihr habt ja mitbekommen, wie schnell er wieder aufgelegt hat.«
»Ich habe eine Idee«, sagte Peter. »Wir machen einen kleinen Ausflug zum Silverwood Lake.«

Blinde Passagiere

»Jetzt könnte er aber endlich kommen«, meinte Justus und es klang leicht genervt. Auf einer Anhöhe hinter der kleinen Stadt Crestline lagen sie nun schon mehr als eine Stunde auf dem Bauch und beobachteten die Zufahrt zum Sportinternat. Bob grinste. »Ein guter Detektiv braucht drei Dinge«, zitierte er dann einen von Justus' Lieblingssprüchen. »Geduld, Geduld und noch mal Geduld.« Dafür erntete er einen freundschaftlichen Fußtritt und wurde außerdem vom Ersten Detektiv belehrt, dass das mit Geduld nichts zu tun habe. »Von mir aus können wir noch drei Wochen hier herumhängen. Aber daheim im Safe liegen die Stinkbomben-Briefe und warten darauf, dass wir ihren Absender finden.«
Sie hatten die wenigen Ansiedlungen rund um den See abgeklappert und nach ›Shooter‹-Filialen Ausschau gehalten. In Crestline gab es zwei. Von einem Tankwart hatten sie erfahren, dass Larry Wilcox, einer der Pächter, das Sportinternat täglich mit Lebensmitteln belieferte. »Er kommt immer so gegen fünf Uhr nachmittags«, hatte der gesprächige Mann an der Tankstelle erzählt, »und fährt eine gute Stunde später wieder zurück. Man kann die Uhr nach ihm stellen.«
Diesmal hatte Larry Wilcox jedenfalls Verspätung. Aber dann, nach einer weiteren Viertelstunde, kam er doch. Bob beobachtete den Lastwagen durch das Fernglas. Langsam schob sich das Tor auf und das Fahrzeug verschwand hinter der Mauer.
»War jemand zu sehen?«, fragte der Zweite Detektiv.
»Nö. Ging alles automatisch.«
Der dichte Kiefernwald versperrte ihnen die Sicht auf das Gelände des Internats. Nur das Hauptgebäude konnten sie sehen.
»Ich glaube, ich muss da hinauf«, sagte Peter. Er war in der Schule der mit Abstand beste Kletterer und hielt sich auch an der überhängenden Wand im Turnsaal von allen, die Free

Climbing täglich trainierten, am längsten. Ehe die anderen sich's versahen, war er aufgesprungen und zog sich mit beiden Armen am untersten Ast hoch wie an einer Reckstange.
»Und?«, rief Justus ungeduldig.
»Gespenstisch sieht das aus«, kam es von oben zurück. »Da regt sich nichts. Keiner kommt, keiner geht. Da trainiert auch niemand.«
Justus dachte an Jimboy. Er fühlte jetzt genau, dass da etwas nicht stimmte und machte sich Sorgen um seinen Cousin. Gleichzeitig ärgerte er sich über ihn. Beim nächsten Kontakt, nahm Justus sich vor, verlange ich von ihm, dass er sagt, was da los ist.
Peter hatte seinen Beobachtungsposten verlassen. Mit einem eleganten Sprung kam er direkt vor Justus auf. »Gib mir deinen Block. Ich mache eine Skizze von diesem sonderbaren Camp.«
Kurz darauf studierten die drei ??? den Plan: das Internat selbst, die einzelnen Gebäude innerhalb der Mauer, die Sportplätze, zwei 50-Meter-Bahnen und das Schwimmbecken.
»Und wo steht jetzt der Lorry von Mr Wilcox?«
»Genau hier.« Peter deutete auf ein Gebäude hinter dem Eingangsbereich. »Gleich daneben liegen kleinere Trainingsplätze, wie wir sie in der Schule auch haben.« Er wies auf ein schraffiertes Viereck. »Das ist ein Platz mit nur einem Tor und der Strafraum davor ist markiert.«
»Für Taktiktraining«, sagte Justus mit Kennermiene. »Also müssten wir uns dort umsehen.«
»Das da sind zwei kleine Holzhäuser.« Peter tippte auf die Skizze. »Bin schon gespannt, was wir darin finden.«
»Hoffentlich findet uns niemand«, unterbrach ihn Bob.
»Bist du jetzt plötzlich doch dagegen?«, fragte Justus erstaunt.
Bob schüttelte den Kopf. »Ich glaube nur nicht, dass die in Holzhütten ihre Geheimnisse aufbewahren. Wenn sie überhaupt welche haben.« Er ließ das Fernglas sinken und drehte

sich zu seinen Freunden um. »Aber morgen um diese Zeit wissen wir mehr.«

Der Ball kam in Windeseile näher. Zugleich schien er immer größer zu werden. Justus versuchte ihm auszuweichen, aber die Torpfosten versperrten ihm den Weg. Nach hinten, ich muss nach hinten, schoss es ihm durch den Kopf. Er lief zwei, drei Schritte rückwärts, verhedderte sich im Netz und war endgültig gefangen. Er drehte sich um und im nächsten Augenblick traf ihn die Riesenkugel direkt ins Gesicht. Er spürte noch den Geruch von Leder und Schweiß, dann wurde ihm schwarz vor Augen. Im nächsten Augenblick hatte er das Gefühl, ins Bodenlose zu fallen. Gebremst wurde der Sturz erst, als er heftig mit den Armen ruderte und die eine Hand auf dem Boden aufschlug.

Er fuhr hoch und riss die Augen auf. Um ihn herum war nichts als schwarze Nacht. Die linke Hand schmerzte, aber die rechte signalisierte: kalte Erde. Das ist nicht mein Bett in Rocky Beach, durchzuckte es ihn, so viel steht fest. »Wald!«, hörte sich Justus rufen und war mit einem Mal klar. Er lag auf einer kleinen Lichtung am Ufer des Silverwood Lake in seinem Schlafsack und träumte Unsinn.

»Justus«, murmelte Peter neben ihm verschlafen, »ist dir nicht gut?«

»Hab' geträumt.«

»Was?«

»Dass ich gefangen bin. In einem Fußballtor. Von einem schwitzenden, stinkenden Ungeheuer – in der Gestalt eines riesigen Fußballs.« Er stöhnte und fuhr sich über die Stirn. Erst jetzt merkte er, wie heiß ihm war. Mit einem Ruck öffnete er den Zippverschluss seines Schlafsacks ein wenig.

»Seht mal nach oben«, sagte er plötzlich. Seine Augen hatten sich an die Dunkelheit gewöhnt. Zwischen den hohen schwarzen Bäumen leuchtete der Sternenhimmel.

»Wahnsinn, die Milchstraße!«, rief Bob. »Viel heller als bei uns zu Hause.«
»Wie zwanzigtausend Taschenlampen!«, sagte Peter andächtig. Es war ein überwältigender Anblick.
Justus startete mit einer langen Erklärung. »Die Luft über Großstädten wie Los Angeles ist so voll von Schmutzteilchen, dass –«
Weiter kam er nicht, denn Peter fuhr ihm über den Mund und verbat sich jede Art von Vortrag.
»Das ist bestimmt der schönste Sternenhimmel, den ich je gesehen habe«, lenkte Bob die Freunde ab. »Eigentlich viel zu schön, um zu schlafen.« Dabei konnte er ein Gähnen nicht unterdrücken.
Auf die Ellenbogen gestützt, blinzelte Justus in die Nacht. Er war heilfroh, nicht in den Maschen eines Tornetzes zu zappeln und von einem Fußball zerquetscht zu werden. »Wisst ihr eigentlich«, sagte er schließlich, »wie gut wir's haben?« Niemand reagierte mehr auf seine Frage.

Sie standen spät auf, wuschen sich im See, schwammen und trödelten herum. Um die Mittagszeit servierte Peter drei verschiedene Fertiggerichte, die er am Vortag in einer der ›Shooter‹-Filialen gekauft hatte. Justus entschied sich für Gemüseragout, Bob nahm Nudeln mit Fleischklößchen und Peter Reis mit Putenbrust. Auf den Dosen hieß es, die Speisen würden erwärmt, wenn man an einer bestimmten Lasche zog. Sie versuchten ihr Glück. Tatsächlich begann es nach zwei Minuten leise zu brodeln.
»Chemische Reaktion, ganz klar«, sagte Bob und öffnete den Deckel. Seine Klöße schwammen in einer kleinen Wanne und rochen gar nicht übel. Er klopfte von unten an den Boden der Dose. »Hohl. Hab' ich mir gleich gedacht. Man zieht die Lasche, Luft dringt ein und es entsteht eine chemische Verbindung, die Wärme entwickelt.«

»Schmeckt wirklich gut«, urteilte Justus. »Blöd ist nur, dass so viel Müll übrig bleibt.«
Sie säuberten das Besteck im See, rollten die Schlafsäcke ein, verstauten die leeren Dosen in einem großen Papiersack und trugen alles ins Auto. Auf der Fahrt nach Crestline redeten sie nicht viel. Bob lenkte den Wagen auf den großen Parkplatz eines Einkaufzentrums.
Peter angelte drei kleine Sprechfunkgeräte aus dem Handschuhfach und verteilte sie. Bob steckte zusätzlich seine Pocketkamera ein und Justus griff sich das Fernglas. »Die Handschuhe?«, fragte er. Die beiden anderen nickten nur. Dann nahmen sie sich noch einmal Peters Skizze vor und prägten sich die Lage der Gebäude ein. »Auf geht's«, sagte Bob schließlich. Sie verließen das Auto und marschierten auf der Hauptstraße Richtung Ortsmitte.
In der kleinen Stadt schienen sich vor allem Automechaniker niedergelassen zu haben. Zumindest gab es auf beiden Straßenseiten jede Menge Werkstätten und Garagen. Die ›Shooter‹-Filiale lag gleich neben einigen kleinen Kunstgalerien mit hübschen Backsteinfassaden. ›Zufahrt für Lieferanten‹ stand auf einem Wegweiser. Sie folgten ihm und ein paar Meter weiter kamen sie an eine Lagerhalle. Im Vorübergehen spähte Justus durch eins der vergitterten Fenster. Hinter der Halle fanden sie, was sie suchten: einen Lastwagen, der offenbar gerade beladen wurde. Die Flügeltür stand weit offen. Sie schlenderten so unauffällig wie möglich heran. Niemand war zu sehen. Stumm wies der Erste Detektiv auf die halb volle Ladefläche.
»Achtung!«, zischte Bob und zog die beiden Freunde hinter einen mannshohen Stapel von Kisten.
Schritte kamen näher. »… mit Sally und den Kindern«, sagte eine dunkle Stimme. »Herzlich gern, wenn es euch nicht zu viel Arbeit ist«, antwortete ein zweiter Mann. »Du weißt doch, wie gern ich grille«, fuhr der erste fort.

Zwei Angestellte in weißen Kitteln trugen Lebensmittelkartons zu dem Lkw und kamen direkt an den drei ??? vorbei.
Justus zog den Kopf zurück. Die Schritte entfernten sich wieder. »Bleibt hier!«, zischte er. Mit großen Schritten lief er zum Laderaum und warf einen Blick auf die Lebensmittel. ›Smell/Silverwood‹ stand auf einem Stapel Dosen. »Na, bitte«, sagte Justus zufrieden. Wieder hörte er Schritte. Mit drei Riesensätzen sprang er zurück hinter den Stapel.
»… wenn Larry nachher zurückkommt«, war wieder die dunkle Stimme zu hören.
»Also los!«, kommandierte Justus, als sich die Männer das nächste Mal entfernten. So leise wie möglich liefen sie zu dem Fahrzeug und kletterten auf die Ladefläche. Die Kartons waren nicht sehr hoch gestapelt. Um sich dahinter zu verstecken, mussten sie in die Hocke gehen. Bob knurrte etwas von »unbequem«. Plötzlich wurde die hintere Tür zugeschlagen. Jemand legte den Riegel vor und wenig später war das typische Geräusch eines startenden Dieselmotors zu hören.
Nur durch ein kleines Fenster vorn fiel etwas Licht in den Laderaum. Peter stand auf und sah vorsichtig hindurch. Dann ließ er sich wieder auf dem Boden nieder. Sie waren ganz nah zusammengerückt, um sich leise verständigen zu können. »Er ist allein«, flüsterte Peter.
Der Wagen schaukelte durch zwei Kurven. Offenbar hatten sie die Stadt hinter sich gelassen. Bob zupfte Justus am Ärmel und deutete auf seine Uhr. Der Erste Detektiv verstand sofort und stieß Peter in die Seite. Sie verglichen die Uhren. Alle drei gingen auf die Sekunde gleich. Justus spreizte die fünf Finger seiner rechten Hand. Die anderen nickten. In fünf Minuten würden sie am Ziel sein.

Wo ist Späher eins?

Jetzt konnten sie nur noch hoffen. Sie hörten, wie der Riegel zurückgeschoben wurde. Gleich danach fiel Licht in den Lieferwagen. Als jemand – vermutlich Larry – auf die Ladefläche sprang, begann der Wagen ein wenig zu wackeln. Die drei ??? hielten den Atem an. Wenn Larry jetzt als Erstes die Kartons abräumte, hinter denen sie sich verborgen hielten, würde es verdammt heikel werden. Unwillkürlich ballte Justus die Fäuste. Es gab ein schlurfendes Geräusch, dann ein Ächzen und dann schaukelte der Wagen wieder.

»Ich bin's. Larry«, sagte eine Stimme. Schritte entfernten sich. Justus murmelte etwas von dem Glück, das nur die Tüchtigen hätten. Die erste Hürde war genommen. Bob spähte vorsichtig nach draußen. »Niemand zu sehen«, sagte er.

»Also dann, wie besprochen«, erwiderte Justus. Er sprang aus dem Wagen und lief zur Hauswand, um dort erst einmal Deckung zu suchen. Er sah sich um. Außer Peter und Bob, die sich in diesem Augenblick ebenfalls auf den Weg machten, ließ sich keine Menschenseele blicken. Justus musste grinsen, als sein Blick auf seine Turnschuhe und die Trainingshose fiel. Um nicht gleich als Fremde erkannt zu werden, hatten sich die drei in richtiges Sportleroutfit geworfen. Justus zog den Bauch ein, atmete einmal tief durch und marschierte dann mit festen Schritten quer über den Platz zum Verwaltungsgebäude. Er stieß eine breite Flügeltür auf.

Eine Gruppe von Jungs kam auf ihn zu. »Hey«, sagte er, als sie auf gleicher Höhe waren. Sein Herz klopfte bis zum Hals. Zwei oder drei reagierten und grüßten ebenfalls, aber niemand nahm richtig Notiz von ihm. Sie waren zu vertieft in eine Diskussion über Sinn und Unsinn einer Trainingseinheit, während der nur Steilpässe geschlagen werden durften.

Justus sah sich auf dem Flur um. Offenbar hatten hier die Leh-

rer und Trainer ihre Büros, denn viele der graugrünen Türen trugen Namensschilder. Freundlicherweise hatte ein besonders penibler Mensch dafür gesorgt, dass auch die Funktionen unter den Namen vermerkt standen. Justus stieg eine Treppe hoch. Alles war still, nur irgendwo läutete hartnäckig ein Telefon.
Im ersten Stock wurde er endlich fündig. ›Gary Coranado, Sport/Kondition‹ stand da zu lesen, und links daneben hatte ein gewisser Mike Hammer sein Büro, der für Fußball/Taktik zuständig war. Justus ging in die Hocke und warf einen Blick durch das Schlüsselloch in Mr Hammers Büro. Nichts war zu hören. Vorsichtig griff seine Hand zur Klinke.
Im selben Moment ging ein paar Meter weiter eine Tür auf. Sonnenstrahlen fielen auf den Flur. Als Erstes erschien ein blaues Hosenbein. Es gehörte einem Mann in einem knallroten Pullover.
»Guten Tag, Sir«, sagte Justus mit fester Stimme.
»Guten Tag«, gab der andere knapp zurück und kam auf ihn zu. Er runzelte die Stirn. »Wer bist du?«
»Jonas«, antwortete Justus und musste nicht einmal lügen. »Ich bin neu.«
»Und was suchst du hier?«, fragte der Mann. Er blieb direkt vor Justus stehen.
»Das Büro von … Abe Courthouse.« Natürlich hatte das Computerhirn des Ersten Detektivs alle Namen gespeichert, die er bis dahin an den Türen gelesen hatte. Danach gab es einen Mr Abe Courthouse, Mathematiklehrer, an dieser merkwürdigen Anstalt. »Ich hab' da ein Problem mit den Mathebüchern, die in der Schule in Chicago verwendet wurden.«
»Einen Stock tiefer. Dritte Tür rechts vor dem Ausgang.«
»Danke, Sir.«
Justus blieb stehen, sein Gegenüber auch. »Noch was?«
»Ja, Sir … gibt es hier eine Schüler-Toilette?«
»Am Treppenaufgang.« Der Mann deutete in die Richtung, aus der Justus gekommen war. Der Erste Detektiv bedankte

sich noch einmal, machte auf dem Absatz kehrt und verschwand hinter der angegebenen Tür.
Er hörte Schritte auf der Treppe, die langsam leiser wurden. Justus sah auf die Uhr. Fünf Minuten waren vergangen. Immerhin, er war nicht entdeckt worden. Erreicht hatte er allerdings auch noch nichts.

Die Bahnen, auf denen einige Schüler ihre Runden drehten, interessierten Peter weniger. Ihn zog es zu den kleinen Plätzen, auf denen Taktik trainiert wurde. Eine Buschreihe, die er schon von seinem Ausguck im Wald her kannte, kam ihm zu Hilfe. Hinter sie gebückt, konnte er sich ganz nah an acht Jungs heranpirschen, die gerade im Kreis um einen Trainer standen.
»Eine passende Gelegenheit«, hörte er den Blondschopf in der Mitte sagen, »bietet auch der Corner. Der Ball ist draußen, ihr habt Zeit, ihn zu holen und euch zu konzentrieren.« Dann sprach er über die verschiedenen Eckball-Varianten, mit Drall zum Tor hin, mit Drall vom Tor weg zu einem Mitspieler, auf den ballnahen Pfosten, auf den ballentfernten Pfosten oder als kurzen Pass zu einem Mitspieler.
Immer sorgfältig auf seine Deckung achtend, schlich Peter zu einem der beiden kleinen Holzhäuser am Spielfeldrand.
»Mir geht es heute um die schlechteste aller Corner-Varianten«, hörte er den Trainer dozieren. »Wenn nämlich die gegnerische Abwehr den Ball bekommt.« Der Zweite Detektiv verzichtete darauf, die guten Ratschläge für diesen unerfreulichen Fall kennen zu lernen. Er drückte seinen Rücken an die Hauswand und huschte durch die halb offen stehende Tür.
Verblüfft sah er sich um. Eigentlich hatte er einen Geräteschuppen erwartet, mit Bällen, Tornetzen, Keulen oder Reifen zum Techniktraining. Tatsächlich aber stand er in einem voll ausgestatteten Büro, das ihn an ihren Campingwagen in Rocky Beach erinnerte. Ein Fernseher war da, ein Videorekorder und ein Computer. Der Holzschuppen erwies sich von innen als fest

gemauertes Haus mit einem vergitterten Fenster und einem Sicherheitsschloss an der Tür. An der Wand, gegenüber der Tür, hing ein riesiges, gerahmtes Bild, auf dem ein Dutzend durchgeschwitzter Männer winkend und lachend posierten. Den, der im Triumph einen Pokal hochreckte, erkannte Peter sofort. Von dem Bild der brasilianischen Weltmeister wanderte sein Blick weiter zu einem Schreibtisch und dem Schlüsselbund, der darauf lag.

Während Peter die Handschuhe überstreifte, hörte er den Trainer erläutern, wie die Angriffspieler im Strafraum auf Abwehrverhalten umschalten könnten, wenn der Eckball zum Gegner gekommen war. Entschlossen nahm Peter den Schlüsselbund zur Hand. Dann hängte er das Bild ab und fand, was er erwartet hatte: einen kleinen Schrank aus grauem Metall mit zwei Schlössern. Der kürzeste Schlüssel an dem Bund passte in das oberste Schloss, aber keiner ins untere. Peter zog sein bewährtes kleines Nachschlüssel- und Dietrichsortiment aus dem Hosenbund, entrollte das Etui und griff auf Anhieb nach dem richtigen Gerät. Mit einem leisen »Plop« ging der Schrank auf. Er war leer, bis auf eine Videokassette. Peter zögerte einen Augenblick, dann steckte er das Band in den Hosenbund und schloss den Schrank ab. Draußen näherten sich Schritte. Blitzschnell legte er den Schlüsselbund auf den Tisch und drückte sich hinter die Tür.

Im nächsten Moment sah Peter von hinten einen Jungen mit schulterlangen roten Haaren. Instinktiv zog er die Tür ganz nah an sich heran, so dass er den anderen nicht mehr sehen konnte. Dafür bemerkte er etwas, was ihn vor Schreck zusammenfahren ließ. Das Foto mit den brasilianischen Fußball-Spielern stand noch dort, wo Peter es vor wenigen Sekunden abgestellt hatte: auf dem Boden. Der Junge mit den roten Haaren kam zurück ins Blickfeld. Für einen Moment sah es so aus, als beugte er sich verwundert über das Bild. Peter konnte sehen, wie sich die Lippen des Jungen bewegten, als er die Namen der

Stars murmelte. Von mir aus, zuckte es Peter durch den Kopf, kannst du sie alle auswendig lernen, aber guck jetzt bitte nicht in die falsche Richtung!

Bob blieb in der Nähe des Lieferwagens. Er wollte sich im Küchentrakt umsehen und die beiden anderen über Funk herbeiholen, falls sich abzeichnete, dass Larry schneller fertig war als gewöhnlich.

Aus seinem Versteck hinter der großen Spülmaschine verfolgte er einige belanglose Unterhaltungen. Einer der Küchenhelfer hatte sich am Morgen beim Gemüseschneiden so stark an der Hand verletzt, dass er ins Krankenhaus gebracht werden musste. Jemand gab Larry Karten für ein Footballspiel, Super-Karten, wie der Spender nicht zu betonen vergaß, direkt an der 50-Yard-Linie. Dann tuschelten die beiden. Bob konnte nur den Satz »Aber lass dich hier nicht erwischen« verstehen. Als Larry mit der nächsten Fuhre Lebensmittel hereinkam, wurde die Sache wesentlich interessanter, denn die beiden Männer fingen an, über Betrug beim Spiel zu reden. Vor zwanzig Jahren, erzählte einer der beiden, hatten die ›Diego Rams‹ einen Spieler gekauft, keinen Stürmer, sondern einen Verteidiger. Nur zum Schein störte er die Gegner in ihrem Spiel. »Hätte Franky damals nicht gesungen, wäre das nie herausgekommen«, sagte die Stimme.

»Mit dem Mogeln isses genau wie mit ‘nem guten Spiel«, brummte Larry zurück. »Training ist alles. Kleine Pause für ‘ne Zigarette?« Der andere bejahte und sehr zu Bobs Ärger verließen sie die Küche.

Er schlängelte sich vorsichtig hinter der Spülmaschine hervor. Der große Raum war leer. Geduckt lief Bob zu einem Fenster, von dem aus er den Lieferwagen sehen konnte. Er war fast entladen. Dafür stapelten sich einige Kisten mit Leergut auf der Ladefläche.

»Späher eins und zwei, bitte kommen«, flüsterte Bob ins Walkie-Talkie, »Taxi ist bereit.«
Peter meldete sich sofort. Er war bereits auf dem Rückweg. Justus' Antwort blieb aus. Bob sah auf die Uhr. Sie hatten vereinbart, die Durchsage nach 60 Sekunden zu wiederholen. Für den Fall, dass einer gerade in einer Situation war, in der er nicht reagieren konnte.
»Späher eins, bitte kommen.« Nichts rührte sich.
Bob hörte Schritte und flüchtete hinter einen Schrank. Die beiden Männer brachten wieder leere Kisten. Als sie im Kühlhaus waren, schlüpfte er aus der Küche, flankte in das Fahrzeug und versteckte sich hinter den Kisten.
»Hallo«, hörte er Peters Stimme neben sich. »Nett, dass du auch schon da bist.«
»Und Justus?«, fragte Bob leise. Peter schüttelte den Kopf und deutete auf das Walkie-Talkie. Sie wiederholten die Durchsage. Keine Reaktion.
»Morgen bringe ich dann die bestellten Hühner mit«, hörten sie Larry rufen. Mit einem Knall flog die Tür zu.
»Justus, bist du hier irgendwo?«, flüsterte Peter im Halbdunkel und wusste, wie sinnlos die Frage war. »So ein Mist!«, zischte er dann.
»Wir können ihn doch nicht einfach hier lassen«, meinte Bob. Wieder knallte eine Tür zu und dann wurde der Motor gestartet. Bob sprang auf, aber Peter zog ihn zurück. »Wenn wir alle drei auffliegen, hat Justus auch nichts davon.« Das Fahrzeug setzte sich schaukelnd in Bewegung. »Der kann sich selber helfen«, fuhr der Zweite Detektiv fort. Aber auch ihm war nicht wohl in seiner Haut bei dem Gedanken, dass Justus allein im Camp zurückblieb.
Bob dachte dasselbe. »Jimboy ist doch auch hier«, flüsterte er beruhigend.
Plötzlich begann der Wagen zu ruckeln, als ob sie querfeldein über einen Acker führen. Sofort wurde das Tempo langsamer

und vorn im Fahrerhaus hörten sie Larry erbärmlich fluchen. Mit einer Vollbremsung kam der Lieferwagen zum Stehen.
Sie drückten sich hinter die Kisten und schon wurde ein Türflügel aufgerissen. Larry schrie etwas, wovon sie nicht mehr als »Ausgerechnet heute« und den Namen »Sally« verstanden. Durch einen schmalen Spalt sah Peter, dass der Fahrer den Wagenheber schnappte und wieder verschwand. Wenig später spürten sie, wie sich die Ladefläche hob. Draußen hörten sie Stimmen. Die eine gehörte Larry und die andere dem Mann, der schon beim Abladen geholfen hatte. »Ich versuch's noch mal mit Späher eins«, sagte Bob.
»Nicht nötig«, sagte jemand neben ihm. »Bin schon da.« Bobs Kopf flog zur Seite.
»Da hast du aber noch mal Glück gehabt.« Erleichtert stieß Peter Justus in die Rippen.
Der Erste Detektiv lächelte schief. »Glück? Köpfchen, meinst du.« Aus der Hosentasche zog er einen langen Nagel. »Glaubt ihr etwa, so ein robustes Musterexemplar amerikanischer Lieferwagenproduktion bleibt von selber stehen?« Er hielt Bob den spitzen schwarzen Metallstift unter die Nase und zeigte mit dem Daumen triumphierend in die Richtung des linken Vorderrads. »Das war der Zwillingsbruder.«

Ein Plan scheitert

»Und wie seid ihr dann rausgekommen?«, fragte Kelly. Eigentlich hatten die Mädchen ihre Freunde zum Schulfest abholen wollen. Aber jetzt saßen sie vor dem Campingwagen und hörten staunend die Erzählung der Jungen von ihrem Ausflug.
»Wie wir reingekommen sind«, gab Peter zurück. »Larry ist wirklich ein prima Chauffeur …«
»… und ein fleißiger Mensch«, setzte Bob kichernd hinzu. »Er hätte den Lieferwagen auch einfach abstellen und erst am nächsten Tag ausräumen können. Wir waren auf eine unbequeme Nacht durchaus eingerichtet. Aber glücklicherweise hat er das Leergut gleich ausgeladen.«
»Und jetzt zum Höhepunkt«, sagte Justus. Er klatschte in die Hände. Dann stand er auf und ging langsam um den Klapptisch herum, der vor dem Bürowagen stand. Mit dem Versuch einer besonders galanten Geste blieb er vor Elizabeth stehen. »Unser Ausflug blieb nicht ohne Ergebnis!«, rief er theatralisch.
»Ihr habt den Stinkbombenleger«, meinte das Mädchen trocken.
»Knapp vorbei ist auch daneben«, konterte Bob.
»Darf ich bitten?« Justus streckte Elizabeth seinen Arm hin. »Die Vorführung beginnt.«
»Kann uns mal jemand aufklären, was diese Show hier soll?«, unterbrach ihn Kelly unwirsch.
»Abwarten!« Justus ließ sich nicht aus dem Konzept bringen. Er setzte sein charmantestes Lächeln auf, damit Elizabeth endlich seinen Arm nahm. Peter und Bob konnten ihr Lachen kaum mehr zurückhalten. »Kommt, ihr Damen! Wir bieten euch Dramen!«, säuselte Justus.
Elizabeth schüttelte den Kopf. Sie war ohnehin nicht besonders gut auf die drei ??? zu sprechen. Schließlich waren sie zu eitel gewesen, um zuzugeben, dass die Mädchen mit ihrem Verdacht

Recht gehabt hatten. Ihre Miene zeigte deutlich, dass sie Justus' Auftritt nicht besonders lustig fand. Aber dann ließ sie sich doch von ihm um den Campingwagen herumführen. Im Schatten der Rückseite war das große Fernsehgerät von Onkel Titus und Tante Mathilda aufgebaut, dazu der Videorekorder und einige Klappstühle.

Alle setzten sich. Wortlos betätigte Peter die Fernbedienung. Für einige Sekundenbruchteile flimmerte das Bild, dann war eine Gruppe von Fußballern zu sehen. Die Vorführung dauerte acht Minuten und war eindeutig. Elizabeth strahlte über das ganze Gesicht.

»Du hattest wirklich einen guten Riecher«, sagte Justus anerkennend. »Ich gebe zu, mir kam das alles etwas an den Haaren herbeigezogen vor. Aber diese Szenen sind Beweis genug.«

Die Videokassette, die Peter im Camp hatte mitgehen lassen, zeigte sechs verschiedene Spielsituationen in Super-Zeitlupe, die alle eins gemeinsam hatten: Sie dienten dazu, ein Fußballmatch mutwillig zu unterbrechen. Entweder durch fiese Fouls – bei einem rammte ein Spieler, verdeckt durch den eigenen Körper, seinem Gegner den Ellenbogen gezielt in die Niere – oder durch einen harmlosen, aber spektakulär aussehenden Zusammenstoß mit einem Spieler der eigenen Mannschaft. Das Ende der Szene war immer das gleiche: Irgendjemand wälzte sich auf dem Rasen und die nächste Pause war da.

»Wir müssen an Jimboy ran«, sagte Lys, nachdem sie sich sicherheitshalber das Video ein zweites Mal angesehen hatten.

»Kannst du vergessen«, antwortete Justus. »Haben wir alles schon hin und her gewälzt.«

»Unser Plan steht fest«, verkündete Peter. »Ich bewerbe mich um einen Platz im Sportinternat.«

Justus berichtete, dass er gleich nach ihrer Rückkehr mit Jimboy telefoniert hatte. Der war zugeknöpft gewesen bis zur Halskrause. Nur eines ließ er sich entlocken: Drei Jungs waren

bereits nach wenigen Tagen im ›Smell‹-Camp wieder abgesprungen und jetzt wurde Ersatz gesucht. Schon am nächsten Tag sollte es in Ventura ein weiteres Probetraining geben.
»Wenn ich Glück habe, werde ich engagiert. Und dann arbeite ich als verdeckter Ermittler.«
»Und wenn nicht?«, wollte Elizabeth wissen.
»Damit befassen wir uns, wenn es so weit ist«, belehrte sie Justus. »Tu immer einen Schritt nach dem anderen, heißt ein bewährter Grundsatz im Handbuch für Detektive.«
Bob räusperte sich. »Muss man das kennen?«
»Noch nicht«, feixte Justus. »Aber bald. Ich schreibe es selbst.«
»Es gibt da noch eine Regel, vergiss die nicht«, fiel ihm Kelly ins Wort. »Du sollst immer die Hinweise ernst nehmen, die aufgeweckte Mitmenschen dir geben.« Sie warf ihre Haare zurück. »Euer Glück, dass euch das Video in die Hände gefallen ist. Hättet ihr uns weiterhin nicht geglaubt, hätten wir ein Konkurrenzunternehmen aufgemacht.«
Lys gluckste vor sich hin. »Einen Namen haben wir schon gefunden …«
»Die drei !!!«, riefen Kelly und Elizabeth im Chor.

Über die Erkundungstour ins Sportinternat hatten die drei ??? das Abschlussfest zum Ende des Schuljahres fast vergessen. Dabei wollten sie den Trubel nutzen, um sich umzuhören, ob jemand einen etwa 20-jährigen Mann von Peters Statur kannte, der Alliterationen liebte und Fußball verabscheute.
Schon von weitem waren die Klänge ihrer Schulband zu hören, die sich diesmal auf Musik aus den 60er Jahren spezialisiert hatte. Während sich die Mädchen sofort ins Getümmel stürzten, wollten die Jungs zuerst nach dem Hausmeister sehen.
Mr Allenby war ein immer freundlicher Mittfünfziger, den alle ›Buko‹ nannten. Der Spitzname kam, wie er Bob einmal in einem vertraulichen Plauderstündchen erzählt hatte, von dem slawischen Namen, den seine Eltern bei der Einwanderung in

die USA hatten ablegen müssen: Die Leute auf den Behörden hatten ihn unaussprechlich gefunden. Allenby war sehr beliebt bei Schülern und Schülerinnen und wusste immer Rat – bei platten Reifen am Auto, ebenso wie nach einer misslungenen Prüfung. Buko tat Dienst am großen Grill, der auf der Wiese vor dem Sportplatz aufgebaut war. Bunte Lampions schaukelten über den Wegen. Auch hier war die Musik der Band zu hören. Die drei ??? versorgten sich mit Hähnchenschlegel, Maiskolben und Salat. Als gerade niemand um Nachschub anstand, pirschten sie sich an den Hausmeister heran.
»Hallo«, sagte Buko freundlich, »wie wär's mit einer gebackenen Kartoffel?« Mit einer langen Zange deutete er auf einige besonders große Exemplare. »Diesmal nicht in Alufolie. Wegen der Müllvermeidung. Ihr wisst schon.«
Die Jungen nickten. »Gibt's sonst noch Öko-Neuigkeiten an der Schule?«, fragte Bob geistesgegenwärtig. Der Hausmeister zuckte die Schultern. »Man könnte endlich den Müll richtig trennen«, nahm Peter den Faden auf. »Oder zum Beispiel ungebleichtes Papier einführen.«
»Ihr kennt euch ja ziemlich gut aus«, meinte Buko, während er die Bratwürste auf dem Grill wendete.
»Nicht gut genug«, sagte Justus. »Wir haben da ein Problem. Wir erwarten ein Paket, von dem unsere Altvorderen nichts wissen sollen.« Er spielte den Verlegenen. »Und jetzt dachten wir, wir könnten es vielleicht an die Schuladresse schicken lassen. Also, natürlich nur, wenn Sie nichts dagegen haben.«
»Was ist denn Geheimnisvolles drin?«, wollte Buko wissen, winkte aber sofort lachend ab, als der Erste Detektiv bei der Antwort ins Stottern kam. »Brauchst mir's nicht zu erzählen. Solange es nicht in die Luft geht, ist es mir egal.«
»Sie heben das Paket auch wirklich gut für uns auf?«
»Natürlich.«
»Und wo?«
»Muss ja sehr wertvoll sein!« Der Hausmeister lachte wieder.

»Im Materiallager, wenn ihr's genau wissen wollt. In einem versperrten Schrank, in dem auch die größeren Päckchen und Pakete für die Lehrer verstaut werden, die gerade nicht da sind.«
Justus wollte noch nach dem Schlüssel zu dem Schrank fragen, aber zwei Schülerinnen kamen und verlangten nach Steaks mit Maiskolben. Die drei ??? stellten ihre Teller ab und verabschiedeten sich.
»Unser Mann hat offenbar Zugang zu diesem Schrank«, resümierte Bob. »Oder er fängt den Postboten ab.«
»Glaub' ich nicht«, widersprach Justus. »Wäre zu auffällig.«
Unter einem der großen Eukalyptusbäume standen die Mädchen. Lys winkte die drei heran. »Wir haben uns umgehört«, sagte sie. Justus runzelte die Stirn. Dann schaltete er auf diesen herablassenden Tonfall um, der bei den anderen nicht allzu beliebt war. »Hast du Töne!«, rief er. »Die drei !!! bei der Arbeit!«
Im selben Augenblick fing er Lys' wütenden Blick auf und hätte sich am liebsten auf die Zunge gebissen.
Auch Kelly sah ihn böse an. »Ach, so ist das? Sherlock Holmes auf dem hohen Ross!« Sie wandte sich an die beiden Freundinnen. »Ihr hört ja, diese Herrschaften wünschen noch immer nicht mit Informationen behelligt zu werden! Die Reue war von kurzer Dauer. Na, dann eben nicht.« Und damit gingen sie davon.
Verblüfft starrte Justus hinter ihnen her. Peter schnitt ihm eine Grimasse, als wollte er sagen: Siehst du, das hast du nun davon. Und Bob knurrte, Justus solle den Mädchen gefälligst nachlaufen. Aber der probierte es erst einmal mit einem schrillen Pfiff auf zwei Fingern. »Hey!«, schrie er dann. »So war es doch nicht gemeint!« Aber die drei Mädchen gingen weiter, als hätten sie nichts gehört. Und im nächsten Augenblick waren sie im Getümmel verschwunden.

Schon beim Aufwärmen machte Peter in seinem schwarzweiß gestreiften Dress eine gute Figur. Er war größer als die meisten anderen und muskulöser. Dafür fehlten ihm diese übermäßig ausgeprägten O-Beine, die sonst vielen Kickern ein sonderbares Aussehen verliehen. Wenn er den Ball am Fuß führte, bewegte er sich elegant und sicher; wenn er sich zum Kopfball streckte, schnellte sein Körper hoch wie eine gespannte Feder. Justus stand mit Bob am Spielfeldrand, hatte die Arme fast bis zu den Ellenbogen in seinen Jeanstaschen vergraben und wunderte sich, dass ausgerechnet an diesem Tag der Himmel bedeckt war mit dunklen Wolken. Umso heller, dachte er, strahlt dort auf dem Rasen der Stern eines gewissen Peter Shaw. Bestimmt hatte er beste Chancen, von ›Smell‹ engagiert zu werden und seinen Vertrag vermutlich schon so gut wie in der Tasche.

Dann kam die siebzehnte Minute des Trainingsspiels, das die Sportmanager des Lebensmittelkonzerns zum Abschluss angesetzt hatten. Es hatte zu nieseln begonnen und ein feiner Film machte den Rasen so glatt wie Seife. Ein Mitspieler flankte den Ball von der rechten Seite vor das Tor. Peter nahm ihn im Flug und legte einen wunderbaren Fallrückzieher hin. Der Ball landete im Tor und der Schütze unsanft auf dem Hinterteil. Als er sich erheben wollte, verzog er schmerzverzerrt das Gesicht und griff an sein Knie.

Justus, neben Bob an der Absperrung des Spielfeldes lehnend, wusste sofort, was passiert war. »Verdeckter Ermittler, ade«, zischte Bob, flankte über das Geländer und lief zu Peter.

Wieder wurde eine Bahre geholt, wieder wurde Peter in ein Krankenzimmer getragen. Bob und Justus durften diesmal in den schmucklosen, weiß gekachelten Raum im Garderobengebäude des Sportplatzes mitkommen. An der Wand hingen ein veralteter Kalender und ein Poster von Carl Lewis.

Peter hatte keine starken Schmerzen, jammerte aber dennoch vor sich hin, während sie auf den Arzt warteten, den ›Smell‹ für das Probetraining engagiert hatte. »Alles im Eimer. Unser schöner Plan. Ich hab's vermasselt.«

»Blödsinn!«, widersprach Bob. »Uns fällt ganz bestimmt etwas anderes ein.« Er klopfte dem Freund aufmunternd auf die Schulter. »Dein Fallrückzieher war Spitzenklasse.«
Justus wollte sich nicht lumpen lassen. Schließlich war er der Chef der drei ??? und insofern für Trost und Aufmunterung persönlich zuständig. »Vergiss den Plan«, sagte er mit wichtiger Miene auf den Patienten herunter. »Hauptsache ist doch, dass du nicht ernsthaft verletzt bist.«
Seine Hoffnung blieb unerfüllt. Peter hatte sich das Kreuzband gerissen, musste ins Krankenhaus, bekam einen Gips und zwei Krücken verpasst und hatte sich bis auf weiteres zu schonen. »Am besten sitzend«, meinte die junge Krankenhausärztin, die ihn behandelte, »das Bein hochgelegt.«
Niedergeschlagen fuhren sie zum Haus der Familie Shaw, das in einer kleinen Siedlung in einem Föhrenwald am Rand von Rocky Beach stand. Peters Mutter wartete bereits, mit einem frisch gebackenen Kirschkuchen.
»Sei froh, dass du nicht im Krankenhaus bleiben musstest«, tröstete sie beim Nachmittagskaffee, als sich die Stimmung ihres Sohnes einfach nicht besserte.
»Aber ich wollte doch …«, begann Peter.
»… am Endspiel teilnehmen, ich weiß«, unterbrach ihn seine Mutter. »Das muss jetzt eben ein Jahr warten.«
Peter seufzte. Dann zwinkerte er den Freunden zu, schraubte sich ungeschickt aus seinem Stuhl hoch und humpelte an den Krücken voraus in sein Zimmer. »Und jetzt?«, fragte er missmutig, nachdem sie es sich auf seiner Couch bequem gemacht hatten.
»Jetzt tust du das, was du schon immer tun wolltest«, antwortete Justus. »Du liest endlich alle Krimis von Raymond Chandler am Stück.«
Peter streckte die Zunge heraus.
»Oder du siehst gemütlich fern«, ergänzte Bob. »Fußball zum Beispiel.

Heute Abend wird ein europäisches Einladungsturnier übertragen.«
»Und was macht ihr?«
Bob zuckte die Schultern. »Wozu haben wir eigentlich einen Spitzendetektiv in unseren Reihen, der sogar unter die Buchautoren gehen will?« Er sah Justus erwartungsvoll an. »Der soll uns sagen, wie's jetzt weitergeht.«
Wie auf Kommando schnippte Justus mit den Fingern. »Nichts leichter als das«, meinte er und begann in seiner Hosentasche zu kramen. »Wir losen einfach, wer welche Aufgabe übernimmt. Einer kümmert sich noch mal um Mr Bow in Malibu. Und der andere stattet der Niederlassung von ›Smell‹ einen kleinen Besuch ab.« Der Erste Detektiv legte einen Vierteldollar auf die flache Hand und ließ ihn hoch in die Luft fliegen. Die Münze entschied, dass Justus nach Malibu sollte und Bob zu ›Smell‹.
»Am besten als Redakteur unserer Schülerzeitung, du weißt schon«, kicherte Justus. »Der Trick funktioniert bekanntlich immer.«
Es klopfte an der Tür.
»Herein«, rief Peter. Es klang nicht mehr sehr niedergeschlagen.
Seine Mutter betrat das Zimmer und fixierte Justus. »Dein Onkel hat angerufen. Ein Mann war auf der Suche nach dir. Seinen Namen hat er nicht gesagt, dafür ließ er ein Kuvert für dich da.«
»Was für ein Mann?«, wollte Peter wissen.
»Keine Ahnung. Mr Jonas war nicht sehr gesprächig.«
»Dann müssen wir jetzt los.« Justus stand schon in der Tür. »Komm, Bob!«
»He!«, rief Peter. »Nicht so eilig! Und was wird aus mir?«
»Ganz einfach.« Justus grinste ihn frech an. »Du hast die wichtigste Aufgabe. Du schnappst dir das Telefon und machst gut Wetter bei den Mädchen. Kann man prima im Sitzen. Ist ja so-

wieso deine Spezialität.« Justus war heilfroh über seinen Einfall. Peter würde ihm alle zerknirschten Bitten um Vergebung ersparen. »Sag ihnen, wir sind dringend auf ihre Informationen angewiesen.«

Auf heißer Spur

»Ein bisschen nervös war er wohl«, sagte Onkel Titus, während er Bob das braune Kuvert reichte. Auf den ersten Blick sah es gar nicht aus wie einer dieser mysteriösen Briefe.
»Und weiter! War er groß oder klein? Welche Haarfarbe?«, bedrängte Justus seinen Onkel.
»Ich war gerade dabei, die alten Keramikrohre da drüben zu stapeln.« Onkel Titus deutete auf eine schmutzig gelbe Pyramide neben der Garage und zog eine Grimasse. »Eigentlich, na ja, so genau hab' ich ihn mir deshalb gar nicht angesehen.«
»Schade!« Justus ärgerte sich. Wenn er nicht da gewesen war, wollte Onkel Titus immer ganz genau beschrieben bekommen, wer nach ihm gefragt hatte.
»Tut mir Leid. Es war auch, weil er sagte, du wüsstest Bescheid.«
»Halb so schlimm.« Bob wollte das Geplänkel zwischen den beiden beenden und sich endlich mit dem Inhalt des Briefes beschäftigen.
»Bob hat Recht«, meinte Justus versöhnlich. »Wir sind in der Zentrale ...« Einen kleinen Seitenhieb konnte er sich dann doch nicht verkneifen. »Nur falls wieder jemand fragt.«
»Der Brief ist viel schwerer als die anderen«, meinte Bob, als sie vor ihrem Campingwagen angekommen waren. »Und in einem anderen Kuvert steckt er auch.«
»Das ist bestimmt keine Stinkbombe«, urteilte Justus. Er sollte Recht behalten. Bob arbeitete genauso vorsichtig wie bei dem letzten Drohbrief. Aber es gab keinen Faden und keinen Mechanismus, nur zwanzig Seiten dicht beschriebenes Papier.
»Von Bow!«, rief Justus erstaunt, nachdem er einen Blick auf das Anschreiben geworfen hatte. »Bow war hier!«
»Prima«, sagte Bob. »Erspart dir eine Fahrt nach Malibu.«
Sie beugten sich über die Papiere. In knappen Sätzen berichtete

der ehemalige Schiedsrichter, dass er nach ihrem Gespräch in alten Sachen gekramt und das Urteil und die Aufzeichnungen aus seinem Prozess gefunden hatte. »Lest selbst«, stand da in zackiger Handschrift. »Vor allem die Seite 12 wird euch interessieren.« Dass es schon damals auch um Spieler gegangen sei, schrieb Bow, habe er völlig vergessen. Während Justus von vorne begann, fingerte Bob nach dem angegebenen Blatt. »Ist ja irre!«, flüsterte er nach der Lektüre, erntete aber nur ein knappes »Psst« von Justus. Der las nämlich mit wachsender Aufregung von einem Stürmer, der vor Gericht ausgesagt hatte, ihm wäre ein spezielles Training angeboten worden. Aber niemand hatte nachgefragt, was damit gemeint sein könnte. Alle waren damals ganz auf die Vergehen der Schiedsrichter fixiert gewesen. Bow hatte auch den Namen des Zeugen notiert. Es handelte sich um einen gewissen Mike Hammer.

»Stell dir vor, Bow hat sich gemeldet«, platzte Bob bei Peter ins Zimmer. Der lagerte noch immer auf der Couch und sah fern.

»Stell dir vor, der Fernsehsender ITNTV steckt mit ›Smell‹ unter einer Decke«, konterte Peter im gleichen Tonfall.

»Was?« Bob riss die Augen auf.

»Einer nach dem anderen!«, kommandierte Justus. »Unser Patient zuerst!« Woraufhin der berichtete, dass er die vergangenen zwei Stunden damit verbracht hatte, die Aufzeichnung eines Matchs der europäischen ›Champions League‹ anzusehen. »Alle zehn Minuten kam Werbung. Bei einer Konserve kein Problem, logo. Aber bei Live-Spielen ist bekanntlich alles anders. Angenommen, unser Verdacht ist richtig, dann braucht ›Smell‹ nicht nur Spieler, die mitmachen, sondern auch einen Partner beim Fernsehen, der im richtigen Moment den richtigen Knopf drückt.«

Justus starrte auf den Fernsehschirm, wo gerade Sportwerbung lief. Ausnahmsweise kratzte er sich am Kopf, statt wie sonst seine Lippe zu bearbeiten. »Aber wann ist dieser richtige Moment gekommen?«, dachte er laut nach. »Auf irgendeine Weise erfahren die gekauften Spieler, dass sie jetzt in Aktion treten sollen. Eben dann, wenn es wieder Zeit ist für den nächsten Werbeblock. Gar nicht so einfach bei Live-Spielen.« Bob holte ein Fernsehmagazin von Peters Schreibtisch. »Morgen Mittag wird in ITNTV das Endspiel dieser Champions' League direkt übertragen. Wäre eine gute Gelegenheit, sich mal genau anzusehen, wie das da mit der Werbung läuft.«

»Mach' ich«, bot Peter an. »Und was war jetzt mit Bow?«

»Der hat uns freundlicherweise auf eine interessante Spur gebracht«, erwiderte Bob und erstattete kurzen Bericht.

»Weißt du noch was anderes von diesem Hammer, außer dass er Fußball und Taktik unterrichtet?«, wollte Peter schließlich wissen. Dann zog er eine Hantel hinter den dicken, bunten Kissen hervor, murmelte etwas von »Wer rastet, der rostet« und begann, das schwere Ding in die Luft zu stemmen.

»Ich habe mich in seinem Büro umgesehen«, sagte Justus und sah den Herrn im roten Pullover vor sich, der ihm beinahe alles verpatzt hätte. »Und seit ich Bows Aufzeichnungen gelesen habe, frage ich mich, ob der Zeuge, von dem er schreibt, nicht dieser Hammer aus dem Internat sein könnte.«

»Wie kommst du denn darauf?«

»So häufig ist der Name auch nicht. Und … da war etwas in seinem Büro.« Mit geschlossenen Augen kramte Justus in seinem Gedächtnis. »Ich hab's gleich.«

»Vielleicht ein Foto«, meinte der Zweite Detektiv in Erinnerung an die brasilianische Fußballmannschaft, deren Bild im Camp zur Tarnung des Tresors diente.

»Oder ein Wimpel«, kam auch Bob zu Hilfe. »Zu Spielbeginn werden diese Dinger doch immer ausgetauscht.« Auch er dachte an ihren Besuch am Silverwood Lake. »Vielleicht von den Diego-Rams.«

»Ein Wimpel«, wiederholte Justus langsam, »ein Wimpel!«

Jetzt zupfte er heftig an der Unterlippe. »Da gab es so ein Ding in Giftgrün ...« Es war ihm anzusehen, dass sein Computergedächtnis auf Hochtouren arbeitete. »Ich erinnere mich an ein schwarz gestreiftes Wappen. Und darunter stand etwas.« Justus öffnete die Augen, um sie dann wieder zusammenzukneifen. »Genau: San Diego Hotspurs.« Er sah auf die Uhr, sprang auf und stürzte aus dem Zimmer.

Bob und Peter blickten sich verdutzt an. »Was hast du denn?«, rief ihm der Zweite Detektiv nach.

»Bin gleich wieder da«, hörten sie Justus' Stimme aus dem Flur.

Peter setzte sich auf. »Wenn Bows Hammer jetzt noch bei den Hotspurs Stürmer war – dann wären wir ein schönes Stück weiter.« Er wechselte die Hantel von der rechten in die linke Hand. »Larry hat doch auch von einem Club aus San Diego gesprochen, von den ›Rams‹. Ich dachte allerdings, es geht um Football-Spieler.«

»Müsste herauszufinden sein!«, meinte der Zweite Detektiv aufgekratzt. Er war richtig in Fahrt gekommen. Seine Hantel sauste nur so auf und ab.

Bob beobachtete ihn bei den ungewöhnlichen Kraftübungen. »Stimmungsbarometer wieder gestiegen?«, fragte er.

Peter nickte knapp und wechselte rasch das Thema. »Gleich gibt es Pizza für uns. Und danach versuch ich's noch mal bei Kelly.«

Die Tür flog auf. »Hab' bei Jimboy angerufen«, kam Justus den Fragen der Freunde zuvor.

»Und?«

»Die haben doch immer frei zwischen Training und Essen. Hab' ihn tatsächlich erwischt. Ich wollte, dass er uns hilft, alles über Mike Hammer herauszufinden.« Er verzog sein Gesicht. »Macht er aber nicht. Dafür hat er mir von einer ziemlichen Aufregung wegen eines Diebstahls von Trainingsmaterial erzählt. Wenn die wüssten!«

Peter stemmte sich an den Krücken hoch und befahl den beiden anderen, ihm zum Abendessen zu folgen.
»Mächtig unternehmungslustig, unser Patient«, meinte Justus, während sie durch die helle Diele gingen.
»Du weißt doch, wenn Bewegung in einen Fall kommt, bin ich nicht mehr zu bremsen.« Peter schwang seine Krücke durch die Luft. Dabei achtete er nicht auf den Efeu, der ihm im Weg stand. Mit einem einzigen Streich fegte er ihn vom Schrank. Die Topfpflanze plumpste auf den Boden, und in den nächsten Minuten hatten Justus, Bob und Peters Mutter zu tun, die Spuren des Malheurs zu beseitigen. »Hauptsache«, sagte Mrs Shaw zu ihrem Sohn, der etwas geknickt dabeisaß, »dir geht es wieder besser. Stimmungsmäßig.«
Lange ließ sich Peter die Laune nicht beeinträchtigen, dann war sein Elan wieder da. Am Esstisch übernahm er persönlich die Verteilung der Pizza. »Dieser Freund von Bow, Mr Lloyd, kann uns vielleicht weiterhelfen«, sagte er unterdessen. »Außerdem muss einer von uns zu ITNTV.«
Justus und Bob grinsten verstohlen über Peters Tatendrang. »Bob, dein Vater kennt doch sicher jemanden bei diesem Sender«, fuhr Peter fort. »Wir könnten so tun, als ob wir das Studio besichtigen wollten. Und uns dabei gründlich umsehen.«
»Was heißt hier wir?«, stoppte Justus ihn. »Du musst dich schonen, aber Bob und ich sind gerne bereit, deinen Anweisungen Folge zu leisten.« Zum Dank für seinen Spott streckte der Zweite Detektiv dem Ersten schon wieder die Zunge heraus.
»Weißt du vielleicht auch, was wir mit diesem Stinkbombenversender anstellen sollen?«, machte Bob im selben Ton weiter.
»Klar weiß ich das«, erwiderte Peter und grinste von einem Ohr zum andern. »Finden.« Er lud sich noch ein Stück Pizza auf. »Oder habt ihr eine bessere Idee?«

Trotz Peters Aufforderung entschieden sich Justus und Bob am folgenden Tag, weitere Nachforschungen in Sachen Briefbomben zurückzustellen. Aber sie hatten bei ihren Versuchen, mit Bow oder Lloyd in Kontakt zu kommen, um sie nach Mike Hammer zu befragen, keinen Erfolg. Der eine hatte in seinem Strandhaus kein Telefon und der andere war für ein paar Tage mit Freunden nach Kanada gefahren.
Also brachen sie zu ITNTV auf, wo Bobs Vater sie einem seiner Studienfreunde empfohlen hatte, der seit einigen Jahren Sportchef bei dem Fernsehsender war. Sie fuhren auf dem Santa Monica Freeway durch den dichten Morgenverkehr. Am Pico Boulevard bogen sie in Richtung der 20th-Century-Fox-Filmstudios ab. ITNTV war Untermieter bei dem Hollywood-Giganten.
Kurz vor zehn Uhr parkte Bob den Käfer direkt gegenüber den Studios. Am Haupteingang hatten sich schon etliche Interessierte versammelt, die auf den Beginn einer Führung warteten. Justus und Bob schlossen sich ihnen an und passierten so anstandslos die Sicherheitskontrollen. Wieder einmal ließ sich Justus vom Anblick dieser kahlen, hohen Studios, mit ihren zahllosen Scheinwerfern an der Decke, faszinieren. Um diese Zeit war schon ziemlich viel los. Magazine, Werbefilme und Serien wurden hier produziert. Es gab auch kleinere Räume, von denen aus Nachrichtensprecher oder Moderatoren von Sportsendungen live über den Bildschirm flimmerten.
Die junge Studentin, die sie führte, konnte oder durfte allerdings keine Fragen beantworten, die über ihren Standardtext hinausgingen. »Dafür hat sie tolle blonde Locken«, meinte Bob sarkastisch, als seine Neugier bezüglich des Verhältnisses von Werbezeiten und normalem Programm bei der jungen Dame nichts anderes erzeugte als ein Stirnrunzeln.
Als sie nach der Führung in das kleine Bistro kamen, wartete Eric Randolphe bereits auf sie. Er war ein auf Anhieb sympathischer Mittvierziger mit drahtiger Figur und grauen, ganz

kurz geschnittenen Locken. Als Grund für ihren Gesprächswunsch nannte Justus die Sorge um Jimboy. »Dieses Sportinternat kommt uns verdächtig vor«, erläuterte der Erste Detektiv dem Journalisten, während Bob Eistee organisierte.
Sie setzten sich an einen runden Tisch auf dem schmalen Balkon, mit Blick auf das ganze Gelände. Randolphe berichtete, es gebe mehr als vierzig von ›Smell‹ finanzierte Sportinternate, verteilt über den Kontinent. In den meisten waren allerdings keine angehenden Fußballprofis untergebracht, sondern Leichtathleten, Surfer, Segler und in einem sogar Skifahrer. »Der Drill ist hart«, bestätigte Randolphe, »aber für viele zahlt sich's aus. ›Smell‹ ist eine richtige Talentschmiede. Das ist wie früher bei einem angesehenen Verein. Wer mit Erfolg eines dieser Internate absolviert, hat einen ordentlichen Marktwert.«
Justus erzählte von dem Blitzengagement seines Cousins und leitete geschickt zu Mike Hammer über. Zunächst konnte Randolphe mit dem Namen gar nichts anfangen. Dann erwähnte Bob die San Diego Hotspurs.
»Die gibt's schon lange nicht mehr«, wusste der Sportjournalist. »Die haben, wie viele andere Clubs, den ersten Fußball-Boom nicht überlebt.« Er dachte nach. »Einen tollen Spieler haben die hervorgebracht.« Er zog die Stirnfalten kraus. »Könnte sein, vielleicht hieß der Hammer. Ich frag' im Archiv nach.« Auf seinem Handy tippte er vier Ziffern ein, aber offenbar ging niemand an den Apparat. »Ruft mich am Nachmittag noch mal an«, sagte er freundlich. »Bis dahin weiß ich Bescheid.«
Er schien aufstehen zu wollen. »Ich hätte noch eine Frage«, sagte Bob schnell.
»Klar. Raus damit!« Der Mann ließ sich wieder zurücksinken.
»Ich jobbe bei einer Konzertagentur«, begann Bob. »Und da werden gerade Überlegungen angestellt, ob Fernsehwerbung für uns in Frage kommt oder nicht. Gerade während Sportübertragungen. Mein Chef würde liebend gern, zum Beispiel,

wenn Veranstaltungen noch nicht ausverkauft sind, kurzfristig zu bestimmten Zeiten Spots platzieren. Welche Sportarten kämen da in Frage?«

Randolphe zählte eine ganze Reihe auf. Fußball war nicht darunter.

»Und Soccer?«, fragte Justus scheinheilig.

Der Mann stutzte kurz. »Wird auf die Erfahrungen mit der Profiliga ankommen«, sagte er dann, ohne eine Miene zu verziehen. »So, jetzt muss ich aber gehen.« Er klopfte mit der flachen Hand auf den Tisch und erhob sich. »Der Eistee geht auf meine Rechnung.«

Draußen waren sich die beiden Detektive schnell einig, dass es wenig Sinn hatte, ohne konkreten Anhaltspunkt in den Studios herumzuspionieren. Also beschlossen sie, zu Peter zu fahren und sich bei ihm das europäische Fußballspiel anzusehen.

Mr Bow erinnert sich nicht

Routiniert fädelte sich Bob in den dichten Verkehr ein. Eigentlich hatten sie über den San Diego Freeway nach Norden und damit auf dem schnellsten Weg nach Rocky Beach fahren wollen. Ein Wegweiser zur Küste brachte Justus aber noch auf einen anderen Gedanken. »Wir könnten schnell bei Bow in Malibu vorbeifahren«, sagte er.

»Schnell ist gut.« Mit dem Kinn wies Bob auf den Kolonnenverkehr vor ihnen. »Aber die Idee ist nicht schlecht.« Er warf den Blinker an und schaffte es tatsächlich, auf eine der beiden Spuren nach Santa Monica zu wechseln.

Aufmerksam sah Justus in den Außenspiegel. Er stutzte. Im nächsten Moment pfiff er leise durch die Zähne. »Weißt du was? Wir werden verfolgt.«

»Verfolgt? Wir?« Ohne den Kopf zu bewegen, warf Bob einen raschen Blick in den Rückspiegel. »Glaubst du wirklich?« Seine Skepsis war unüberhörbar.

»Wir werden verfolgt«, wiederholte Justus. »Es ist der kleine blaue Ford, in der rechten Spur, sechs Wagen hinter uns. Hat auch vor ITNTV gestanden. Außerdem wollte er eben noch nach Norden und jetzt hat er es sich urplötzlich anders überlegt.« Der Erste Detektiv sah wieder nach vorn. »Ist mir zu viel Zufall auf einmal. Geh am Lincoln Boulevard runter! Dann werden wir ja sehen.«

Bob blinkte rechts und steuerte die nächste Ausfahrt an. Eine enge Rechtskurve führte vom Freeway ab. »Und jetzt?«, wollte Bob wissen.

»Richtung Santa Monica Mountains!« Justus schaute wieder in den Spiegel. »Weg!«, rief er enttäuscht, aber im nächsten Moment verbesserte er sich. »Doch nicht weg.« Er lächelte zufrieden. »Wir haben einen treuen Begleiter. Und Treue muss belohnt werden. Mit einem schönen Foto.« Er fingerte nach der

kleinen Pocketkamera im Handschuhfach, hielt sie zwischen sich und Bob nach hinten und drückte ab.
Dann fuhren sie parallel zum Freeway weiter in die Gegenrichtung. Am Bundy Drive bog Bob ab.
»Pass auf, dass du keine von diesen Sackgassen erwischst«, warnte Justus. Den blauen Ford, gut hundert Meter hinter ihnen, hatte er fest im Blick.
»Der muss doch merken, dass wir ihn entdeckt haben.« Bob schüttelte den Kopf. Sie waren in einem der Nobelviertel von Los Angeles gelandet. Hier hatten viele berühmte Schauspieler und Filmregisseure ihre Villen. Bob kannte sich ziemlich gut aus, weil Elizabeth gern durch diese Gegend fuhr und sich nicht satt sehen konnte an der ausgefallenen Architektur der Häuser.
»Festhalten!«, rief Bob plötzlich. Im selben Augenblick riss er schon das Steuer herum und lenkte den Wagen in die Mündung einer kleinen Nebenstraße. Mit quietschenden Reifen wendete er und stand ein paar Sekunden später wieder in Fahrtrichtung. Aber der blaue Ford, an den er sich anhängen wollte, kam nicht. Ratlos sahen sich die beiden an. Bob ließ den Käfer ein paar Meter nach vorne rollen, sodass sie die Hauptstraße einsehen konnten. Von dem blauen Ford keine Spur. »Das gibt es doch gar nicht«, murmelte Bob. »Der hat sich in Luft aufgelöst.«

Bob stürzte aus der Dunkelkammer, in der er das Foto von ihrem Verfolger entwickelt hatte, nach draußen. »Das ist eine Frau!«, rief er aufgeregt. »Schau dir das an!« Er hielt Justus das Bild so dicht unter die Nase, dass der überhaupt nichts sehen konnte. Justus schob Bobs Arme energisch weg. Tatsächlich waren die Umrisse einer Langhaarfrisur zu erkennen.
»Solche Locken tragen Männer nicht«, behauptete Bob mit Kennermiene.
Erst jetzt bemerkte Justus, dass das Kennzeichen ziemlich verschwommen war. »Ist das der beste Abzug?«, fragte er den

Freund. Der warf ihm einen ungnädigen Blick zu. »Glaubst du, dass ich absichtlich Bildersuchrätsel fabriziere?«
Justus murmelte so etwas wie eine Entschuldigung und wandte sich wieder der Aufnahme zu. Eindeutig war nur, dass es sich um ein kalifornisches Kennzeichen handelte. Unklar blieb, ob die erste Ziffer auf dem Nummernschild des blauen Ford eine Drei oder eine Acht, die zweite eine Eins oder eine Sieben und die vierte eine Null oder eine Neun war. Er ging ins Büro, setzte sich an den Schreibtisch, schob einige Stapel Papier zur Seite und machte sich daran, alle möglichen Varianten dieses Kennzeichens aufzuschreiben.
Bob steckte den Kopf durch die Tür. »Darf man fragen, was Sherlock Holmes da treibt?«
»Klar darf man«, erwiderte Justus, ohne von seinen Notizen aufzusehen. »Das hier gibt Arbeit für Cotta.«
»Du schickst ihm alle in Frage kommenden Autonummern, stimmt's?«, fragte Bob und erntete ein Kompliment, weil er so zielsicher kombiniert hatte. Dann faxte Justus die Nummern an den Polizeiinspektor. »Also los, auf zu Mr Bow«, sagte er. Bob steckte das Handy ein und holte den Fotoapparat aus der Dunkelkammer. Justus verstaute Bows Aufzeichnungen in seiner Brusttasche und schaltete den Anrufbeantworter ein.
Wieder wurden sie bald Teil einer gewaltigen Blechschlange, die auf der Küstenstraße langsam der Riesenstadt Los Angeles entgegenkroch. »Vor ein paar Tagen stand in der Zeitung deines Vaters, dass mehr als 40 Prozent der Leute hier meinen, das Auto mache ihre Stadt kaputt«, verkündete Justus.
Bob nickte. »Hab' ich auch gelesen. Aber glatte 20 Prozent haben in den vergangenen zehn Jahren nicht ein einziges Mal den Bus benutzt.«
Sie nutzten das ewige Warten im Stop-and-go-Verkehr, um noch einmal die Sache mit den Drohbriefen ganz genau durchzugehen.
»Vielleicht einfach ein Spinner«, gab Bob zu bedenken. Die

Kolonne war völlig zum Stehen gekommen, die Sonne brannte durch die Frontscheibe.
»Trotzdem müssen wir uns in der Schule umsehen«, meinte Justus. »Wenn uns das Papier nicht weiterbringt, müssen wir eben hinter das Geheimnis der Alliterationen kommen.«
»Das sagst du so einfach!« Bob strich seine Stirnfransen aus dem Gesicht. »Einerseits …«, er zögerte. »Natürlich will ich wissen, wer dahinter steckt. Überhaupt, nachdem so viel Sprengstoff untergemischt war. Der hätte ja wer weiß was anrichten können. Andererseits …« Unsicher sah er Justus von der Seite an.
»Was heißt das: andererseits?«
Es fiel Bob sichtlich schwer, mit der Sprache herauszurücken. Dann überwand er sich doch. »Du weißt, wie schlecht ich noch vor ein paar Monaten in der Schule stand. Und wie ich zuletzt gepaukt habe. Und jetzt habe ich keine Lust, mir die Versetzung vermasseln zu lassen. Du weißt doch, Charly kann keine Faxen leiden.« Bob zuckte die Schultern und erinnerte Justus daran, dass Charly, wie der neue Direktor überall genannt wurde, erst im vergangenen Monat einen Jungen von der Schule geschmissen hatte. Er war erwischt worden, als er mit einem Stethoskop an der Tür des Lehrerzimmers lauschte.
»Verstehe«, feixte Justus. »Peter lässt sich per Gipsverband lahm legen; und du hängst den ängstlichen Streber raus.« Er hob flehend die Hände. »Meine Partner verlassen mich. Ich lasse neue Visitenkarten drucken. Das Büro wird umbenannt in ›Das letzte, einsame ?‹.«
Bob musste losprusten. »Gehst du bei Lys in die Schauspielschule?«
Justus winkte ab. »Nicht nötig. Bin ein Naturtalent. Sagt Lys.«
Langsam setzte sich die Kolonne wieder in Bewegung.
»Begreifst du das mit der Schule?«, fragte Bob.
»Natürlich«, gab Justus zurück. Er schaute auf das Meer hinaus. Die Strände waren gut besucht. Überall gab es kleine

Spielfelder mit Netzen für Strandball, Wellenreiter tanzten unter den Schaumkronen und an felsigeren Stellen versuchten Mountainbiker ihr Glück.
Eine halbe Meile vor dem Lagoon State Beach zwängte Bob seinen Käfer zwischen zwei langen Chevrolets an den Straßenrand. Dann joggten sie in lockerem Trab durch den Sand. Aus dem Gewimmel tauchten allmählich Mr Bows blau-weiße Sonnenschirme auf. Plötzlich zog Bob Justus hinter einen Strandkorb.
»He, was ist denn?«
»Schau doch hin!« Bob deutete mit dem Kopf nach vorn, wo Bow an seiner Kasse stand. Justus musste scharf hinsehen, um zu erkennen, dass der Mann an Bows Seite Eric Randolphe war. Der grauhaarige Sportchef unterhielt sich angeregt mit dem ehemaligen Schiedsrichter.
Während Bob die beiden im Auge behielt, sah sich Justus nach einer Möglichkeit um, unauffällig näher an die Männer heranzukommen. »Dummerweise kennen sie uns. Sonst könnten wir einfach an ihnen vorbeispazieren und aufschnappen, worüber sie reden.«
»Vielleicht erzählt uns Bow gleich freiwillig von dem Gespräch.«
Die beiden Männer verabschiedeten sich. Vertraulich klopfte Randolphe Bow auf die Schulter und ging – direkt auf die Jungs zu. Sie drückten sich um den Strandkorb herum, damit sie nicht in sein Blickfeld gerieten.
»Was soll denn das?«, hörten sie plötzlich eine ärgerliche Stimme. Eine ältere Dame mit silberlila getöntem Haar, die in dem Strandkorb saß, fühlte sich durch die beiden belästigt.
»Verzeihung«, stotterte Justus. Sie verließen ihre Deckung, murmelten noch einmal eine Entschuldigung und machten sich davon. Aus den Augenwinkeln sah Justus, wie Randolphe, der der Szene offenbar keine Beachtung geschenkt hatte, die Straße erreichte.

Als sie an den kleinen Tisch herantraten, wandte Bow ihnen den Rücken zu.
»Hallo«, sagte Bob.
Bow fuhr herum, ließ aber den linken Arm hinter seinem Körper und stopfte etwas in die hintere Hosentasche. Geld, schoss es Justus durch den Kopf. Randolphe hat ihm Geld gegeben. Komisch, wie schnell er sich jetzt auf seinen Stuhl plumpsen lässt.
»Ach, ihr seid's.« Bows Begrüßung klang nicht gerade begeistert.
»Danke für das Material«, begann Justus. »Wir hätten da noch ein paar Fragen.«
»Kann ich aber bestimmt nicht beantworten.« Bow setzte ein abweisendes Gesicht auf.
»Wie wollen Sie das wissen«, fragte Bob, »bevor wir sie überhaupt gestellt haben?«
Irritiert sah Bow von einem zum anderen. Dann straffte er die Schultern. Er schien zu merken, dass ihm ein Fehler unterlaufen war. »Hab' fürchterlich geschlafen letzte Nacht«, murrte er.
Justus entschloss sich zum Überraschungsangriff. »Was wissen Sie von Mike Hammer?«, fragte er. Gleichzeitig ärgerte er sich, dass er Bow nicht in seine Gesäßtasche greifen konnte.
»Mike Hammer?« Für einen Augenblick tat Bow, als habe er den Namen noch nie gehört. Dann besann er sich. »Ach, der. Ihr meint den Zeugen von damals.« Bow kratzte sich umständlich am Kopf. »Nichts weiß ich von Mike Hammer.«
»Und von Franky?«, fragte Bob unvermittelt. Justus warf dem Freund einen überraschten Blick zu. »Franky von den ›Rams‹?« Bob sah Bow starr ins Gesicht. Der riss die Augen auf, hatte sich aber sofort wieder in der Gewalt. »War ein ganz guter Club«, meinte er leichthin.
»Und diese Affäre?«
»Affäre?«, echote Bow. »Keine Ahnung von einer Affäre.« Er stemmte sich an dem kleinen Tisch hoch. »Und jetzt habe ich

zu arbeiten.« Er begann Zettel zu sortieren, die unter der kleinen grünen Handkasse eingeklemmt waren. »Von nichts kommt nichts«, sagte er. »Wenn mir was einfällt, melde ich mich.«

Ein Piepston in Bobs Hosentasche beendete die Szene. Sie verabschiedeten sich und gingen einige Schritte außer Hörweite. Bob öffnete den kleinen Telefonapparat. »Ja, bitte«, sagte er knapp. Dann hörte er ein paar Sekunden zu und wurde ein bisschen rot im Gesicht. Er sagte nichts als »Oh!« Und schließlich: »Wir sind gleich da.« Er klappte das Handy zu. »Das war Peter. Die Mädchen haben wieder einen Drohbrief bekommen.«

Die drei !!!

Elizabeth streckte ihrem Freund den neuen Drohbrief entgegen. Es war wieder ein braunes, ziemlich dickes Kuvert.
»Schade. Nicht zu entziffern«, sagte Bob, als er den verwischten Poststempel inspiziert hatte. »Kann mir jemand eine Pinzette bringen?«
Kelly kannte sich im Haus von Peters Eltern bestens aus. »Ich darf doch an den Nähkorb deiner Mutter?«, fragte sie ihren Freund. Der nickte. Als sie zurückkam, hatte sich Bob allein in den Garten verzogen. »Sicher ist sicher!«, rief er den anderen zu, die ihm gespannt von der Terrasse aus zusahen. Bob hatte sich den Mechanismus genau eingeprägt und suchte nach dem Faden, der beim Öffnen des Briefs die Explosion auslösen sollte. Verwundert schüttelte er den Kopf. »Muss ein neues System sein!«, rief er.
»Genau!« Das war die Stimme von Elizabeth, die plötzlich neben ihm stand. Sie riss Bob den Brief aus der Hand. »Ein völlig neues System!« Justus ertappte sich dabei, wie er unwillkürlich hinter einer Säule Deckung suchte. Er grinste schief und war erleichtert, als Elizabeth den Brief mit einer Bewegung aufriss – und nichts passierte. »Ist wirklich ein neues System«, lachte Elizabeth wieder. Bob stand mit hängenden Armen vor ihr und war restlos verdutzt.
Auch Peter hatte die Sprache verloren. Er rappelte sich ächzend aus seinem Liegestuhl hoch, während Lys und Kelly zufrieden in die Runde blickten.
Lys warf ihre langen blonden Haare über die Schulter. »Mädchen machen manches möglich«, sagte sie. »Wir haben den Absender gefunden.«
Für einen Moment war nur das Zwitschern der Vögel zu hören. Justus fasste sich als Erster. Er steckte beide Hände in die Taschen seiner grünen Bermuda und ballte sie zu Fäusten.

»Ihr habt was?«, fragte er. Nicht nur Bob und Peter fanden, dass es ziemlich drohend klang.
»Wir haben den Absender der Stinkbombenbriefe gefunden.« Lys machte eine kurze Pause. »Genauer gesagt, die Absender.« Inzwischen waren Bob und Elizabeth aus dem Garten zurückgekommen. Das Mädchen nahm einige Blätter aus dem Kuvert und verteilte sie an die drei ???.
In fein säuberlicher Schrift war die Lösung des Falls dargelegt. Justus überflog den Text und wusste nicht, ob er lachen oder lospoltern sollte. Peter dagegen hatte eine Entscheidung getroffen. »Seid ihr verrückt geworden?«, schrie er und wirbelte seine Krücke durch die Luft. »Habt ihr nicht hundert Mal versprochen, dass ihr euch aus unseren Angelegenheiten heraushaltet? Es ist doch gefährlich!«
»Für uns nicht mehr als für euch«, gab Kelly kühl zurück. »Dreh nicht durch. Hör lieber zu.«
»Sie hat Recht«, beruhigte Bob den Freund. Allerdings war auch ihm anzusehen, dass er dem Alleingang der Mädchen nur wenig abgewinnen konnte. Sie setzten sich an den großen runden Tisch und Peter schob einen Hocker unter sein Bein. Dann erzählte Lys – betont sachlich, um die Jungen nicht weiter auf die Palme zu bringen – von der Entdeckung, die sie auf dem Schulfest gemacht hatten. Eine der Köchinnen, die täglich in der Mensa für das Mittagessen sorgten, hatte ihnen ihren Neffen Tony vorgestellt, der gerade zu Besuch war. Sie hatten ihn ziemlich nett gefunden und waren mit ihm über das Gelände spaziert. Schließlich hatte er begonnen, über Fußball zu schimpfen.
»Wir haben ihn immer weiter aufgestachelt«, sagte Lys. »Natürlich nur so. Mehr zum Spaß.«
Plötzlich hatte Tony fluchend und schimpfend wie ein Rohrspatz über Fußballstars wie Cobi Jones und Alex Lalas hergezogen, die den Amerikanern ihre klassischen Sportarten nehmen wollten. Hatte etliche Brasilianer, diesen grässlichen

Italiener Roberto Baggio und einen gewissen Jürgen Klinsmann zum Teufel gewünscht. War schließlich total ausgerastet und am Ende davongestürmt, als sei er hinter einem unsichtbaren Gegner her.

»Ich bin ihm nach«, berichtete Kelly weiter. Sie zuckte die Schultern. »Eigentlich wollte ich die Sache wieder geradebiegen.« Sie warf Peter einen Blick zu. »Er war wirklich sympathisch.« Aber dann hatte sie gesehen, wie er sich mit einem der Jungen traf, die Jimboy beim ersten Auftritt beobachtet hatten. »Ronald Bush, dieses Großmaul, du weißt schon«, sagte Kelly. Peter nickte. Seinen Ärger hatte er schon vergessen; jetzt war er fast ein bisschen stolz auf seine Freundin.

Die beste Idee hatte schließlich Lys gehabt. Sie erkundigten sich bei einigen Lehrern und Lehrerinnen nach den Klassenarbeiten des abgelaufenen Schuljahres. Und sie stellten fest, dass ein Literaturseminar, das Ronald Bush besuchte, sich mit Alliterationen befasst hatte. »Jedenfalls bin ich in den Raum eingestiegen, in dem die Arbeiten gesammelt liegen«, erzählte Lys.

»Wenn dich jemand erwischt hätte, wärst du von der Schule geflogen«, warf Bob ein.

»Sie geht doch gar nicht mehr auf unsere Schule«, belehrte ihn Kelly, und Bob schlug sich mit der Hand gegen die Stirn, weil er das in der Aufregung vollkommen vergessen hatte.

»Wie bist du in das Zimmer hineingekommen?«, fragte Justus kopfschüttelnd.

Kelly zog eine Haarnadel aus ihrem 60er-Jahre-Turmgebilde, das neuerdings den dicken Indianerzopf abgelöst hatte, und hielt sie Justus vor die Nase.

»Hat sich doppelt bewährt«, lachte Lys. »Den Schrank, in dem die Hefte lagern, hab' ich auch so geöffnet.« Die Jungen sahen sie fragend an. »Ich hab' mal in einem Film eine außerirdische Kleptomanin gespielt«, sagte sie. »Und weil das echt aussehen sollte, hat mir einer der Techniker gezeigt, wie man einfache Schlösser mit einer Haarnadel aufkriegt.«

Trotzdem wäre beinahe der ganze Aufwand umsonst gewesen, denn an Ronalds Arbeit über Alliterationen hatte sie nichts Besonderes entdecken können. Enttäuscht hatte sie das Heft schon wieder zurücklegen wollen, als ihr Blick beim Durchblättern auf die Interpretation eines Textes über die Nibelungen fiel. Siegfried kam darin vor und auch die Geschichte mit dem Blut des Drachen Fafnir, das ihn unverwundbar machte.
»Mit Ausnahme einer ganz bestimmten Stelle an seinem Körper«, korrigierte Justus, aber die anderen wollten jetzt nicht mit seiner Bildung behelligt werden.
Mit leuchtenden Augen berichtete dann Elizabeth von dem Zusammentreffen, bei dem sie schließlich die beiden Verdächtigen mit den gewonnenen Erkenntnissen konfrontiert hatten, wie sie sich ausdrückte. »Nach nicht einmal drei Minuten war die Sache klar. Ronald und Tony bekamen sich in die Haare, beschuldigten sich gegenseitig und lieferten so den letzten Beweis.«
»Diese Schufte!« Bob war ehrlich empört.
»Nicht so eilig mit solchen Wörtern!«, mahnte Lys. »Eigentlich ist das Ganze nämlich auch ziemlich traurig. Der Hintergrund ist nämlich der: Tonys Vater, ein italienischer Einwanderer, hat sein ganzes Erspartes verloren, weil er Gangstern auf den Leim gegangen war, die angeblich in Colorado ein Fußballstadion bauen wollten. Wir haben später die Köchin getroffen. Sie war in Tränen aufgelöst und hat uns das erzählt.« Sie stockte. »Natürlich hatten wir vorher Charly informiert. Und der hat die beiden Knaben mächtig in die Mangel genommen.«
Die Mädchen schauten in die Runde. »Der erste Fall der drei !!!«, lächelte Kelly verlegen, als niemand etwas sagte.
»Hoffentlich auch der letzte«, setzte Justus mit drohender Stimme hinzu. Seine Miene war wie versteinert. Aber er musste sich sehr beherrschen, denn eigentlich war ihm mehr danach zumute, den drei Mädchen als Anerkennung eine gewaltige Portion Eis auszugeben.

Zufrieden lauschten sie Peters Bericht über das Live-Match. Werbeblöcke hatte es nur davor, in der Pause und danach gegeben. Der fußballbegeisterte Zweite Detektiv kam richtig ins Schwärmen, als er einzelne Spielsituationen beschrieb. Aber dann bremste ihn Justus und begann seinerseits von ihrem Besuch bei Mr Bow zu erzählen. Und danach von der Verfolgung in Santa Monica.
»Blaues Auto?«, stutzte Peter, als Justus den Ford erwähnte. »Vielleicht so blau wie diese neuen Mineralwasserflaschen, die jetzt überall herumstehen?«
»Genau.«
»So ein Auto hab' ich am Silverwood Lake gesehen.«
»Das sagst du erst jetzt?«, fuhr Bob den Freund an. Aber Justus nahm Peter in Schutz und meinte, er habe ja nicht wissen können, dass mit diesem Wagen etwas nicht stimmte.
»Sehr richtig«, sagte Peter etwas gekränkt. »War doch auch nicht das einzige Auto in der Gegend. Aufgefallen ist es mir trotzdem, als ich da oben auf dem Baum gesessen habe. Wahrscheinlich wegen der leuchtenden Farbe. Es stand auf dem gegenüberliegenden Hügel.« Er überlegte einen Moment. »Jetzt fällt mir ein, dass ich gedacht habe: Komisch, es steht da so merkwürdig in der Landschaft, als täte der Fahrer dasselbe wie wir.«
»Nämlich was?«
»Was? Das Camp beobachten natürlich.«
Bob knurrte, genau das hätte Peter aber nun doch mitteilen müssen, und diesmal widersprach Justus ihm nicht.
»Wahrscheinlich«, gab Peter etwas kleinlaut zu. »Wahrscheinlich hast du Recht.«
»Und dasselbe glasblaue Auto stand also vor ITNTV und hat euch verfolgt«, sagte Kelly eifrig. Man sah ihr an, wie sehr ihr das Detektivspielen Spaß machte.
»Wir müssen noch mal hin«, sagte Justus.
»An den Silverwood Lake?«, wollte Elizabeth wissen.

»Nein. Zu ITNTV.« Justus schaute schulterzuckend zu Peter und dessen Gipsbein. »Zu dumm, dass du außer Gefecht bist. Bob und ich könnten wiedererkannt werden.«
Erneut hatte Lys die rettende Idee. »Ich kann doch einen von euch schminken«, schlug sie vor. Die drei ??? sahen sie zweifelnd an. »Wirklich, ich kann das!« Sie wandte sich zu Bob. »Mit deinem Blondschopf geht's am besten. Nach einer Stunde Arbeit würden dich nicht mal deine Eltern erkennen.« Justus' Freundin kam in Fahrt. »Hast du eine funktionstüchtige Brille?« Bob nickte. Schon seit langem benutzte er zwar Kontaktlinsen. Wenn aber der Smog über Los Angeles besonders schlimm war und die Augen anfingen, höllisch zu brennen, dann musste er sie herausnehmen und eine Brille aufsetzen. Deshalb trug er immer eine bei sich.
Lys massierte mit der Hand ihr Kinn. »Dunkle Haare, buschige Augenbrauen, kleiner Schnauzer. Steh mal auf!« Bob erhob sich. »Dann bekommst du noch ein Polster um den Bauch, machst den Rücken etwas krumm – und bist wie neu.« Sie hatte vor lauter Eifer ganz rote Wangen bekommen und Justus fand sie hinreißend. Aber nicht nur deshalb stimmte er ihrem Plan zu. Dann wandte er sich an Bob. »Du rufst am besten Sax Sendler an und fragst, ob du dich für einen Vormittag als sein Junior ausgeben kannst, der den Spezialauftrag eines Werbekunden erfüllt.« Er ließ die flache Hand auf den Tisch sausen. »Wäre doch gelacht, wenn wir diesen Betrügern nicht das Handwerk legen.«

Lys' kleine Mansarde direkt gegenüber dem Rathaus von Rocky Beach war bestens ausgestattet. An der Stirnwand im Wohnzimmer prangte ein fast raumhoher Spiegel, davor stand eine transportable Ballettstange. Zwei Dachfenster machten den Raum hell und sonnig. Der ehemalige Hollywood-Jungstar rückte einen Stuhl vor den Spiegel und ließ Bob Platz nehmen. Der große Schminkkoffer stand bereit, dazu einige Farbdosen

und ein Haarspray, das sich bei näherem Hinsehen als Färbungsmittel entpuppte.
»Ist auswaschbar«, beruhigte sie Bob, als sie anfing, ihn damit in einen Schwarzkopf zu verwandeln. Nach den Haaren machte sich Lys an die Augenbrauen, die sie mit einem zahnbürstenähnlichen Instrument färbte. Dann ließ sie Bobs Gesichtsfarbe um zwei Nuancen dunkler werden. Justus kam aus dem Staunen nicht heraus. Bob selbst war seine Verwandlung etwas unheimlich.
Zum Schluss zauberte Lys einen Schnurrbart hervor. »Oder würden der Herr vielleicht so etwas bevorzugen?« Sie griff in den Koffer und hielt ihm einen Schnauzer unter die Nase.
»Was meint ihr?«, nuschelte Bob darunter hervor.
»Schnauzer!«, rief Justus begeistert.
»Und was ist, wenn er abgeht?«, fragte Bob, nachdem ihm Lys ein eindrucksvolles schwarzes Gebilde mit gedrehten und nach oben gebogenen Enden ins Gesicht geklebt hatte.
»Gibt's nur im Film«, antwortete sie lachend. »Im wirklichen Leben hält das bombensicher. Zieh dein T-Shirt aus!« In der Hand hielt sie eine sonderbare Konstruktion aus Bändern, Schlingen und einem Polster.
»Sieht aus wie ein Zaumzeug«, kicherte Justus.
Mit den Armen musste Bob durch die Schlingen fahren, danach platzierte Lys den künstlichen Bauch an die richtige Stelle und zog schließlich ein verstellbares Lederband hinter seinem Rücken fest. Dann ging sie zwei Mal um ihn herum und schien zufrieden. »Sitzt tadellos!«, sagte sie mit Kennermiene.
Bob hatte sich Hemd und Anzug von seinem Vater ausgeliehen. Er zog beides an und entschied sich für breite, elegant gemusterte Hosenträger. Eine passende Krawatte plus Stecktuch folgten. Als krönenden Abschluss setzte er seine Brille und einen weißen Strohhut mit schwarzem Band auf. Während er sich im Spiegel hin- und herdrehte, schnalzte er mit der Zunge.
»Ein Kunstwerk!«, rief er.

Sie mussten lachen, als Elizabeth fragte, ob er damit sich oder die Verkleidung meinte. Justus drückte Lys einen dicken Kuss auf die Wange. »Du bist einfach ein Genie.«
Lys holte eine Pocketkamera heraus, setzte Bob mit sicherem Auge so vor den Spiegel, dass er von zwei Seiten zur Geltung kam, und drückte ab.
»Und jetzt ihr beide«, sagte Justus und nahm ihr den Apparat aus der Hand. »Das langbeinige Supermodell und ihr italienischer Modeschöpfer. Beide millionenschwer, versteht sich.«
Bob sah auf die Uhr. Es war kurz nach zehn. Er hatte einen Termin zum Lunch vereinbart und sollte um 12.30 Uhr bei ITNTV sein. Sax Sendler war einverstanden gewesen, dass er sich als Junior ausgab. Der Musikagent organisierte gerade ein Riesenkonzert in Pasadena und hatte so viel zu tun, dass er sich für die Hintergründe von Bobs Bitte gar nicht interessierte. Bob hatte auch Sendlers Büro informiert, damit der Schwindel nicht durch einen Zufall oder eine Rückfrage von ITNTV bei der Agentur aufflog.
»Seid ihr nervös?« Lys beobachtete Bob, wie er vor dem Spiegel seinen neuen, etwas gebeugten Gang studierte.
»Noch nicht«, sagte Justus.
»Mit der Betonung auf noch«, setzte Bob hinzu. Lys gab ihm einen freundschaftlichen Klaps. »Du wirst die Sache schon schaukeln«, meinte sie. »Um fünf treffen wir uns alle bei Peter.«
Auf der Fahrt nach Los Angeles gingen sie alle Fragen durch, die Bob bei seiner Begegnung mit Randolphe klären sollte. »Du musst ihn aushorchen nach Strich und Faden«, sagte Justus eindringlich. »Ich will wissen, wie weit die gehen.«
Am Flughafen stellten sie das Auto ab. Für die letzten drei Meilen nahmen sie ein Taxi, um zu vermeiden, dass jemandem der orangefarbene Käfer auffiel, der erst vor wenigen Tagen gegenüber ITNTV geparkt hatte. Schweigend ließen sie sich den Pico Boulevard hinaufchauffieren. Aus der fast leeren Kasse

der drei ??? zahlte ihr Anführer Justus 5,20 Dollar. Am Haupteingang von ITNTV sah Bob auf die Uhr. »Zwölf Uhr dreißig. Auf geht's«, sagte Justus.
Sein Freund nickte. »Wie ausgemacht, im Park.«
Justus spürte wieder dieses Kribbeln im Magen. Zu gern hätte er den Freund begleitet.
»Ist wie beim Fußballspiel«, feixte Bob. »Nach dem Anpfiff muss der Trainer einfach Vertrauen in seine Spieler haben.« Grußlos ging er davon und verschwand in der Drehtür. Der Erste Detektiv sah ihm mit gemischten Gefühlen nach.

Ein riskanter Bluff

Ohne Probleme drang Bob bis in Eric Randolphes Büro vor. Die Sekretärin des Fernsehjournalisten bat ihn, noch einige Minuten zu warten.

Statt sich auf einen der Besucherstühle zu setzen, betrachtete er sein Ebenbild in den verspiegelten Fenstern. Ein fremder Mensch sah ihm entgegen. Umso besser, dachte er. Einerseits war ihm etwas flau zumute. Andererseits war er aber auch richtig heiß auf das Duell mit Randolphe – und ganz nebenbei war er sehr gespannt darauf, wie sich die Maskerade bewähren würde.

Die gepolsterte Tür des Vorzimmers öffnete sich. Mit federnden Schritten und ausgestreckter Hand kam der grauhaarige Mann auf ihn zu. »Mr Sendler«, sagte Eric Randolphe mit jovialem Lächeln, »nett, Sie kennen zu lernen.«

Bob fiel rasch in den singenden Gesprächston des anderen, der als Erstes bedauernd mitteilte, dass das gemeinsame Mittagessen ausfallen musste. Der Sprinterstar Carl Lewis hatte sich nach zähen Verhandlungen endlich zu einem Live-Interview zum Thema Doping bereit erklärt. Dann plauderten sie über Musikagenturen – für Bob ein vertrautes Thema. »Espresso?«, fragte Randolphe und hielt ihm gleichzeitig eine Zigarettenpackung unter die Nase.

»Koffein ja, Nikotin nein«, antwortete Bob. Er lehnte sich in dem Besucherstuhl zurück und schlug ein Bein über das andere. »Kommen wir zur Sache«, sagte er weltmännisch, während Randolphe an einer teuren italienischen Espressomaschine hantierte, die hinter seinem Schreibtisch stand. »Sie wissen, ich vertrete eine Kundengruppe, die sich für Werbung in der neuen Fußball-Profiliga interessiert. Und zwar in Stadien, auf Trikots und vor allem im Fernsehen.« Bob brach ab und beobachtete sein Gegenüber genau.

»Mmhh«, brummte Randolphe und reichte Bob eine kleine, schwarze Tasse, aus der intensiver Kaffeegeruch strömte. »Mögen Sie Fußball?«
Bob lächelte ihn selbstbewusst an. »Mir ist Baseball lieber. Aber persönliche Liebhabereien zählen ja nicht. Es geht um unsere Kunden. Ums Geschäft.« Wenn ich wirklich so dächte, überlegte Bob, würde ich mich ohrfeigen. »Aber ich kenne mich einigermaßen aus mit Fußball.«
»Die Agentur Sendler vertritt ›Sany‹ und ›Multisonic‹, wenn ich nicht irre.«
Bob nickte.
»Potente Kunden!« Der Grauhaarige wiegte den Kopf.
»Finanzstark«, stimmte Bob zu. Er fand wachsenden Gefallen an dem Spiel. Trotzdem beschlichen ihn leise Zweifel, ob bei dem Gespräch etwas herauskommen würde, wenn dieses vorsichtige Abtasten so weiterging. Er entschloss sich zum Frontalangriff. »Wir sind sehr interessiert«, fuhr er fort, »allerdings …«
»Allerdings?«
»Wir sind nicht am europäischen Konzept interessiert. Jedenfalls nicht hierzulande.« Bob ließ wieder eine Pause eintreten und wartete auf die Reaktion.
Sein Gegenüber hob die Augenbrauen. »Europäisches Konzept? Wovon sprechen Sie, junger Mann?«
Bob ließ sich von dem tadelnden Ton nicht aus der Fassung bringen. »Ich gehe davon aus, dass wir uns verstehen«, erwiderte er und verzog keine Miene. »Eine Pleite wie mit ›Earphone‹ kommt nicht in Frage.« Er ließ den Sportchef nicht aus den Augen. Der zuckte beim Stichwort ›Earphone‹ mit keiner Wimper. Noch aufschlussreicher allerdings war, dass er mit keinem Wort nachfragte. Stattdessen nippte er versonnen an seinem Kaffee.
Vorsichtig führte Bob seine Tasse unter den ungewohnten Schnauzer. Beinahe hätte er sich verschluckt, so stark war das

Gebräu. Es gelang ihm aber immerhin, sich nicht anmerken zu lassen, wie scheußlich ihm der Espresso schmeckte.

Plötzlich stand Randolphe auf, ging zu dem hohen Stahlschrank neben der Tür, sperrte ein schmales Fach auf, holte eine dunkelblaue Mappe heraus und lehnte sich lässig neben Bob an den Schreibtisch. »Wir wollen Werbeblöcke zu festen Zeiten durchsetzen«, sagte er.

»Ausgeschlossen«, gab Bob rasch zurück. »Da macht die FIFA niemals mit.«

»Dann muss man eben andere Wege gehen.«

Bob setzte sich langsam auf. »Und Ihr Sender kennt diese Wege.« Absichtlich sprach er das wie eine Feststellung aus, nicht als Frage.

Randolphe nickte. »Sagen Sie Ihren Kunden, ITNTV hat die Sache im Griff.« Seine Fingerknöchel klopften auf den Aktendeckel. »Wir sind startbereit.« Einen Moment lang schien er zu überlegen, ob er seinem Besucher Einblick in diese offenbar äußerst wichtigen Unterlagen gewähren sollte. Aber dann ging er doch zurück an den Schrank, verstaute die Mappe in dem Fach und versperrte es mit einem kleinen Schlüssel von seinem Schlüsselbund. Dann wandte er sich wieder an Bob und lächelte freundlich zu ihm herunter. »Von uns aus könnte ein Treffen schon nächste Woche stattfinden.«

Bob stand auf. »Ich spreche mit meinen Kunden und melde mich.«

Das Telefon klingelte. Randolphe hob ab. »Oh«, sagte er knapp. »Ich komme.« Er legte auf. »Mr Sendler, Sie müssen entschuldigen, aber Carl Lewis ist da. Ich muss ins Studio.« Er drückte auf einen Knopf, um sein Telefon ins Sekretariat umzustellen.

»Wir sind ohnehin fertig«, meinte Bob und streckte ihm die Hand hin.

»Wir haben denselben Weg«, sagte Randolphe und ließ seinem Besucher mit einem Wink den Vortritt. Über die Schulter warf

Bob einen sehnsüchtigen Blick auf den Schrank. Es arbeitete fieberhaft in seinem Kopf. Aber im Moment sah er keine Chance, an das Material zu kommen. Unterwegs plauderte Randolphe von den Schwierigkeiten im Vorfeld des Gesprächs mit Carl Lewis. Bob hörte nur mit einem halben Ohr zu. Im Vorübergehen fiel sein Blick in einen Waschraum und in diesem Augenblick hatte Bob einen ganz einfachen Einfall. Wenn Randolphe tatsächlich wegen Lewis in Eile war, würde er nicht warten, bis sein Besucher von einem gewissen Örtchen zurückkommen würde.

»Mr Randolphe«, sagte er so herzlich wie möglich und blieb stehen, »es tut mir Leid, aber – ich – äh – ich müsste noch –« Er blinzelte ihn an.

»Selbstverständlich.« Randolphe deutete zum Ende des Flurs. »Dort hinten. Ich verabschiede mich dann hier. Nachher fahren Sie mit dem Aufzug bis zur Ebene eins und stehen dann direkt vor dem Ausgang.«

Bob reichte dem Sportchef die Hand. »Wir hören voneinander.« Er marschierte den Flur hinunter und schlüpfte ins WC. Dann wartete er eine Viertelminute. Jetzt durfte er keinen Fehler machen. Vorsichtig streckte er den Kopf durch die Tür. Niemand war zu sehen.

Er ging denselben Weg zurück, auf dem er mit Randolphe gekommen war. Viele Büros standen leer. Die einen arbeiten im Studio, kombinierte Bob, die nächsten sind in der Snackbar und wieder andere wollen beim Empfangskomitee für den Weltstar Carl Lewis dabei sein. »Mir kann's recht sein«, murmelte Bob. Er hatte den Vorraum zu Randolphes Büro erreicht und blickte sich rasch um. Hinter dem Schreibtisch standen zwei halbhohe Aktenschränke. Er zog ein Taschentuch aus der Hosentasche. Alle Fächer waren beschriftet. Fünf ließen sich öffnen, das sechste war verschlossen. Es trug die Aufschrift ›Korrespondenz‹.

In Sekundenschnelle überflog er, was in den anderen fünf Fächern war. Archivmaterial, Programm-Ablaufpläne, Manuskripte verschiedener Beiträge – nichts, was er gebrauchen konnte. Nachdenklich sah er zu der gepolsterten Tür, die zu Randolphes Zimmer führte. An die blaue Aktenmappe komme ich nicht heran, dachte er, aber vielleicht findet sich sonst etwas Interessantes. Er drückte die Klinke mit dem Taschentuch herunter – und im selben Augenblick hörte er plötzlich näher kommende Frauenstimmen. Er schlüpfte in das Büro und ließ die Tür einen Spaltbreit offen.

»… gemeinsam Abendessen«, sagte eine Stimme. »Gern«, antwortete die andere. Sie gehörte eindeutig Randolphes Sekretärin. Bob spürte, wie sich unter dem aufgeklebten Schnauzbart Schweißperlen ansammelten. Irritiert sah er zuerst zu Randolphes Schreibtisch und dann wieder zur Tür. Unbemerkt würde er hier nicht mehr herauskommen.

»Außer …«, flüsterte er und kratzte sich am Kopf, »… außer mit einem riskanten Bluff.« Entschlossen wandte er sich zum Schreibtisch und stellte das Telefon um. Bestimmt hatte die Sekretärin noch nicht bemerkt, dass Randolphe die Gespräche zu ihr umgeleitet hatte. Er nahm sein Taschentuch, um Fingerabdrücke zu vermeiden, hob den Hörer ab, legte ihn auf den Schreibtisch und wählte einige Ziffern. Die Sekretärin sollte glauben, dass ihr Boss telefonierte.

Bob wischte sich den Schweiß von der Stirn. Erschrocken starrte er auf das Taschentuch, das jetzt Flecken vom Make-up trug. Vergeblich sah er sich nach einem Spiegel um. Mit einem Finger rieb er über die Stirn und hoffte, dass die verbleibende Farbe wieder gleichmäßig verteilt war.

Dann ging er auf die Tür zu, zögerte kurz und ging ins Vorzimmer. »Mr Randolphe braucht die ›Smell-Korrespondenz‹«, sagte er mit fester Stimme.

Die Sekretärin sah ihn erstaunt an. Komm schon, forderte Bob sie im Geist auf, wundere dich nicht, sondern tu, was ich dir sage.

»Die gesamte?«
Die Rückfrage brachte Bob aus dem Konzept. Hinter seinen Schläfen hämmerte es. »Die gesamte?«, rief er in Randolphes leeres Büro hinein. Dann machte er ein paar Schritte zurück, um aus dem Blickfeld der Sekretärin zu verschwinden. Er ließ fünf Sekunden verstreichen, dann tauchte er wieder auf.
»Nur die mit Mike Hammer«, hörte er sich sagen. Ihm war schwindlig. Aber er besaß noch Geistesgegenwart genug, um Randolphes Vorzimmerdame einen vertrauenerweckenden Augenaufschlag zu widmen.
Sie nahm wortlos einen Schlüssel aus ihrer Jackentasche, stand auf und öffnete das sechste Fach. »Geben Sie's ihm?«
»Bin schon dabei«, antwortete Bob, griff nach dem grauen Aktendeckel und verschwand in Randolphes Büro. Er zog wieder das Taschentuch heraus, legte damit den Telefonhörer auf, nahm ihn aber sofort wieder ab und wählte ein paar Ziffern. Es war besser, wenn die Sekretärin weiterhin glaubte, ihr Chef sei mit Telefonieren beschäftigt.
»Mike Hammer«, wiederholte Bob leise. Er warf einen ersten Blick auf die Briefe und pfiff durch die Zähne. Für diesen Geistesblitz und das halsbrecherische Manöver würde er sich gebührend von Justus und Peter feiern lassen. Falls er hier je wieder herauskam.

Cotta mischt mit

Am Rande des Parks, gegenüber den Studios, hatte Justus nach einem kleinen Spaziergang ein schattiges Plätzchen gefunden. Ein paar Minuten später war er auf seiner Bank in der wohligen Wärme des Mittags eingenickt. Als sich eine Fliege derart hartnäckig auf seiner Nasenspitze niederließ, schrak er hoch und erwachte. Er gähnte und streckte sich und zog ein Buch aus der Tasche. ›Mord im Labyrinth‹ war eine Geschichte, die im China des 16. Jahrhunderts spielte. Er liebte diese Krimis, die sich alle um einen hohen Verwaltungsbeamten namens Richter Di rankten.

Wie oft zu Beginn eines solchen Romans fiel es ihm ziemlich schwer, sich auf die vielen chinesischen Namen zu konzentrieren. Immer wieder schweiften seine Gedanken ab zu Bob. Dazwischen studierte er den Plan einer chinesischen Stadt mit Tempeln und Türmen, einer Pagode, einem Kastell, der Richtstätte und einem Weinhaus.

Als er am Ende des ersten Kapitels angekommen war, rauschte eine Kolonne von vier stattlichen Limousinen auf das Gelände von ITNTV. Vielleicht irgendein Star, dachte er und schlug Kapitel zwei auf. Bald hatte er sich dann doch in den Roman vertieft und alles um sich herum vergessen.

»Ssst«, zischte es plötzlich hinter ihm im Gras. Als kleines Kind hatte er panische Angst vor Schlangen gehabt. Auch jetzt gehörten sie keineswegs zu seinen Lieblingstieren. Erschrocken fuhr er herum und sah in das Gesicht eines schwarzhaarigen Herrn, der sich von hinten an ihn herangeschlichen hatte.

»Ja bitte?«, fragte Justus verblüfft.

Der andere prustete los und deutete auf das Buch. »Wieder mal in China?«

»Bob!«, rief der Erste Detektiv. »Du bist schon zurück?«

»Schon ist gut. Für mich war's eine kleine Ewigkeit.«
»Red' schon«, drängte Justus. »Wie war's?«
Bob streichelte seinen Bauch. »Köstlich«, antwortete er.
»Das Essen meine ich nicht«, unterbrach Justus ihn ärgerlich.
»Ich auch nicht«, gab Bob zurück. »Wir sind am Ziel, ob du's glaubst oder nicht.« Er strahlte Justus an. »Sax Sendler junior ist ein Genie.« Er warf einen Blick zurück auf das Gebäude von ITNTV. »Aber jetzt nichts wie weg hier. Die werden bald entdecken, dass ich sie überlistet habe.«
Auf dem Weg zum Taxi wollte Justus unentwegt wissen, was denn nun passiert wäre. Aber Bob machte immer größere Schritte und er hatte Mühe mitzuhalten. Er hasste solche Situationen, in denen er der Ahnungslose war, und er wusste genau, dass Bob das wusste.
Im Taxi rückte Bob immer noch nicht mit seinem Bericht heraus. Stattdessen zeigte er wieder auf sein Hemd, legte den Finger auf den Mund und wies auf den Fahrer, der alles hätte mithören können. Außerdem drehte er sich ein paar Mal um, als befürchtete er, sie könnten verfolgt werden.
Als sie ausstiegen und zahlten, platzte Justus fast vor Neugier. »Jetzt reicht's«, sagte er wütend und warf sich auf den Beifahrersitz von Bobs Käfer. »Jetzt ist Schluss mit der Wichtigtuerei. Ich will wissen, was los ist!«
Bob begann zu erzählen und je länger er erzählte, umso mehr schwand Justus' Zorn. Am Ende war er begeistert. »Aber wie hast du dich an der Sekretärin vorbeigeschmuggelt?«, fragte er schließlich.
»Langsam, langsam!« Bob wollte die Situation weiter auskosten. Sie waren inzwischen auf den San Diego Freeway gefahren und kamen zügig voran. »Da vorn, am nächsten Parkplatz, zeig' ich dir was!« Er blinkte und fuhr hinter eine Buschreihe. Er öffnete sein Hemd und zog eine etwas verbeulte Mappe hervor. »Bitte sehr!«, sagte er und drückte Justus den Aktendeckel mit der Mike-Hammer-Korrespondenz in die Hand.

»Ich hab' so getan, als würde ihr Chef ein ganz wichtiges Telefonat führen, bei dem er nicht gestört werden wollte. Also hab' ich mir den Aktendeckel unters Hemd geklemmt, hab' den Zeigefinger auf die Lippen gelegt und bin auf Zehenspitzen an ihr vorbei. Mit dem Daumen hab' ich in sein Zimmer gedeutet, eine bedeutende Miene aufgesetzt und auf Wiedersehen gesagt. Sie hat verständnisvoll genickt und schon war ich draußen.«
»Puuh«, stöhnte Justus. »Nicht schlecht.«
Bob strahlte über das ganze Gesicht.
Justus überflog einige Briefe und schlug sich auf die Oberschenkel. Hammer und Randolphe steckten unter einer Decke. Der ehemalige Stürmer war der ›Smell‹-Kontaktmann zur Rundfunkanstalt. Unverhohlen wurde die mutwillige Unterbrechung von Fußballspielen angeboten.
»Und ich gehe jede Wette ein, dass der das nicht allein macht«, meinte Bob und nahm die Abfahrt nach Rocky Beach.
»Sehr richtig«, pflichtete ihm Justus bei. »Und deshalb müssen wir uns den nächsten Schritt sehr genau überlegen. Damit die Sache nicht ausgeht wie ›Earphone‹ und die wirklich Verantwortlichen ihre Hände in Unschuld waschen.«

»Für euch ist Besuch da«, sagte Peters Mutter, als sie die Tür öffnete. »Er wartet auf der Terrasse.« Sie musterte Bob. »Wirklich unglaublich, wie du aussiehst.« Und dann meinte sie, Bob dürfe sich auf keinen Fall so sehen lassen, sondern müsse erst einmal seine Maskerade ablegen. »Du darfst hingehen«, wandte sie sich an Justus.
»Wer sagt denn das?«, fragte Justus irritiert.
»Mein Sohn«, erwiderte Mrs Shaw. »Keine Ahnung, worum es geht. Ihr müsst ihm einfach glauben.«
Widerwillig zog Bob ab und Justus marschierte neugierig hinaus auf die Terrasse.
Dort saß Peter in seinem Liegestuhl. »Sieh mal, wer da ist.« Der Zweite Detektiv deutete in den Garten.

»Cotta!«, rief Justus verblüfft.
»Halt den Mund!«, zischte Peter. »Seine Neuigkeiten sind verdammt unerfreulich.«
Im selben Moment hatte Cotta Justus entdeckt und kam näher. Ächzend stemmte Peter sich hoch und humpelte zum Tisch, wo nach der Begrüßung alle gemeinsam Platz nahmen.
»Ich muss mit euch reden«, sagte Cotta mit ernster Miene. »Peter weiß schon alles.« Der Zweite Detektiv nickte. »Aber ich wollte auch euch beiden …« Er stutzte. »Wo steckt eigentlich Bob?«
»Kommt gleich«, klärte Justus ihn auf. »Schießen Sie nur los. Wir erzählen ihm alles.«
»Ihr werdet keine Freude haben«, wand sich der Inspektor.
»Kann man wohl sagen«, unterbrach ihn Peter etwas vorlaut.
»Womit werden wir keine Freude haben?«, drängte der Erste Detektiv.
Cotta sah von einem zum anderen und dann wieder zurück. »Die Sache ›Smell‹ ist zu Ende. Jedenfalls für euch.«
Justus nickte und setzte zu einer Antwort an. Im selben Moment spürte er einen Tritt gegen sein Schienbein. »Was heißt das?«, fragte er stattdessen.
»Ihr seid da raus, denn da ist jemand anders drin. Und der darf nicht gefährdet werden.«
»Ein verdeckter Ermittler«, kam Peter dem Inspektor zu Hilfe.
»Von diesen Autonummern, die du mir gefaxt hast, hat eine zu einem blauen Ford gepasst. Aber nicht nur das. Sie hat uns und unsere Computer ganz schön zum Rotieren gebracht.«
Bob kam aus dem Haus. Bis auf einige dunkle Spuren in den hellen Haaren und die Brille war er wieder ganz der Alte. »Was höre ich, ein Computerspezialist ist gefragt?«, witzelte er und setzte sich. Auch er bekam zur Begrüßung vorsichtshalber einen Tritt verpasst, damit er wusste, dass äußerste Vorsicht angesagt war.
»Leider wird dir die gute Laune gleich vergehen«, sagte Cotta.

»Wir sind raus aus ›Smell‹«, sagte Justus.
»Was?« Bob riss die Augen auf. Darauf war er nun doch nicht gefasst gewesen.
»Euch kann ich ja vertrauen«, fuhr Cotta fort. »Es geht um Aktienbetrug. Eine Riesengeschichte, die in mehreren Bundesstaaten spielt. Die Kollegen brauchen noch zwei, drei Tage. Sie wollen auf jeden Fall verhindern, dass sich die Verantwortlichen aus der Sache rausziehen.«
Justus grinste Cotta säuerlich an. »Genau das wollten wir auch.«
»Peter hat mich schon über diesen Sportbetrug informiert. Sehr interessant.« Er zuckte die Schultern. »Aber ich habe Weisung von ganz oben. Diese Aktiengeschichte ist wichtiger.«
Ein Klingelton am Haustor unterbrach sie. »Die Mädchen«, sagte Peter. Cotta erhob sich. »Wir verstehen uns. Ihr lasst ab sofort die Hände von ›Smell‹, okay? Tut mir wirklich Leid für euch.« Er sah noch einmal streng in die Runde. »Vielleicht lässt sich was machen, wenn der Fall abgeschlossen ist.« Die drei ??? nickten gehorsam. »Ich verspreche euch, wenn es eine Chance gibt, melde ich mich sofort.«
Cotta drückte jedem einzeln die Hand. Richtig feierlich, dachte Justus, die Polizei schließt ein regelrechtes Abkommen mit den drei ???. An der Terrassentür stieß Cotta beinahe mit Lys zusammen. In der Hand hielt sie ein tragbares Telefon. Hinter ihr drängelten Elizabeth und Kelly herein. Sie kannten Cotta nicht, und da er sich rasch an ihnen vorbeidrückte, sah Justus auch keinen Grund, sie einander vorzustellen. Justus presste die Lippen aufeinander. Lys bemerkte es und verstand sofort. Sie wartete, bis sie die Eingangstür ins Schloss fallen hörten.
»Ihr habt das Handy bei mir vergessen«, sagte Lys. »Vor einer Stunde hat Jimboy angerufen. Er will sich noch heute Abend mit euch auf dem Schrottplatz treffen.«
»Jimboy!«, riefen die drei ??? fast im Chor.
»Er war niedergeschlagen, wollte aber nicht reden«, erzählte

Lys weiter. Dann berichtete Peter den Mädchen von Cottas Besuch.
»Werdet ihr euch daran halten?«, wollte Elizabeth wissen.
»Natürlich. Bleibt uns nichts anderes übrig«, brummte Bob.
»Außerdem haben wir uns bisher immer auf den Inspektor verlassen können«, stimmte der Erste Detektiv zu. »Und er sich auf uns. Schade ist es trotzdem, überhaupt nach Bobs großem Auftritt.«
Noch einmal begann Bob von seinen Erlebnissen als Sax Sendler jr. zu erzählen. Allerdings deutlich zurückhaltender als vorher. Die Mädchen gratulierten ihm trotzdem heftig. Aber er wehrte bescheiden ab und meinte, sie sollten Lys beglückwünschen zu ihrem Geschick als Maskenbildnerin. »Wenn ihr die Fotos seht, werdet ihr platzen vor Lachen.« Er brach den Satz ab und stützte den Kopf in beide Hände. »Schade. Jetzt war alles umsonst.«
Mit dieser Resignation war Peter gar nicht einverstanden. Er fuchtelte wieder mit seinen Krücken in der Luft herum. »Wir haben Cotta nicht versprochen, dass wir Jimboy aus dem Weg gehen!«, rief er.
»Na schön.« Bob zuckte die Schultern. »Aber was bringt's jetzt noch?«
»Hin müsst ihr auf jeden Fall«, ermunterte Lys die drei ???. »Er verlässt sich darauf, dass ihr da seid.«

Die letzte Chance

Jimboy kam durch das Gemälde des Großen Feuers in San Francisco. Peter entdeckte als Erster, dass sich die Bretter im Zaun wie von Geisterhand öffneten. Mit großen Schritten kam Justus' Cousin auf den Campingwagen der drei ??? zu. Er sah blass aus und trug über der Schulter seinen Seesack. Justus musste an ihre erste Begegnung auf dem Flughafen denken. Wie damals trug Jimboy helle, weite Hosen und einen saloppen Sweater. Als ob er eine größere Reise vor sich hätte, dachte Justus, aber wohin und warum?

Sie begrüßten sich und Jimboy erkundigte sich nach Peters Bein. Dann ließ er den Seesack fallen und setzte sich daneben ins Gras.

»Ich habe aufgehört«, sagte er. Es klang gar nicht traurig, sondern eher erleichtert. »Ich wollte, dass ihr es als Erste erfahrt.«

Die drei bedrängten ihn mit Fragen. Er erzählte vom ausgezeichneten Training in dem Internat, von der guten medizinischen Versorgung, aber auch vom Drill und den vielen kleinen Versuchen, sie unter Druck zu setzen. »Nach deinem Anruf ist mir endgültig ein Licht aufgegangen.« Jimboy tippte Justus auf die Brust. »Ich wollte nicht wahrhaben, dass Hammer und ein paar seiner Lehrerkollegen Gauner sind. Unter solchen Bedingungen will ich aber nicht Karriere machen.« Er stocherte mit einem kleinen Hölzchen im Boden. Dann zog er einen Zeitungsausschnitt aus der Tasche. »Hab' ich bei Hammer mitgehen lassen.« Auf einem Foto war ein dunkelhaariger junger Mann im Zeugenstand zu sehen. »Eindeutig unser Taktiktrainer. Nur um ein paar Jahre jünger.« Jimboy sah auf. »Habt eigentlich ihr diese Spezialkassette gestohlen?«, fragte er plötzlich.

Justus nickte. »Peter war der Bösewicht«, versuchte er einen

lockeren Ton anzuschlagen und deutete auf das eingegipste Knie seines Freundes. »Die Strafe folgte auf dem Fuß.«
»Was war auf dem Video?«, erkundigte sich Jimboy, und Justus bot an, es abzuspielen. Aber sein Cousin winkte ab. »Erzählt's mir lieber!«
Nach Peters kurzem Bericht von den gespielt schmerzhaften Zusammenstößen und den fiesen Fouls wollte Jimboy wissen, wie sie in das so streng abgeschirmte Internat hineingekommen waren. Am Ende hatte er die ganze Geschichte aus den drei ??? herausgefragt, bis hin zu Cottas Auftritt wenige Stunden zuvor.
»Wieso habt ihr ihn informiert?«, fragte Justus' Cousin.
»Nicht informiert«, korrigierte der Erste Detektiv. »Wir haben ihn gebraucht, wegen der Autonummer. Von dem kleinen blauen Ford.« Den hatten sie vergessen zu erwähnen. »Mineralwasserflaschenblau«, setzte Peter hinzu, dem das Wortungetüm gut gefiel.
»Wie bitte?« Jimboy reckte sich.
»Mineralwasserflaschenblau«, wiederholte Peter genüsslich.
Ungläubig schüttelte Jimboy den Kopf. Er zeigte über das Feuer von San Francisco hinweg auf die Straße. »So einer steht da vorn. Als ich kam, war er jedenfalls noch da.«
Bob war schon auf dem Weg. Die beiden anderen liefen ihm nach, selbst Peter rappelte sich hoch.
Mit einem leisen Knarren sprangen die Holzplanken auf. »Tatsächlich«, staunte Justus. Direkt gegenüber stand der Wagen. Eine Frau saß hinter dem Steuer und blätterte in Papieren. »Ich gehe hin«, sagte Bob entschlossen, und schon stand er am Seitenfenster. Er klopfte und die Fahrerin schaute auf. Sie legte ihre Lektüre beiseite und stieg aus.
Eine mittelgroße Frau mit langen braunen Locken und einer eng sitzenden Jeansjacke kam auf sie zu. »Ich bin Tamara Mostowsky«, stellte sie sich vor. Eine derart raue Stimme hatte Justus bei einer Frau noch nie gehört. Aber sie gefiel ihm auf Anhieb. »Und ihr seid die drei ???«

Bob schüttelte den Kopf. »Wir sind nicht komplett. Aber wenn Sie mitkommen, lernen Sie den Dritten im Bunde auch noch kennen.« Mrs Mostowsky zögerte eine Sekunde.

So also sehen heutzutage verdeckte Ermittler aus, schoss es Justus durch den Kopf. Als sie wieder zu ihrem Hauptquartier zurückkehrten, stand Peter unschlüssig davor und musterte die Frau mit staunenden Blicken.

»Ich bin Tamara Mostowsky«, sagte sie noch einmal.

»Peter Shaw«, erwiderte der Zweite Detektiv mit einer angedeuteten Verbeugung.

»Darf ich mich setzen?«, fragte sie.

»Aber natürlich.« Auch mit seinem lädierten Bein war Peter an Charme nicht zu übertreffen. Er hinkte zu einem Stuhl und schob ihn ihrer Besucherin hin. Er selbst ließ sich ächzend im Gras nieder.

»Was wollen Sie von uns?« Bob ergriff die Initiative.

»Euer Material«, erwiderte sie in einem Tonfall, in dem normalerweise Busfahrer nach dem Ticket fragen.

Justus ging das alles viel zu schnell. Erst einmal heißt es Zeit gewinnen, dachte er. »Sie sind an dieser Aktiengeschichte?«

Tamara nickte. Dann schüttelte sie heftig den Kopf. »Genauer gesagt, ich war dran. Zurückgepfiffen hat man mich. Von ganz oben.« Sie warf die Haare nach hinten. »Meine obersten Bosse. Kurz vor dem Ziel haben sie mich gestoppt. Hoffentlich wissen sie wenigstens, warum. Aber ihr seid ja auch an ›Smell‹ dran.«

»Ist doch eine ganz andere Sache!«, rief Peter.

»Weiß ich«, beruhigte ihn die Frau. »Genau das ist unsere Chance.« Dann erläuterte Tamara ihren Plan. Sie wusste, dass sich die Jungen mit dem Fußballbetrug befasst hatten. »Woher?«, fragte Justus schnell, erntete aber nur ein entschuldigendes Schulterzucken. »Man hat so seine Verbindungen, ihr kennt das ja.« Sie war von dem Aktienfall abgezogen worden und wollte die ›Smell‹-Verantwortlichen mit dem Betrugsskandal zu Fall bringen.

»Und was springt für uns dabei raus?«, mischte sich Jimboy ein. »Also, für die drei ???, meine ich.«
»Gute Frage«, antwortete Tamara. Zum ersten Mal seit sie den Schrottplatz betreten hatte, lächelte sie. »Eigentlich nichts«, sagte sie offen. »Außer der Gewissheit, dass mit eurer Hilfe ein paar ganz üblen Schurken das Handwerk gelegt wurde.«
Justus zupfte an seiner Unterlippe. »Wir sollten uns kurz allein beraten«, sagte er dann. »Wenn Sie erlauben.« Sie stand wortlos auf und ging in Richtung Wohnhaus, bis sie außer Hörweite war. Lässig lehnte sie sich an einen Stapel Eisenträger.
»Ich will mich ja nicht einmischen«, begann Jimboy verlegen. »Aber ihr müsst das machen. Diese Frau versteht ihr Handwerk.« Sie waren sich schnell einig. Bob holte die Mappe mit den Briefen von Randolphe und Hammer aus dem Wohnwagen. »Vergiss die Videokassette nicht«, erinnerte Peter ihn. Justus winkte Tamara Mostowsky heran. »Für Sie.« Er drückte der jungen Frau das Material in die Hand. »Und wenn Sie uns noch brauchen, wissen Sie ja, wo Sie uns erreichen können.« Tamara bedankte sich und wollte gehen, als Peter sie aufhielt. Umständlich stützte er sich auf sein gesundes Bein und eine Krücke. Er griff in seine Gesäßtasche und zog eine ihrer Visitenkarten heraus.

Die drei Detektive	
???	
Wir übernehmen jeden Fall	
Erster Detektiv	Justus Jonas
Zweiter Detektiv	Peter Shaw
Recherchen und Archiv	Bob Andrews

»Das sollten Sie wenigstens mitnehmen«, forderte er sie auf. »Als Andenken an uns.«
Tamara Mostowsky drehte sich um. In der tief stehenden Sonne warf sie einen langen Schatten. Ohne noch einmal zurückzusehen, schlüpfte sie durch den Zaun. Schweigend sahen die vier Jungen ihr nach.
»Eins steht fest«, sagte Justus, als sie den Wagen wegfahren hörten. »Das ist der erste Fall für uns, der so zu Ende geht. Und wenn es nach mir geht, auch der letzte.«

»Seht euch das an!«, rief Bob ärgerlich und warf einen Stapel Zeitungen auf den Schreibtisch in ihrem Campingwagen. »Alles voll mit unserem Fall! Auf den Sport- und auf den Wirtschaftsseiten.«
Peter zog eine Grimasse. Eigentlich hatte er feiern wollen, dass er endlich den Gips los war. Zwar musste der Zweite Detektiv noch vier Wochen lang ein Metallgestell ums Knie tragen. Das behinderte ihn aber kaum. Jetzt jedoch war ihm die Lust zum Feiern vergangen. Tamara hatte ganze Arbeit geleistet. Im ›Smell‹-Hauptquartier, schrieben die Zeitungen, war nach den Enthüllungen über Fußballmanipulationen und Aktienbetrügereien der Teufel los.
»Und wir sitzen da wie Zuschauer!« Justus wippte wütend auf dem Bürostuhl hin und her. »Als ob wir mit der ganzen Geschichte nichts zu tun hätten.«
Jimboy versuchte die drei ??? zu beruhigen. »Aber das Wichtigste ist doch, dass diesen Gaunern das Handwerk gelegt worden ist.«
Bob knurrte etwas von Federn, die andere sich an den Hut steckten. Und dass man das eigentlich nicht zulassen könne. Der Erste Detektiv stimmte ihm zu. »Der Sommer beginnt ganz schön verkorkst. Zuerst lösen die Mädchen den Stinkbomben-Fall, und dann bringt eine Fremde unsere Fußball-Gangster zur Strecke und diese Aktienbetrüger gleich dazu.«

Er unterdrückte einen Fluch und ließ die flache Hand auf den Schreibtisch sausen. Dann siegte die Neugier über seinen Ärger. Er begann in der ›Post‹ zu blättern, Peter fischte sich die ›Los Angeles Tribune‹ heraus und drückte Bob ›US Today‹ in die Hand.

Schweigend vertieften sie sich in die Zeitungsberichte. Plötzlich schrillte das Telefon. Peter hob ab und meldete sich. Dann sagte er gar nichts, bis auf zwei Mal »Aha!«, aber die anderen drei merkten an seinem Gesicht, dass etwas passiert war. »Natürlich … wir kommen«, stotterte Peter schließlich, »nichts lieber als das!« Er war selbst so verblüfft von dem, was er da gehört hatte, dass er vergaß, den Hörer aufzulegen.

»Hey«, sagte Justus. Mit dem Zeigefinger fuhr er vor den Augen des Freundes hin und her, der für einen Augenblick sprachlos vor sich hinstarrte. »Hier sind wir!«

Peter schüttelte den Kopf. »Das glaubt ihr mir nie.«

»Kommt auf einen Versuch an«, kicherte Bob und gab dem Freund einen Stoß. »Raus damit!«

»Wir fliegen morgen nach Chicago.«

»Nach Chicago?« Jimboy grinste skeptisch. »Na klar, prima Idee. Da spielen übermorgen Brasilien gegen Deutschland und am Tag danach die USA gegen die Schweiz.«

»Genau! Und wir sind dabei!« Peter klatschte begeistert in die Hände. »Das war Tamara!«, schrie er. »Wir sind eingeladen …« Das Ende des Satzes ging im Gebrüll unter. Bob und Justus legten einen Indianertanz aufs Parkett, dass der Campingwagen ins Schaukeln geriet. Als sich alle wieder beruhigt hatten, erzählte Peter weiter. Bei ›Smell‹ gab es zwei Nachfahren des Firmengründers Victor Sentir als stille Teilhaber. Sie hatten mit dem Skandal nichts zu tun, sondern im Gegenteil die Polizistin sofort unterstützt, als sie die Ermittlungsergebnisse der drei ??? vorgelegt hatte.

»Tamara hat uns nicht vergessen, sondern zur Belohnung die Reise vorgeschlagen«, schloss Peter zufrieden.

»Die beiden haben sofort zugestimmt.«
»Toll!«, sagte Bob andächtig.
»Und ich komme mit«, verkündete Jimboy. »Euch Jungen aus der kalifornischen Provinz kann man ja unmöglich in so einer Weltmetropole allein lassen. Chicago ist schließlich meine Heimatstadt. Ich kenne da jeden Winkel.«
Justus nahm das Angebot dankend an. Nachdenklich stützte er das Kinn in die Hand. »Unter diesen Umständen werden wir es verschmerzen, dass die ganze Welt nie erfahren wird, wie es wirklich war und wie die drei ??? –«
»Ihr wisst noch nicht alles!«, unterbrach Peter ihn. »Das Schönste kommt noch.« Justus runzelte die Stirn und meinte, er solle sich nicht jeden Wurm einzeln aus der Nase ziehen lassen.
»Tamara sagt, die Mädchen sind auch eingeladen!« Ein neuer Jubelsturm folgte dieser Mitteilung.
»Unglaublich, was die alles über uns weiß!«, wunderte sich Justus schließlich. Er griff zum Telefon und rief Lys an. »Sag alle Termine ab!«, rief er in die Muschel. »Was ist schon Hollywood? Jimboy, wir drei und die drei !!! fliegen in den Osten. Schon morgen! Okay?«

Die drei ???®

und die Fußball-Falle

erzählt von Marco Sonnleitner

Die drei ???®
und die Fußballfalle

Tortenschlacht

Es war wie in einem Albtraum. Justus sah alles, als geschähe es in Zeitlupe, und doch war es ihm unmöglich, die Katastrophe zu verhindern.

Von einer Sekunde auf die andere war das struppige Etwas zwischen den am Straßenrand parkenden Wagen hervorgesprungen und auf die Straße gelaufen. Justus riss das Steuer des Pick-ups im Reflex nach rechts und schrammte mit quietschenden Reifen haarscharf an dem Hund vorbei. Doch anstatt weiter auf den Verkehr zu achten oder im Rückspiegel nach dem Hund zu sehen, flog sein Blick einer bösen Vorahnung folgend zum Beifahrersitz. Mit schreckgeweiteten Augen und aufgerissenem Mund starrte er auf die Erdbeertorte, die auf einem Stapel Altpapier thronte.

Gethront hatte. Den Fliehkräften des Ausweichmanövers folgend, schlitterte sie nämlich gerade samt Karton in seine Richtung. Justus' Augen wurden noch ein Stück größer, als der Karton ins Kippen geriet, und er sog zischend die Luft ein. Irgendjemand hupte, ein Hund bellte, und dann überschlug sich der Karton und fiel kopfüber genau in seinen Schoß.

»Verdammter Mist!«, fluchte Justus und sah entsetzt nach unten.

Instinktiv wollte er auf die Bremse treten, aber er konnte nicht einfach mitten auf der Straße stehen bleiben. Das Auto hinter ihm war ohnehin schon bedrohlich dicht aufgefahren. Ein Parkplatz war weit und breit nicht zu sehen und die nächste Ampel einen Block entfernt.

Justus' Blick huschte hektisch zwischen Straße und Karton hin und her. Er musste irgendwo anhalten, wenn er von der Torte noch retten wollte, was zu retten war.

Doch diese Hoffnung zerschlug sich in den nächsten Augenblicken. Während er weiter im Verkehr festhing, spürte der Erste Detektiv plötzlich eine unangenehme Nässe, die durch seine Hose drang.
»Nein! Nein!« Justus wusste nicht, ob er sich ekeln oder panisch werden sollte. »Bitte nicht!« In seinem Kopf wechselten sich Bilder einer tortengetränkten Hose, sich totlachender Auktionsbesucher und einer wutschnaubenden Tante Mathilda in Sekundenschnelle ab. Und er hätte nicht sagen können, was für ihn am schlimmsten war.
Endlich erspähte er eine Parklücke und schoss hinein. Über den Bordstein rumpelnd kam er zum Stehen. Justus stellte den Motor ab, zog die Handbremse und verharrte erst einmal ein paar Momente in hoffnungsloser Untätigkeit. Es war ihm völlig klar, was er gleich zu sehen bekäme. Dann atmete er tief durch und fasste unter den Karton, um den Deckel wieder zuzudrücken.
»Na toll.« Der Erste Detektiv verzog das Gesicht. Weich, feucht und noch ein bisschen warm fühlte sich der Erdbeer-Sahne-Teig-Matsch in seinen Fingern an. Justus hob den Karton an, drehte ihn um und wuchtete ihn zurück auf den Altpapierstapel.
»Ganz phantastisch. Igitt!« Der Erste Detektiv besah sich die Bescherung. Über den Sitz und seine Hose – beide hellbeige – ergoss sich zentimeterhoch ein undefinierbarer, süßlich riechender Brei in Rot, Weiß, Dunkel- und Hellbraun. Hier und da schauten einige Schokosplitter und Erdbeeren hervor.
»Das darf nicht wahr sein!« Justus ließ den Kopf auf das Lenkrad sinken und schloss die Augen. Er hätte viel darum gegeben, wenn er die nächsten Stunden hätte überspringen dürfen.
Nachdem er mithilfe des Altpapiers die gröbsten Spuren seines Missgeschicks beseitigt hatte, machte er sich wieder auf den

Weg zum Auktionshaus. Onkel Titus würde mittlerweile sicher schon ungeduldig auf ihn warten.

Doch als er endlich in die kleine Seitenstraße einbog, die zum Parkplatz von Settler & Price führte, wartete die nächste Überraschung auf ihn. Bis vor zur Hauptstraße stauten sich die Autos. An ein Durchkommen war nicht zu denken.

»Was ist denn hier auf einmal los?« Justus kurbelte das Fenster herunter.

Wie er steckten viele Fahrer ihre Köpfe aus den Autofenstern und blickten nach vorne. Einige waren auch schon aus ihren Fahrzeugen ausgestiegen und reckten die Hälse. Vereinzelt hallten erste, wütende Huplaute durch die Straßenschlucht.

Der Erste Detektiv konnte undeutlich erkennen, dass sich weiter vorne ein großer Menschenauflauf gebildet hatte. Wie ein lebendiger Riesenknäuel wogte die Masse hin und her. Zu seiner Verwunderung entdeckte Justus, dass der Knäuel farblich durchaus ein gewisses Muster aufwies. Viele Menschen trugen pink-goldene Kleidung, und aus der Mitte des Auflaufs ragten zwei ebenfalls pink-goldene Fahnen wie Bojen aus dem Wasser. Aber am meisten überraschte ihn der weiße Pressewagen, dessen riesige Satellitenschüssel am Rande der Menge in der Sonne leuchtete.

»Was geht da nur vor?« Justus zog die Stirn in Falten. Er stieg aus dem Pick-up und ging zu dem Auto vor ihm, einem Taxi.

»Guten Tag«, grüßte er den Fahrer, der gelassen hinter dem Steuer saß und in einer Zeitung las. »Wissen Sie vielleicht, was da vorne los ist?«

»Keine Ahnung«, antwortete der Mann und drehte den Kopf. »Ich stehe hier schon seit –« Verblüfft hielt er inne, den Blick unverwandt auf Justus' Hose gerichtet. »Wird das jetzt Mode?«, fragte er grinsend und zeigte auf die verkrusteten Reste der Erdbeertorte.

Justus lief knallrot an. Seine Hose hatte er für den Moment völlig vergessen. »Oh, äh, nein«, stammelte er. »War ein, äh, kleines Malheur.«
»Ein *kleines* Malheur? Sieht mir eher nach einem größeren aus.« Das Grinsen des Mannes wurde immer breiter.
»Eine Torte«, sagte Justus knapp, doch im selben Moment wurde ihm klar, dass das nicht wirklich eine Erklärung war.
»Eine Torte?« Die Neugier des Mannes war jetzt endgültig geweckt. »Wurde dir davon schlecht, oder was?«
»Nein, nicht was Sie denken. Ich ... mir ist –«
»Oh! Es geht weiter!« Der Taxifahrer deutete nach vorne, wo sich die Wagenkolonne langsam in Bewegung setzte. »Besser, du steigst wieder ein.« Der Mann zwinkerte ihm zu. »Sonst verhaftet man dich noch wegen Erregung öffentlichen Ärgernisses.«
Justus lächelte süßsauer, war aber gleichzeitig froh, dem peinlichen Gespräch zu entkommen. Er grüßte kurz und lief zurück zum Pick-up.
Im Schritttempo quälte sich die Autoschlange durch die Straße. Justus erkannte zwei Polizisten in Uniform, die sich des Staus angenommen hatten und die Wagen langsam an dem Auflauf vorbeischleusten. Je näher er der Menschenmenge kam, desto mehr bestätigte sich auch sein erster Eindruck. Die meisten Leute hatten irgendetwas Pink-Goldenes an, Trikot, Schal oder Mütze. Offenbar handelte es sich um Fans irgendeines Sportvereins. Aber was hatten die hier zu suchen? Und Justus' Verwirrung wuchs noch mehr, als er in den Parkplatz von Settler & Price einbog: All diese Fans wollten offenbar in das Auktionshaus! Der Eingang war bereits völlig verstopft, und das Security-Personal hatte alle Mühe, die Massen zurückzuhalten. Während der Erste Detektiv den Pick-up an den Fans vorbeisteuerte, konnte er auf manchen Trikots *L. A. Golden Warriors*

entziffern. Und immer wieder hörte er den Namen *Seaman.* Justus hatte jedoch keine Ahnung, um was oder wen es sich hier handelte.
Titus entdeckte er wie vereinbart am hinteren Ende des Parkplatzes. Sein Onkel saß neben einem Berg ersteigerten Ramsches, den er in seinem Gebrauchtwarencenter verkaufen wollte. Eine Tüte mit Netzteilen lag auf einem antiken Werkzeugwagen, Pflanzenkübel standen neben einem Bündel Wandschienen, ein Aktenvernichter war dabei, zwei Akkuschrauber, eine Kiste Kinderspielzeug, alte Schallplatten und noch so einiges andere. Auch der Klappstuhl, auf dem Titus vornübergebeugt saß, während er sich den mächtigen Schnurrbart zwirbelte, entstammte der Auktion. Als er Justus entdeckte, sprang er auf und winkte ihn ungeduldig zu sich.
»Wo bleibst du denn?«, rief ihm Titus durch das offene Wagenfenster zu und hob beschwörend die Hände.
Justus hielt neben ihm an und lächelte zaghaft. »Ich hatte einen kleinen, äh, Unfall. Der Pick-up ist okay, aber ...« Er stieg aus und sah vielsagend an sich hinab.
Titus starrte auf die Hose. »Du lieber Himmel! Ist es das, was ich glaube, dass es ist?«
»Ja.« Ein verkniffenes Lächeln.
»Die Torte, die du für Mathilda abholen solltest, weil sie keine Zeit mehr zum Backen hatte? Für ihren Kaffeeklatsch heute Nachmittag?«
»Die Reste davon.«
Titus Jonas bedachte seinen Neffen mit einem mitleidigen Blick. »Dann mach dich mal auf was gefasst, Junge.«
Justus nickte schicksalsergeben. »Und was ist hier los? Ich kam kaum durch. Was wollen die alle hier?«
Titus winkte desinteressiert ab und begann, seine Auktionsbeute auf der Ladefläche zu verstauen. »Irgend so ein Sportass

ist vorhin hier angekommen. Mordsschlitten, Riesentamtam. Ich weiß nicht, wer der Kerl ist. Ist mir auch egal. Komm, hilf mir.«

»Ein Sportass, das zu der Auktion will?« Justus hievte einen alten Radiator auf den Pick-up.

»Ich nehm's an. Ging jedenfalls rein. Seine Frau hatte er auch dabei. Oder seine Freundin. So ein aufgedonnertes Modepüppchen.« Titus Stimme war deutlich anzuhören, was er von Leuten wie dem Sportler und seiner Begleitung hielt.

»Merkwürdig.« Justus schüttelte verwundert den Kopf.

Durch einen Nebeneingang trat in diesem Moment ein Angestellter des Auktionshauses und kam auf sie zu. In seiner Hand baumelte ein verschnörkelter Lampenschirm.

»Hallo? Mr Jonas?«

»Ja?« Titus drehte sich um.

»Den haben Sie vergessen.« Der Mann hielt Titus den Schirm hin.

»Oh! Vielen Dank! Ja, das ist meiner.« Titus nahm dem Mann den Schirm ab und lächelte.

»Keine Ursache. Kann bei dem Durcheinander ja durchaus mal passieren. Einen schönen –«

»Steven!« Ein anderer Angestellter war in dem Nebeneingang erschienen und winkte seinen Kollegen hektisch zu sich. »Komm schnell rein! Beeil dich!«

Der Angesprochene wandte sich überrascht um. »Was ist denn los, Eric?«

»Das musst du dir ansehen! Seaman! Er liefert sich eine Bieterschlacht mit einem Unbekannten am Telefon! Um ein völlig wertloses Bild!«

Das Urteil des Anubis

»Was? Das muss ich sehen!«

Verwundert blickten Titus und Justus dem Mann hinterher, der schnellen Schrittes zu seinem Kollegen eilte. Zusammen verschwanden die beiden kurz darauf in dem Gebäude.

»Wer gibt denn für ein völlig wertloses Gemälde Geld aus?« Titus schüttelte verwirrt den Kopf. Als geschäftstüchtiger Gebrauchtwarenhändler war ihm das absolut unverständlich.

»Und offenbar ziemlich viel Geld.« Auch Justus war neugierig geworden.

Titus kratzte sich am Kinn und schaute seinen Neffen an. »Sollen wir uns das mal ansehen?«, fragte er nach kurzem Überlegen.

Justus lächelte. »Nichts wie rein!«

Während Titus den Pick-up abschloss, nestelte Justus sein Hemd aus der Hose und zog es sich so weit herunter, wie es der Stoff zuließ. Zumindest die gröbsten Flecken konnte er so verbergen. Dann liefen beide durch den Nebeneingang in das Auktionshaus.

Vorbei an der Ausgabestelle für die ersteigerten Artikel eilten sie durch einen verwaisten Gang. Niemand war zu sehen, alle Türen waren geschlossen, aber von weiter vorne drang aufgeregtes Gemurmel zu ihnen. Als sie um die Ecke bogen, erkannten sie schon durch die Glastür, dass der Auktionssaal bis zum Bersten gefüllt war. Überall standen Kunden, Angestellte und Fans herum, von den sicher restlos belegten Sitzplätzen war kaum noch etwas zu sehen, und vom Haupteingang her drängten beständig neue Besucher nach. Es musste sich wie ein Lauffeuer herumgesprochen haben, dass dieser Seaman hier war. Justus hielt seinem Onkel die Tür auf und schob sich hinter ihm in den Saal.

»8 500 Dollar!«, dröhnte die Stimme des Auktionators durch die Lautsprecheranlage. »8 500 Dollar von Mr Seaman!«
Justus sah weder den Auktionator noch den Bieter. Im Moment blickte er nur auf Rücken, Krägen und Haare. Leise Entschuldigungen murmelnd, drängte er sich weiter nach vorne.
»Ja ... ja, ich verstehe. 10 000 Dollar! 10 000 Dollar, meine Damen und Herren!«
Ein Raunen ging durch den Saal. Justus wunderte sich, warum der andere Bieter nicht genannt wurde, aber dann erinnerte er sich an die Worte des Angestellten. Seamans Konkurrent bot über das Telefon. Und offenbar wollte er anonym bleiben.
Endlich hatte sich Justus durch die Reihen stehender Zuschauer gewühlt. Er quetschte sich neben eine Säule und sah die Sitzreihen vor sich. Tatsächlich war kein Platz mehr frei. Der Erste Detektiv erkannte ein paar Leute wieder, die schon hier gewesen waren, bevor er losgefahren war. Dann ließ er seinen Blick schweifen und suchte nach Seaman.
In diesem Moment hob sich in der ersten Reihe eine Hand mit ausgestrecktem Zeigefinger. Wie ein Mahnmal stand sie für eine Sekunde in der Luft, und Justus konnte gerade noch den massiven Siegelring am kleinen Finger erkennen, bevor der Arm wieder gesenkt wurde.
»11 000 Dollar?«, fragte der Auktionator, ein dürrer Mann mit schütterem Haar und einem Mausgesicht, der auf einer kleinen Bühne hinter einem Stehpult stand.
Offenbar fand er Zustimmung, denn sofort wiederholte er eilfertig: »11 000 Dollar! Mr Seaman bietet 11 000 Dollar!«
Justus reckte den Hals. Das da vorne war also Seaman. Er konnte nur einen dichten, braunen Haarschopf und Teile einer schwarzen Lederjacke erkennen. Das daneben musste seine Frau sein. Eine vogelnestartige Kreation von einem lila Hütchen balancierte auf einem kunstvoll hochgesteckten, blonden

Haarthron. Der um die Schultern gelegte grellgrüne Blouson mochte zwar modisch der letzte Schrei sein, aber Justus fand die Kombination farblich äußerst gewagt.
»13 000 Dollar! 13 000?« Justus richtete seinen Blick auf den Auktionator. Er hielt einen Telefonhörer ans Ohr gepresst und schüttelte ungläubig den Kopf. Ein paar Haare klebten ihm schweißnass auf der glänzenden Stirn.
Sofort hob sich Seamans Arm.
»14 000 Dollar?«
Der Auktionator sah hinüber zu dem Bild, das auf einer Staffelei stand, und wieder zurück zu Seaman. Der Sportler nickte.
»14 000 Dollar von Mr Seaman geboten.« Ein Flüstern nur. So als traute sich der Auktionator nicht, die Summe zu nennen.
Justus runzelte die Stirn. Das Bild war ausgesprochen scheußlich. Es war recht groß und zeigte eine Szene aus einem altägyptischen Totengericht. Der Erste Detektiv erkannte Osiris, den Gott der Toten, und seine Gattin Isis sowie den schakalköpfigen Gott der Totenriten, Anubis, der die Schicksalswaage bediente und damit das Urteil über den Verstorbenen sprach. Ähnliche und vor allem bessere Darstellungen hatte er schon in vielen Büchern gesehen. Und schönere. Denn abgesehen davon, dass die Ausführung der Figuren sehr laienhaft wirkte, war dieses Bild in Airbrush-Technik angefertigt! Justus war es völlig schleierhaft, wer sich so etwas wohin auch immer hängen würde. Und auch wenn er kein ausgewiesener Kunstexperte war, wusste er: Dieses Bild war nie und nimmer 14 000 oder mehr Dollar wert.
»16 000 Dollar!«, hauchte der Auktionator in den Hörer. »16 000«, wiederholte er dann genauso leise ins Mikrofon.
Mrs Seaman tippte ihrem Mann auffordernd auf die Schulter, aber das hätte sie gar nicht gemusst. Mit einer fast ärgerlichen Bewegung signalisierte Seaman sein nächstes Gebot.

»17 000 Dollar, 17 000.«
»Die sind komplett verrückt.« Ein Justus unbekannter Mann, der neben ihm stand, verzog verächtlich den Mund. »Auf 150 Dollar war das Bild angesetzt.« Er sah Justus an und tippte sich an die Schläfe. »150 Dollar!«
»19 000 … Dollar.« Der Auktionator wischte sich den Schweiß von der Stirn. Fast flehentlich sah er zu Seaman.
Aber der hatte den Arm schon oben.
»20 000?«
Seamans Finger nagelte den Preis fest.
»20 000 Dollar.« Der Auktionator griff wieder zum Hörer, lauschte und – stutzte. »Hallo?« Er drückte den Hörer fester ans Ohr. »Hallo?« Verwirrt sah er sich um.
»Was ist jetzt?«
Justus hörte zum ersten Mal Seamans Stimme. Ein tiefer, befehlsgewohnter Bass.
»Ja, also …« Der Auktionator wirkte verwirrt. Offenbar war niemand mehr in der Leitung. »Da stimmt irgendetwas mit dem Telefon nicht.«
»Und?«, fragte Seaman ungeduldig. »Das ist doch nicht mein Problem. Ich habe ein Gebot abgegeben. Soll ich bis morgen warten?«
Unruhe kam im Saal auf.
»Nein, natürlich nicht, Mr Seaman, aber ich muss erst sichergehen, dass … Eric!«, rief der Auktionator nach hinten. »Weißt du, was da los ist? Die Leitung ist tot.«
»Keine Ahnung«, ertönte eine Stimme aus dem Hintergrund. »Vielleicht spinnt die neue Anlage wieder. Wäre ja nicht das erste Mal.«
»Kannst du mal nachsehen?«, fragte der Auktionator unsicher.
»Klar, ich geh mal runter.«
Seaman stand auf. »Hören Sie!«, rief er wütend und fuchtelte

mit seinem Zeigefinger in die Richtung des Auktionators. »So läuft das nicht. Ich werde sicher nicht warten, bis Sie Ihre Kabel sortiert haben.«

»Mr Seaman, aber ich kann –«

»Holen Sie mir Ihren Boss!«

In dem Moment schlängelte sich ein älterer Mann durch die Zuschauer und hielt auf Seaman zu. Er hatte volles, weißes Haar und war auffällig gut gekleidet.

»Mr Seaman. Mein Name ist James Settler.« Er streckte Seaman die Hand hin und bedeutete dann seinem Auktionator mit einer eindeutigen Geste fortzufahren. »Natürlich haben Sie recht. Sie dürfen selbstverständlich nicht der Leidtragende unserer technischen Probleme sein. Mr Jinks, worauf warten Sie?«

»Äh, ja, natürlich, also«, der Auktionator lächelte hilflos, »20 000 Dollar zum Ersten …«, immer noch hielt er sich den Hörer ans Ohr, »zum Zweiten …«, er schürzte die Lippen und verkündete: »Und 20 000 Dollar zum Dritten.« Ein kleiner Hammer sauste aufs Pult. »Verkauft an Mr Seaman.«

Ein Raunen ging durch den Saal. Sofort stürzten sich alle in Unterhaltungen oder gaben Kommentare ab. Mrs Seaman stand auf und hauchte ihrem Gatten ein Küsschen auf die Wange, während der mit Mr Settler redete. Unterdessen ging der Auktionator zu dem Bild und half einem Angestellten dabei, es von der Staffelei zu heben. Dann kehrte er zu seinem Pult zurück, und Justus wollte sich gerade abwenden, als der Mann plötzlich innehielt und verdutzt auf seine Finger sah. Er blickte dem Angestellten hinterher, blinzelte verwirrt und wischte sich seine Finger mit einem Stirnrunzeln an seiner Hose ab.

Das Mädchen für alles

»Ich wandere aus!« Bob ließ sich auf einen Stapel Altreifen fallen und prustete erschöpft.
»Nimm mich mit. Wohin auch immer. Nur möglichst weit weg sollte es sein.« Justus warf einen Blick hinüber zum Wohnhaus und sank dann neben seinem Freund in eine Kiste mit Füllmaterial. Gelbe und weiße Kunststoffflocken stoben unter ihm hervor.
»Lag die Karre hundert Jahre im Wasser, oder woher hat dein Onkel das Ding?« Bob deutete mit seinem Schraubenschlüssel zu einem älteren Auto, das halb zerlegt vor ihnen auf dem Schrottplatz stand. »Bis jetzt ist mir an diesem Wrack noch keine Schraube untergekommen, die ich nicht erst mit Rostlöser hätte einweichen müssen. Und selbst dann gehen die Dinger nur mit roher Gewalt auf. Mann!« Der dritte Detektiv massierte sich seine geschundenen Muskeln, griff nach der Wasserflasche und trank ein paar kräftige Schlucke.
»Der Wagen stand angeblich jahrelang in einer Garage herum.« Justus winkte nach dem Wasser, und Bob warf ihm die Flasche zu. »Aber unser feuchtes Meeresklima ist natürlich Gift für jegliche Art von Metall. Auch in Garagen.«
»Wäre es vielleicht nicht doch einfacher gewesen, die Kiste wieder zum Laufen zu bekommen, anstatt sie in alle Einzelteile zu zerlegen?«
»Einfacher vielleicht schon, aber nicht lukrativer. Der Vergaser ist hin, die Kupplung und auch die Lichtmaschine. Onkel Titus hat es genau durchgerechnet. Wenn er den Wagen Stück für Stück verscherbelt, verdient er mehr daran, als wenn er ihn wieder instand setzt, um ihn dann als Ganzes zu verkaufen.«

Bob rappelte sich langsam aus den Reifen auf. »Ich kann nur hoffen, dass wir dann für einige Zeit von irgendwelchen Sklavendiensten verschont bleiben. Zumindest so lange, bis ich meine Arme und Hände wieder gebrauchen kann.«

Die drei Jungen hatten vor langer Zeit ein Abkommen mit Onkel Titus und Tante Mathilda getroffen. Dafür, dass sie einen ausrangierten Campinganhänger, der unter einem riesigen Schrottberg auf dem hinteren Teil des Gebrauchtwarencenters stand, als Zentrale ihres Detektivunternehmens benützen durften, mussten sie hin und wieder einige Arbeiten verrichten. Und diesmal war es ein alter Cadillac Eldorado Brougham aus dem Jahr 1959, den sie auseinanderbauen sollten.

Justus sah auf seine Uhr. »Wir wären sicher auch schon sehr viel weiter, wenn Peter endlich mal antanzen würde. Wo bleibt der nur?«

»Wahrscheinlich lässt ihn Kelly nicht gehen.« Bob lächelte vielsagend. Peters Freundin war bisweilen etwas besitzergreifend. »Oder er dümpelt mal wieder auf seinem Surfbrett herum und wartet auf die ideale Welle.«

»Was beides keine Entschuldigung dafür ist, dass er uns hier hängen lässt«, knurrte Justus. »Vor allem den Motor schaffen wir nur zu dritt.«

»Apropos Entschuldigung: Wie bist du denn neulich aus der Nummer mit der Torte wieder rausgekommen?«

Justus verdrehte die Augen. »Du weißt es also auch schon?«

»Jeder weiß es.« Bob sparte sich weitere Erklärungen und grinste nur bedeutungsvoll.

»Tante Mathilda war natürlich alles andere als glücklich darüber«, erklärte Justus. »Sie hatte nur noch Kekse im Haus, und ich musste mich bei ihren versammelten Freundinnen hochoffiziell entschuldigen – bevor ich den Keller aufräumen durfte. Aber mittlerweile sehnt Tante Mathilda zermatschte Torten geradezu herbei.« Jetzt war es der Erste Detektiv, der andeutungsvoll lächelte.

»Sie tut was?«

Justus deutete mit dem Daumen zum Haus hinüber. »Diese Abigail will einfach nicht mehr nach Hause. Seit über einer Woche sitzt sie uns jetzt auf der Pelle und will und will nicht fahren.«

»Euer Besuch aus Ohio? Diese Uraltfreundin deiner Tante, die sich immer mit ihrem verstorbenen Pudel unterhält? Die ist immer noch da?«, fragte Bob erstaunt.

Justus nickte. »Tante Mathilda ist einem Nervenzusammenbruch nahe, zumal sie mit jeglicher Art von Esoterik gar nichts anfangen kann. Aber Abigail macht keinerlei Anstalten, das Feld zu räumen. Ganz im Gegenteil: Sie richtet sich jeden Tag mehr bei uns ein.«

»Und deine Tante ist zu höflich, sie einfach vor die Tür zu setzen.« Bob nickte. »Da gibt es doch so ein Sprichwort: Der schönste Besuch ist der, der bald wieder geht.«

Justus seufzte nur wortlos.

In diesem Moment fuhr Peter auf seinem Mountainbike durch die Einfahrt des Gebrauchtwarencenters. Er grüßte kurz von Weitem, trat dann noch einmal kräftig in die Pedale und legte vor seinen Freunden eine Vollbremsung hin, dass der Kies nur so zur Seite spritzte.

»Ich muss euch was erzählen, Kollegen!« Peter lehnte sein Rad an den Cadillac und kam auf Justus und Bob zu. Sein Gesicht glühte vor Aufregung.

»Dir auch einen schönen Tag«, sagte Justus humorlos. »Geht es womöglich darum, warum du uns eine Stunde allein hast schuften lassen?«

»Was?« Peter schien ehrlich überrascht und drehte sich zu dem Cadillac um. »Ach so! Das.« Er blickte flüchtig auf seine Uhr.

»O Gott, so spät schon! Tut mir leid. Aber ihr ahnt ja nicht, was los war!«

»Lass mich raten: Kelly will jetzt auch surfen lernen?« Bob wirkte ebenfalls etwas verstimmt.

»Kelly? Surfen?« Peter schüttelte verwirrt den Kopf. »Wie kommt ihr denn auf die Idee? Nein. Hört zu! Ich habe *den* Traumjob schlechthin an Land gezogen! Ich kann's noch gar nicht fassen, aber es hat geklappt. Dank Emiliano und Gregg Martin.«

»Emiliano?« Justus krabbelte aus seiner Kiste. Sein Interesse war erwacht. »Unser Emiliano?«

»Und *der* Gregg Martin?« Auch Bob war mit einem Mal ganz Ohr.

Justus und Bob wussten sofort, von wem Peter sprach. In einem ihrer letzten Fälle hatten sie Emiliano de la Cruz, einem jungen, fußballerischen Ausnahmetalent, geholfen und mit ihm Freundschaft geschlossen. Und im Verlaufe dieses Falls hatten sie auch Gregg Martin kennengelernt, den Trainer der amerikanischen U18-Nationalmannschaft, in der Emiliano seither spielte.

»Emiliano und Martin haben dir einen Job verschafft?« Justus hatte es endlich aus seiner Kiste geschafft.

»Nicht *einen* Job. *Den* Job überhaupt!« Peter war wirklich völlig aus dem Häuschen.

»Und … was für ein Job ist das?« Bob wedelte ratlos mit dem Schraubenschlüssel herum.

Peter holte tief Luft. »Sagt euch der Name Jeffrey Seaman etwas?« So wie Peter das fragte, war es völlig ausgeschlossen, dass irgendjemand nicht wusste, wer Jeffrey Seaman ist.

»Noch nie gehört.« Bob schürzte die Lippen.

»Seaman, Seaman.« Justus dachte nach. »Letzte Woche ist mir auf einer Auktion ein Seaman untergekommen. Hat ein grässliches Bild bei Settler & Price für völlig überzogene 20 000 Dollar ersteigert. Sonst sagt mir der Name auch nichts.«

»Das«, raunte Peter, als lüftete er nun gleich ein sagenumwobenes Geheimnis, »ist er! Jeffrey Seaman. Kapitän der L. A. Golden Warriors und der amerikanischen Fußballnationalmannschaft. Nicht mehr und nicht weniger als ein Fußballgott!«

»Aha«, machte Justus, der Seamans Auftritt nicht in allzu guter Erinnerung hatte. »Und was macht der auf Kunstauktionen?«

»Er ist auch leidenschaftlicher Kunstsammler und besitzt viele wertvolle Kunstwerke«, erklärte Peter mit wissender Miene.

Justus blieb unbeeindruckt. »Mir kam es eher so vor, als sei er ein leidenschaftlicher Wichtigtuer, der nicht verlieren kann.«

Peter winkte unwirsch ab. »Ah, du kennst ihn doch gar nicht. Außerdem ist das völlig egal. Wichtig ist, dass die amerikanische Nationalmannschaft vor ein paar Tagen ihr Trainingslager in Rocky Beach aufgeschlagen hat, um sich hier auf das bevorstehende Mehrländerturnier in L. A. vorzubereiten. Und ich werde dabei sein!« Der Zweite Detektiv hob stolz das Kinn.

Bob runzelte die Stirn. »Wie? Du wirst dabei sein? Sag bloß, dass du jetzt in der amerikanischen National–«

»Nein«, unterbrach ihn Peter. »Ich habe doch gesagt, dass ich einen Job habe.«

»Und was muss man sich darunter vorstellen?«, wollte Justus wissen.

Peter zuckte mit den Schultern. »Das weiß ich auch noch nicht so genau. Es war davon die Rede, dass ich beim Training mithelfen soll, aber sie haben wohl auch noch andere Aufgaben für mich.«

»Also so eine Art Mädchen für alles«, schlussfolgerte Bob.

»Und wenn schon.« Der Zweite Detektiv lächelte ungerührt. »Der Job ist gut bezahlt, und vor allem: Ich bin eine ganze Woche hautnah mit den besten Fußballspielern Amerikas zusammen. Das ist es, was zählt!«

»Und wann soll's losgehen?« Justus krempelte sich seine Hemdsärmel nach oben. Sie mussten zusehen, dass sie mit dem Wrack weiterkamen.

Peter wartete einen Moment mit der Antwort. Dann schluckte er und sah seine beiden Freunde schuldbewusst an. »Ja, wisst ihr. Es tut mir ja furchtbar leid, aber ich muss jetzt gleich wieder los. In einer halben Stunde beginnt das Training.«

»Wie? Du verkrümelst dich jetzt wieder?« Justus zog seine Stirn in Falten.

»Tut mir wirklich leid.« Peter ging zu seinem Fahrrad. »Aber ich mach's wieder gut, versprochen.«

»Du machst es wieder gut?« Auch Bob war alles andere als begeistert, dass sich Peter schon wieder aus dem Staub machte. »Wie willst du das wieder gutmachen? Das ist eine Mordsplackerei hier!«

Peter stieg auf und rief seinen Freunden im Losfahren zu: »Freikarten! Ich kann sicher ein paar Freikarten für eines der Spiele organisieren. Tschüss, Kollegen!«

Justus schaute seinem Freund ungläubig hinterher. »Freikarten für ein Fußballspiel!«, maulte er. »Toll! Davon habe ich immer geträumt!«

Im siebten Himmel

Peter war kaum um die Kurve geflitzt, da hatte er seine beiden Freunde und den Schrottplatz bereits vergessen. Seit ihm Emiliano heute Vormittag mitgeteilt hatte, dass es mit dem Job wirklich klappen würde, kreisten die Gedanken des Zweiten Detektivs nur noch um den einen Augenblick: den Augenblick, in dem er Jeffrey Seaman endlich leibhaftig gegenüberstehen würde. Und in einer halben Stunde würde es so weit sein! Peter konnte es kaum noch erwarten. Er ging aus dem Sattel und jagte mit seinem Rad die Straße hinab.
Gut zwanzig Minuten später war er am östlichen Stadtrand von Rocky Beach angekommen. Das Gelände des örtlichen Fußballvereins, der Rocky Beach Eagles, kannte Peter sehr gut, weil er hier schon öfter gespielt hatte. Er bog in eine schmale Seitenstraße ein, die in eine Pinienallee überging. Auf der linken Seite sah er den kleinen Bolzplatz und rechts den Sandplatz. Das Spielfeld und der eigentliche Trainingsplatz befanden sich hinter dem Vereinsgebäude, das am Ende der Straße an einem gepflasterten Rondell lag. Peter umkurvte den rot-weiß-blauen Mannschaftsbus, stellte sein Rad neben dem Haupteingang ab und holte seine Sporttasche vom Gepäckträger. Mit klopfendem Herzen betrat er über einen kleinen Aufgang das Gebäude.
In der Eingangshalle war niemand. Links und rechts gingen ein paar Türen ab, und an ihrem anderen Ende führte eine zweiflügelige Milchglastür wieder ins Freie.
Plötzlich hörte Peter, dass jemand die Treppe zum ersten Stock herunterkam. Sekunden später erschien ein gut gekleideter, sehr sportlich wirkender Mann auf dem mittleren Treppenabsatz. Er mochte um die vierzig sein, hatte volles, schwarzes Haar

und eine dicke Ledermappe unter dem Arm. Mit federnden Schritten lief er die Stufen hinab und kam freundlich lächelnd auf Peter zu.
»Kann ich dir helfen?«
»Ähm, mein Name ist Peter Shaw. Ich sollte mich –«
»Ah! Du bist Peter!« Der Mann klopfte Peter freundschaftlich auf die Schulter und ergriff seine Hand. »Ich habe schon auf dich gewartet. Mein Name ist Patrick O'Brian. Ich bin der Manager der Truppe. Schön, dass du hier bist!«
Peter blieb für einen Moment die Luft weg. Da stand Patrick O'Brian vor ihm, der Manager der amerikanischen Nationalmannschaft! Und er behandelte ihn, als wäre er ein alter Freund! Der Zweite Detektiv strahlte über das ganze Gesicht. Dann sagte er, um zumindest irgendetwas zu sagen: »Emiliano hat also mit Ihnen gesprochen?«
»Ja, ja!« O'Brian lachte laut und kehlig. »Emiliano hat mir alles erzählt. Auch dass du selbst ein toller Spieler sein sollst. Was mir übrigens auch Gregg bestätigte.«
Peter lächelte verlegen. »Die übertreiben maßlos.«
»Na, mal sehen, vielleicht muss ja der eine oder andere unserer Spieler um seinen Stammplatz fürchten.« Wieder dieses Lachen, als würde ein Fass die Treppe hinunterpoltern. »Dann komm mal mit, Peter. Du kannst dich unten umziehen. Danach bringe ich dich raus zum Trainingsplatz, wo dir Ruby sagen wird, wofür er dich braucht.«
Peter hatte das Gefühl, als schwebte er auf Wolken die Treppe zum Keller hinab. Neben ihm lief ein ausgelassen plaudernder Patrick O'Brian, gleich würde er Ruby Carter kennenlernen, den Trainer der amerikanischen Fußballnationalmannschaft, und dann … Peter war nahe daran, sich zu kneifen, um sicherzugehen, dass er das nicht alles träumte.
»Hier.« O'Brian betrat eine Umkleidekabine und deutete auf

einen kleinen Spind auf der rechten Seite. »Da kannst du deine Sachen lassen. Wenn du fertig bist, komm wieder nach oben. Ich warte da auf dich.«
So schnell wie noch nie in seinem Leben zog sich Peter seine Sportklamotten an. Danach stopfte er seine Straßenkleidung in den Schrank, stürmte aus der Kabine und flog die Treppe hinauf. O'Brian wartete am hinteren Ausgang der Halle.
»Das ging ja flott!« Der Manager zwinkerte lustig und hielt die Glastür auf. »Dann in die Hände gespuckt und los geht's.«
Peter folgte ihm hinaus in die gleißende Sonne. Einige Stufen führten hinab zu einem kurzen Plattenweg, der an einer Tartanbahn endete. Dahinter begann der Trainingsplatz. Praktischerweise war er rundherum eingezäunt und von einer dichten Rotdornhecke umwachsen, sodass neugierige Fans kaum eine Möglichkeit hatten, ihren Stars allzu dicht auf den Leib zu rücken. Und um die, die es dennoch versuchen sollten, kümmerten sich zwei Wachleute, die am Zaun entlang patrouillierten.
Doch das alles nahm Peter mehr aus den Augenwinkeln wahr. Seine Aufmerksamkeit galt ausschließlich den knapp zwanzig Spielern, die sich in der Mitte des Platzes versammelt hatten. In ihren rot-weißen Trainingsanzügen standen sie im Halbkreis um einen kleineren Mann, der ihnen mit ausladenden Gesten irgendetwas erklärte. Um die Gruppe herum lagen zahlreiche Bälle, rechts von ihnen erkannte Peter eine Linie rotleuchtender Pylonen, wie man sie normalerweise zur Sicherung und Markierung von Verkehrswegen benutzte, und links erstreckte sich ein Parcours aus etlichen niedrigen Hürden.
»Sie haben heute früher mit dem Training begonnen, weil nachher noch ein Ausflug auf dem Programm steht«, erklärte O'Brian, während er auf seine Uhr sah. »Aber ein paar Minuten haben sie noch.«

Während Peter andächtig nickte, löste sich die Gruppe auf. Die Spieler schnappten sich jeder einen oder zwei Bälle und liefen oder dribbelten damit zum hinteren der beiden Tore. Der Torwart zog sich unterdessen seine Handschuhe an und machte sich ebenfalls auf den Weg.
»Ruby!« O'Brian winkte dem Trainer.
Der Mann, dessen Halbglatze rot in der Sonne leuchtete, drehte den Kopf erst in die falsche Richtung. Dann entdeckte er O'Brian. »Ah, Pat! Was gibt's?«
Peter und der Manager liefen die letzten Meter. Hinten von ihnen entfernt fingen die Spieler damit an, auf das Tor zu schießen.
»Hallo, Ruby, darf ich dir Peter vorstellen? Er ist der Assistent, den uns Gregg und Emiliano vermittelt haben.« O'Brian legte Peter die Hand auf die Schulter und sagte: »Peter, das ist Ruby Carter, unser Trainer.«
Wie in Trance streckte Peter die Hand aus. »Guten Tag.« Der Kloß in seinem Hals ließ ihn nur ein Krächzen zustande bringen.
»Peter! Freut mich!« Carters Händedruck war kurz und kräftig. »Du bist also von hier?«
»Ja, aus Rocky Beach.« Der Kloß wurde etwas kleiner, aber Peters Knie waren wie aus Gummi.
»Toll. Und so wie du aussiehst«, Carters Blick glitt abschätzend über Peter hinweg, »scheinst du auch ziemlich gut in Form zu sein.«
»Ja, ich … treibe viel Sport.« Peter lächelte verschwommen.
»Prima.« Carter klatschte in die Hände. »Pass auf, ich habe gleich einen Job für dich.« Er drehte sich zu den Spielern um, die mittlerweile aus allen Lagen auf das Tor ballerten. »Wir trainieren gleich ein paar Freistoßvarianten. Siehst du die Pappkameraden dort neben dem Tor?«

Peter reckte den Hals und nickte. Rechts neben dem Tor sah er ein halbes Dutzend mannshoher Kunststofffiguren, die auf ein fahrbares Gestell montiert waren und an ihrem unteren Ende ein Scharnier aufwiesen. Er wusste, wozu man diese Figuren benötigte. Man konnte damit eine Freistoßmauer simulieren.
»Gut. Hilf zunächst Simon, eine Mauer aufzubauen. Simon Perry ist unser Kotrainer, der Leuchtturm da drüben«, Carter zeigte auf einen baumlangen Mann mit weißblonden Haaren, die unübersehbar in der Sonne funkelten. »Und dann stell dich hinters Tor und kick die Bälle zurück, die daneben gehen. Alles klar?«
»Alles klar.« Peter nickte noch einmal und lief los. Auf dem Weg zu dem Kotrainer warf der Zweite Detektiv verstohlene Blicke zu den Spielern. Er kannte fast alle von ihnen. Nur ein paar neu in die Mannschaft Berufene konnte er nicht identifizieren.
Dann entdeckte er Seaman. Der Kapitän der Mannschaft beteiligte sich noch nicht an dem allgemeinen Torschusstraining, sondern jonglierte etwas abseits der anderen mit einem Ball. Mit einer unnachahmlichen Leichtigkeit und Eleganz ließ er ihn auf seinen Füßen und Knien und sogar auf den Schultern tanzen. Dann plötzlich fing er die Lederkugel mit der Stirn auf, wo er sie geschickt ausbalancierte, bevor er sie in den Nacken rollen ließ und von dort aus mit einer schnellen Bewegung wieder in die Luft schleuderte. Aus etlichen Metern Höhe fiel ihm anschließend der Ball genau auf den Span und ruhte dort wie festklebt für einige Sekunden, bevor er langsam wieder zu tanzen anfing. Peter war so fasziniert, dass er fast in den Kotrainer gelaufen wäre.
»Das kann Jeff einen halben Tag lang«, bremste ihn eine freundliche Stimme.
Peter fuhr herum. »Was? Oh. Entschuldigung.« Er sah zu dem Mann hinauf.

»Kein Problem«, sagte Perry und lächelte, »ich sehe ihm selbst gerne zu. Bist du der neue Assi?«
»J…ja.« Peter zögerte. Er konnte es immer noch nicht so ganz glauben, dass er jetzt Assistent der Fußballnationalmannschaft war.
»Ich bin Simon.« Eine Hand groß wie ein Suppenteller streckte sich Peter entgegen.
»Peter.«
Die nächste halbe Stunde hatte der Zweite Detektiv alle Hände voll zu tun. Nachdem er zusammen mit Perry die Freistoßmauer aufgestellt hatte, begab er sich hinter das Tor und wartete auf die fehlgegangenen Bälle. Er sollte sie Perry zuspielen, der sie dann an die Spieler weiterleitete. Doch da die Spieler kurz nacheinander ihre Freistöße traten und viele Bälle über oder neben das Tor gingen, kam Peter mächtig ins Schwitzen. Die Bälle flogen ihm nur so um die Ohren, und obwohl der Zaun hinter dem Tor erhöht worden war, rannte er sich die Lunge aus dem Leib, um die Bälle schnell genug ins Spielfeld zurückzubefördern.
Eine kleine Atempause hatte er nur, wenn Seaman an der Reihe war. Denn dessen Freistöße landeten mit einer unglaublichen Präzision und Härte immer im Netz, ohne dass der Torwart auch nur den Hauch einer Chance gehabt hätte.
Nach etwa zwanzig Minuten kam plötzlich Unruhe am Rand des Trainingsplatzes auf. Peter sah, wie die beiden Security-Leute zu einer Stelle des Zauns liefen. Die Spieler hielten inne, und auch Carter und Perry schauten neugierig hinüber. Aber viel war nicht zu sehen. Bevor die Sicherheitsmänner da waren, konnte Peter nur eine rote Baseballmütze erkennen, unter der ein riesiges Teleobjektiv hervorstach. Zwei- oder dreimal glaubte er ein Klicken zu hören, dann versperrte ihm einer der Wachmänner die Sicht.

Ein schriller Pfiff ertönte, und Carter kreuzte die Arme. »Schluss für heute, Männer. Geht duschen, in einer halben Stunde treffen wir uns am Bus.«
Peter sammelte noch zwei Bälle ein und trabte damit zu dem Trainer. Ein letzter Blick zum Zaun zeigte ihm, dass die Security die Lage wieder unter Kontrolle hatte.
»So ein nerviger Paparazzo«, erklärte ihm Carter, der Peters Blick bemerkt hatte. »Der hat es schon gestern versucht.«
»Aha.« Peter ließ die Bälle in eines der Netze fallen. Mit einem gewissen Bedauern stellte er fest, dass die Spieler schon im Vereinsgebäude verschwanden.
»Gute Arbeit, Peter«, lobte ihn Carter. »Du bist schnell, geschickt, ausdauernd. Genau das, was wir brauchen.«
»Danke.« Peter lächelte dünn. Seaman würde er wohl erst morgen kennenlernen. Vielleicht.
Carter hievte sich das Netz auf den Rücken. »Hast du jetzt dann etwas vor?«
Peter schüttelte den Kopf. »Nein.«
»Könntest du uns dann vielleicht begleiten? Die Jungs machen einen Ausflug, und wir bräuchten jemanden, der uns ein wenig hilft.«
»Einen Ausflug?« Peters Stimmung hob sich schlagartig.
»Ja, wir fahren mit dem Bus in irgend so ein Museum in L. A. Und ich fänd's gut, wenn du dabei bist. Außerdem kann ich dich dann auch den Jungs vorstellen.«
»Kein … kein Problem«, brachte Peter mühsam hervor, weil ihm vor Begeisterung beinahe das Wort im Hals stecken blieb.

Die Mumie des Priesters

Zusammen mit Perry räumte Peter noch die Utensilien und Sportgeräte auf, die die Mannschaft für das Training benötigt hatte. Dann konnte auch er sich duschen und umziehen. Als er die Umkleidekabine betrat, war jedoch keiner der Spieler mehr da, was Peter im Moment allerdings ganz recht war. Er hätte nicht gewusst, was er hätte sagen sollen, wenn er als Unbekannter zu zwanzig halb nackten Nationalspielern in die Kabine gekommen wäre. Außerdem würde er sie ja ohnehin gleich alle kennenlernen.

Zehn Minuten später lief der Zweite Detektiv die Treppe zur Eingangshalle hinauf und trat ins Freie. Der Motor des Busses lief bereits, und O'Brian unterhielt sich mit Carter neben der geöffneten Schwingtür.

»Ah, Peter!«, rief er ihm zu. »Toll, dass du mitfährst! Kann's losgehen?«

»Ja.« Peter sprang die Stufen des Aufganges hinab.

»Dann hinein mit dir.« O'Brian ließ ihm und Carter den Vortritt und stieg als Letzter in den Bus. Mit einem knappen Nicken gab er dem Fahrer zu verstehen, dass er losfahren konnte. Die Tür schloss sich mit einem leisen Summen, und der Bus setzte sich in Bewegung.

Peter sah sich unsicher um. Bei Weitem nicht alle Plätze waren besetzt. Manche Spieler saßen alleine und lasen, dösten oder hörten Musik, andere unterhielten sich miteinander, und ganz hinten spielten welche Karten. Aber noch bevor er sich überlegen konnte, wo er sich hinsetzen sollte, drang auf einmal O'Brians Stimme aus den Buslautsprechern.

»Leute, hört mal kurz zu! Ich möchte euch Peter vorstellen. Ihr habt ihn ja wahrscheinlich schon beim Training bemerkt. Er

kommt aus Rocky Beach und wird Ruby und mir in den nächsten Tagen ein wenig zur Hand gehen. Außerdem ist er ein toller Fußballer, wie ich von Gregg und Emiliano weiß.«
Einige Spieler klatschten, andere riefen »Hey, Peter!« oder »Willkommen!«, und zwei pfiffen sogar durch die Finger. Peter brachte nur ein verkrampftes Grinsen zustande und lief knallrot an.
»Und wer hilft uns?«, feixte einer der Kartenspieler.
»Mike, dir kann sowieso keiner mehr helfen«, entgegnete O'Brian schlagfertig, und der ganze Bus lachte.
»Aber eine Cola kann er mir doch bringen, oder?« Ein anderer Spieler.
Der Zweite Detektiv sah sich irritiert um. Wer hatte das gesagt? O'Brian griff in das Kühlfach und drückte Peter eine eiskalte Dose in die Hand. »Das war Jeff.« Er nickte nach rechts hinten. »Setz dich doch zu ihm.«
»Seaman?« Peter nahm die Dose. Sie war heiß. Oder kalt. Er wusste es nicht. Seaman. Er sollte sich zu Seaman setzen? Zu Jeffrey Seaman?
»Ja. Nur keine Angst. Er beißt nicht.«
Die nächste halbe Stunde verging für Peter wie im Flug. Seaman bat ihn tatsächlich, sich neben ihn zu setzen, und von da an hing Peter an seinen Lippen. Manchmal sagte er auch selbst etwas, aber er konnte sich später nicht mehr daran erinnern, was. Eigentlich konnte er sich an gar nichts mehr erinnern, als der Bus schließlich hielt. Er wusste nur noch, dass er neben Jeffrey Seaman gesessen und mit ihm gesprochen hatte. Mit dem Kapitän der amerikanischen Nationalmannschaft! Selig lächelnd und mit stolzgeschwellter Brust stieg er aus dem Bus.
»Archäologisches Museum«, las er auf einer riesigen bronzenen Tafel neben einem prächtigen Portal. Peters Blick glitt über das imposante Gebäude. Sechs baumdicke Säulen stützten einen

Vorbau, auf dessen Giebeldreieck irgendeine antike Szene eingemeißelt war. Dahinter und rechts und links davon begann das eigentliche Museum, ein gewaltiger, mehrstöckiger Komplex, der sich die Straße entlangzog.

»Warst du hier schon einmal?«, wollte O'Brian wissen.

Peter nickte. »Ja, ist aber schon eine Weile her.«

»Der Direktor hat uns eingeladen und will uns so eine Art Privatführung durch die Ägypten-Ausstellung geben, die hier gerade läuft.« O'Brian lächelte wissend. »Wahrscheinlich verspricht er sich davon eine gewisse Werbung für sein Haus. Aber mir soll es recht sein. Die Spieler brauchen während so eines Turniers Abwechslung.«

»Werbung?« Peter runzelte die Stirn. »Aber dazu müssten die Leute doch erfahren, dass sie hier waren.«

O'Brian deutete mit dem Daumen ins Museum. »Da drin warten schon etliche Pressefuzzis. Auch das gehört zu unserem Job. Öffentlichkeitsarbeit, Imagepflege, wenn du verstehst, was ich meine.«

Peter machte eine vage Geste. »Sie meinen, es kommt in der Öffentlichkeit gut, wenn sich die Spieler in einem Museum blicken lassen?«

»So in etwa. Und auch deswegen bin ich froh, dass du dabei bist. Wir haben nämlich eine kurze Presseerklärung vorbereitet, und es wäre nett, wenn du die nachher an die Journalisten verteilen würdest.« O'Brian klopfte auf seine Mappe. »Außerdem musst du mir helfen, ein bisschen auf die Jungs aufzupassen. Manche reden sehr gerne sehr viel, wenn sie ein Mikro vor der Nase haben, andere merken nicht immer, wenn ein Objektiv auf sie gerichtet ist, manch einer verwechselt das Museum vielleicht mit einem Freizeitpark ...« O'Brian seufzte. »Bisweilen komme ich mir vor wie ein Kindergärtner. Aber sag's nicht weiter.«

Peter grinste. »Keine Sorge.«
Als sie die riesige Freitreppe hinaufgingen, öffnete sich das rechte Portal, und ein Mann trat ins Freie. Er war äußerst elegant gekleidet, trug einen schwarzen Zweireiher, an dessen Revers eine frische Blume prangte, hatte glatt nach hinten gegelte, pechschwarze Haare und einen hochgezwirbelten Schnurrbart. Auch sein Lächeln wirkte wie mit einem Gel fixiert, als er die Mannschaft mit ausgebreiteten Armen empfing.
»Ah, das ist ja schön! Wunderbar! Ich freue mich, dass Sie gekommen sind!«, rief er ihnen in einem salbungsvollen Singsang zu.
»Das muss der Direktor sein«, flüsterte O'Brian Peter zu. »Jemand hat mir erzählt, dass der immer so rumläuft. Anzug, Blume, ein Eimer Gel. Immer. Selbst zu Hause.« Dann ging er auf den Mann zu und schüttelte ihm die Hand. »Mr Brewster?«
»Ja, der bin ich.«
»Patrick O'Brian, ich bin der Manager.«
»Schön, schön. Dann darf ich Sie alle hereinbitten! Bitte treten Sie doch näher!«
Peter konnte beobachten, wie sich einige Spieler über den gespreizten Museumsdirektor hinter dessen Rücken lustig machten. Sie verdrehten die Augen oder setzten blasierte Mienen auf. Der Zweite Detektiv konnte sie verstehen. Auch ihm sagte Brewsters Art nicht besonders zu.
Zusammen mit Carter wartete er, bis sich die letzten Spieler durch die wuchtige Flügeltür geschoben hatten. Dann betrat auch er das Museum.
Angenehme Kühle und gedämpftes Licht empfingen ihn im Atrium. Es roch nach Bohnerwachs, klimatisierter Luft und eben so, wie es für Peter in jedem Museum roch: nach Vergangenheit. Das beschrieb für ihn diesen immer gleichen Museumsgeruch am besten.

Aber die typische Museumsatmosphäre wollte sich dennoch nicht einstellen, denn kaum dass alle Spieler das Gebäude betreten hatten, stürzte sich schon eine Meute Journalisten auf sie. Ein Blitzlichtgewitter zuckte durch das Atrium, etliche Arme mit Mikrofonen und Diktiergeräten wuchsen aus der Menge, und zahlreiche kaum verständliche Fragen hallten durch den Raum. Zum Glück hatte man eine Absperrung errichtet, hinter der die Presseleute bleiben mussten.

»Meine sehr verehrten Damen und Herren!«, verschaffte sich O'Brian Gehör. »Bitte! Die Mannschaft steht nachher zu Ihrer Verfügung, aber wenn Sie erlauben, würden wir uns zunächst gerne die Ausstellung ansehen. Davor können die Spieler ja schlecht etwas dazu sagen, nicht wahr?«

Vereinzeltes Gelächter, zustimmendes Gemurmel. Einige Journalisten ließen sich aber dennoch nicht beirren und knipsten und fragten weiter. O'Brian trieb seine Leute einfach an ihnen vorbei, dorthin, wo Brewster stand und alle zu sich winkte.

»So viele?«, wunderte sich Peter über die Reporterschar und sah Carter verblüfft an. »Das dauert nachher ja ewig.«

»Sie haben fünfzehn Minuten bekommen«, antwortete der Trainer knapp.

Durch eine nachgebildete, kleine Pyramide ging es aus dem Atrium in den ersten Ausstellungssaal des Museums. Die Spieler mussten die Köpfe einziehen, denn im Inneren der Pyramide hatte man einen Gang angelegt, der einen originalgetreuen Grabkammerschacht imitieren sollte. Zahlreiche Hieroglyphen waren an die Wände gemalt, künstliche Spinnennetze spannten sich in den Ecken, und auf einem Stein hockte ein gefährlich aussehender Riesenskorpion. Aus Plastik natürlich.

»Meine sehr verehrten Herrschaften!« Brewster stellte sich in die Mitte des Saales und wies mit einer ausladenden Geste auf die Exponate. »Hier drin sehen Sie Ausstellungsstücke aus dem sogenannten Alten Reich des ägyptischen Altertums. Wie Sie sicher alle wissen, erstreckt sich diese Epoche von circa 2640 bis 2160 vor Christus, also von der dritten bis zur elften Dynastie. Einer ihrer bedeutendsten Könige war …«

»Weißt du, wo hier die Toilette ist?«, raunte Brad Sossley, einer der Mittelfeldspieler, Peter zu.

»Ich find's raus.« Der Zweite Detektiv nickte dem Spieler zu und machte sich auf den Weg. Er war nicht allzu betrübt darüber, den Vortrag Brewsters zu verpassen. Schon der Beginn hatte sich nicht besonders spannend angehört.

Im Laufe der nächsten halben Stunde musste Peter zwei Kaffee und drei Flaschen Wasser organisieren, Max Dreyfus wiederfinden, der sich im Keller verlaufen hatte, und Philipp Hanson aufwecken, der es sich in einem Nebenraum auf einer Besucherbank bequem gemacht hatte. Von Brewsters Ausführungen bekam er immer nur Bruchstücke mit, hörte die Namen Snofru und Djoser, schnappte etwas von Totengebeten auf und von Steuerabgaben und erfuhr nebenbei, dass man bei der Mumifizierung das Hirn mittels eines Hakens durch die Nase herausholte. Erst als sich die Mannschaft in einer nachgebauten Grabkammer versammelte, hatte er wieder etwas Ruhe.

»Und hier, meine Herren, befinden Sie sich in der Grabkammer des Priesters Nesperamon, die natürlich«, Brewster lachte hüstelnd, »nur ein Artefakt ist.«

Herabgedimmtes Licht beleuchtete einen kleinen Raum, an dessen steinernen Wänden allerlei Grabbeigaben aufgereiht waren. In der Mitte thronte ein massiver Altar, auf dem ein kunstvoll bemalter Sarkophag ruhte. Um ihn herum hatte man einige Kanopenkrüge platziert, in denen man die inneren Organe aufbewahrt hatte, wie Brewster erklärte.

Aber viel mehr Aufmerksamkeit zog die Glasvitrine auf sich, die am Kopfende des Altars aufgestellt worden war. In dieser klimatisierten Vitrine stand nämlich die Mumie Nesperamons. Endlose Bahnen vergilbter Leinentücher schlangen sich um ihren mageren Körper, sodass sie aussah wie ein überdimensionaler Kokon. Nur das Gesicht hatte man freigelegt. Graubraun, abgezehrt bis auf die Knochen und mit einer Haut wie uraltes Leder starrte es die Spieler böse aus leeren Augenhöhlen an. Peter lief ein Schauer über den Rücken.

»Ist der Knabe echt?«, wollte Mike, der Kartenspieler, wissen und deutete auf die Mumie. Mit seiner Handykamera schoss er ein Bild von ihr.

Brewster lächelte geheimnisvoll. »Ja, das ist Nesperamon. Gestorben vor etwa viereinhalbtausend Jahren.«

»Sieht ja gruselig aus.« Neugierig nähere sich Perry dem Glaskasten.

»Seien Sie lieber vorsichtig«, warnte ihn Brewster.

»Vorsichtig? Wieso?« Perry sah ihn verwundert an.

Brewster schwieg für einige Sekunden. Dann senkte er die Augenbrauen und sagte mit verschwörerischer Stimme: »Es soll ein Fluch auf Nesperamon liegen. Ein überaus gefährlicher.« Todernst blickte er in die Runde.

Stille. Die Spieler schauten sich fragend an. Es war ihnen deutlich anzusehen, dass sie nicht wussten, was sie von Brewsters Aussage halten sollten. Meinte der das ernst? Wollte er sie auf den Arm nehmen? War das Teil der Show?

»Wollen Sie uns veräppeln?«, fragte Max.

Der Direktor lachte laut auf. »Entschuldigen Sie. Nein, natürlich nicht. Das sind selbstverständlich nur Ammenmärchen! Die Flüche aus dem alten Ägypten sind so zahlreich, das sich damit ganze Bibliotheken füllen ließen. Aber so ein Fluch macht eine Ausstellung natürlich gleich viel interessanter, nicht wahr?«

Die Spieler tuschelten miteinander, und einige rissen Witze.

Peter hingegen fühlte sich auf einmal etwas unbehaglich. Mit Flüchen und dergleichen wollte er lieber nichts zu tun haben. Brewster sah sich kurz unter den Spielern um und winkte dann Seaman zu sich. »Mr Seaman, Sie sind doch der Kapitän der Mannschaft, wenn ich richtig informiert bin. Wie wär's?« Er bedeutete Seaman, sich neben die Mumie zu stellen, und gab Mike ein Zeichen, dass er ein Foto machen solle. »Nur zu, vielleicht können Sie es ja für Ihre nächste Autogrammkarte verwenden.« Wieder lachte er ausgelassen.
Erst zierte sich Seaman ein wenig, aber dann wollte er sich vor seinen Mannschaftskameraden keine Blöße geben. Betont gelassen stellte er sich neben die Mumie und grinste in Mikes Kamera.
»Na, sehen Sie! Keine Speerfalle, die Sie urplötzlich verschlingt, kein tödliches Gas, das sie vergiftet.« Brewster gackerte über seinen kleinen Witz.
Auch andere Spieler wollten sich mit der Mumie fotografieren lassen, und am Ende posierte Seaman noch einmal mit düsterem Gesicht neben Nesperamon, dem er durch die Glasscheibe hindurch Hasenohren aufsetzte. Alle amüsierten sich prächtig, und Brewster schien hochzufrieden mit sich und seiner Führung zu sein.
Nur Peter fand das alles gar nicht lustig. Er stand etwas abseits und versuchte das ungute Gefühl zu ignorieren, das sich in seinem Magen ausbreitete. Und als er in die scheußliche Fratze der Mumie sah, hatte er für den Bruchteil einer Sekunde das Gefühl, dass ihre fleischlosen Lippen vor Hass bebten.

Dicke Engel leben gefährlich

»Hallo, Kollegen!« In voller Trainingsmontur betrat Peter am nächsten Tag die Zentrale und tippte sich lässig an die Schläfe.
»Hey, Peter. Na, klappt es?« Bob lümmelte in einem der Sessel und schmökerte in einem Musik-Katalog.
Justus, der am Schreibtisch saß, grunzte nur etwas Unverständliches, sah aber nicht auf. Er war in eine Zeitung vertieft, die aufgeschlagen vor ihm lag.
»Alles in Butter. O'Brian hat nichts dagegen. Ihr seid herzlich eingeladen.« Peter schaute gespannt vom einen zum anderen. »Seid ihr so weit?«
Bob klappte seinen Katalog zu und nickte. »Wegen mir kann's losgehen. Freu mich schon.«
»Moment noch«, murmelte Justus.
»Huch!«, tat Peter erschrocken. »Es spricht ja!«
Justus überhörte die Frotzelei und winkte nur ungeduldig ab. »Gleich.«
»Was liest du denn da?« Peter kam neugierig näher.
»Zeitung«, nuschelte der Erste Detektiv abwesend. Seine Augen huschten konzentriert von Zeile zu Zeile.
»Ach, so sieht das Ding aus!« Peter warf Bob einen fragenden Blick zu, aber der zuckte nur mit den Schultern. »Und was steht da drin in der … Zeitung?«
Justus brauchte noch zehn Sekunden, dann hatte er den Artikel zu Ende gelesen. »Hm!«, machte er nachdenklich und drehte sich auf dem Stuhl langsam zu seinen Freunden um. »Sehr merkwürdig. Wirklich sehr merkwürdig.«
»Was denn?«, wollte jetzt auch Bob wissen.
Der Erste Detektiv tippte auf den Artikel. »Seit einiger Zeit häufen sich Diebstähle äußerst wertvoller Gemälde hier in der

weiteren Umgebung. Es sind fast immer Privatpersonen betroffen, in deren Häuser eingebrochen wurde. Bei den Gemälden handelt es sich ausnahmslos um unersetzliche barocke Meisterwerke, von denen bisher kein einziges wieder aufgetaucht ist. Und die Polizei tappt völlig im Dunkeln, da es keinerlei Spuren oder Hinweise gibt.«
Bob erhob sich und stellte sich hinter Justus. »Dicke Engel leben gefährlich«, las er die Überschrift. »Mysteriöse Diebstahlserie in Südkalifornien reißt nicht ab.«
»Dicke Engel?« Peter stutzte.
»Eine Anspielung auf die sogenannten Putten, kleine, dicke Engel, die auf vielen barocken Gemälden zu sehen sind«, erklärte Justus.
»Aha. Und was ist daran nun so besonders?«, fragte der Zweite Detektiv. »Es werden doch andauernd Bilder geklaut.«
»Ja, schon«, sagte Justus, während er anfing, an seiner Unterlippe herumzukneten. Das tat er immer, wenn er scharf nachdachte. »Aber ich verfolge die Vorkommnisse nun schon seit einiger Zeit. Und die ganzen Umstände, das organisierte Vorgehen, die zielgerichteten Diebstähle, das völlig Fehlen von Spuren, die Tatsache, dass keines der Bilder wieder zum Vorschein gekommen ist, haben mich erst in eine gewisse Unruhe versetzt, ohne dass ich hätte sagen können, wieso. Doch seit diesem Artikel hier hat diese Unruhe auch einen Namen.« Der Erste Detektiv sah seine Freunde vielsagend an.
Es dauerte ein paar Sekunden, dann riss Bob die Augen auf. »Wie? Du meinst ...?«
»Wovon sprecht ihr? Ich verstehe … o Gott!« Auch bei Peter war der Groschen gefallen. »Natürlich!«
Justus nickte schwer. »Unser alter Freund. Mein alter Freund«, setzte er bitter lächelnd hinzu. »Victor Hugenay.«
»Aber der sitzt doch im Knast.« Peter zwinkerte verständnislos.

»Davon ging ich bis jetzt auch aus«, erwiderte der Erste Detektiv undurchsichtig.

Auf der Fahrt zum Trainingsgelände waren die Diebstähle und Victor Hugenay das einzige Gesprächsthema der drei Jungen. Während Bob seinen Käfer durch den Verkehr steuerte, berichtete Justus seinen Freunden noch einmal in allen Einzelheiten, was er bisher über die Diebstahlserie in Erfahrung gebracht hatte. Und auch für Peter und Bob verstärkte sich danach der Verdacht immer mehr, dass eigentlich nur Victor Hugenay dahinterstecken könne, jener gerissene Meisterdieb, mit dem die drei ??? schon etliche Male zu tun gehabt hatten.

»Ich werde mich nachher sofort ans Telefon hängen und herausfinden, ob er tatsächlich noch im Gefängnis ist.« Justus schüttelte den Kopf. »Dabei hat er mir in seinem letzten Brief noch versprochen, dass unsere nächste Begegnung unter anderen Umständen als den bisher üblichen stattfinden würde. Nicht zu fassen!«

»Na ja«, wandte Bob ein, »noch wissen wir es ja nicht mit Bestimmtheit.«

Der Erste Detektiv zuckte mit den Achseln und versank in seinen Gedanken.

Ein paar Minuten später kamen sie am Vereinsgelände der Rocky Beach Eagles an. Bob hatte Peter gestern noch gefragt, ob er nicht auch mal beim Training zusehen könnte. Die Gelegenheit, die amerikanischen Fußballnationalspieler aus nächster Nähe zu sehen, wollte er sich nicht entgehen lassen, und Peter war sich sicher gewesen, dass O'Brian nichts einzuwenden hätte. Und auch Justus wollte zur Überraschung seiner Freunde mitkommen. Zwar mache er sich aus den Sportlern nichts, wie er betonte, aber in »anthropologischer und soziologischer Hinsicht« sei es doch sicher ganz spannend, solche Leute mal aus der Nähe zu sehen.

»Du kannst da vorne parken, Bob.« Peter deutete auf eine Stelle neben der Treppe. »Und Justus.« Er drehte sich zu seinem Freund um. »Bitte die Spieler nicht füttern, nicht auf Gebissschäden untersuchen und auch keine Fragebögen auswerten lassen, ja?« Der Zweite Detektiv war sich immer noch nicht ganz sicher, ob Justus' Gründe mitzukommen wirklich die richtigen waren.
Justus gab sich erstaunt. »Ach! Die können lesen und schreiben?«
Peter seufzte und verdrehte die Augen.
Die Mannschaft war noch beim Warmlaufen. Nebeneinander oder einzeln trabten die Spieler gemächlich um den Platz, während sich Carter und Perry am Rand des Spielfelds ans Geländer lehnten und sie beobachteten. Auch O'Brian war bei ihnen und redete gestikulierend auf sie ein.
Die drei Jungen gesellten sich zu ihnen, und Peter stellte seine Freunde vor. Doch allen dreien entging nicht, dass irgendetwas nicht stimmte. Vor allem O'Brian wirkte seltsam besorgt.
»Etwas nicht in Ordnung?«, fragte Peter daher vorsichtig.
Der Manager verzog das Gesicht zu einem gequälten Lächeln. »Kann man so sehen. Sossley und Stygers liegen mit einer Lebensmittelvergiftung im Krankenhaus. Ich komme gerade von ihnen, und der Doc meinte, dass es sie ordentlich erwischt habe. Sie müssen sicher drei, vier Tage zur Beobachtung dort bleiben.«
»Eine Lebensmittelvergiftung? Haben die etwas Falsches gegessen?«, fragte Peter bestürzt.
O'Brian kniff die Lippen zusammen. »Das ist ja das Merkwürdige. Es haben alle dasselbe gegessen, aber nur die beiden hat's erwischt.«
»Aber mit Seaman stimmt auch irgendetwas nicht«, meldete sich Carter zu Wort und deutete hinaus auf den Platz. »Seht ihn

euch doch mal an. Der läuft heute wie seine eigene Leiche herum. Völlig kraftlos, lustlos und bleich, als wäre er gerade dem Grab entstiegen.«

»Ist mir auch schon aufgefallen«, bestätigte Perry.

»Der hat sicher auch was abbekommen«, meinte Peter.

Carter zuckte die Achseln. »Ich werde ihn mal fragen. Aber jetzt legen wir mit dem Training los. Auf geht's.« Er schlüpfte unter dem Geländer hindurch, und Perry und Peter folgten ihm aufs Feld.

Das Training begann mit einem ausgiebigen Dehnen und Strecken. Dann folgten etliche Gymnastikübungen, bei denen auch schwere Medizinbälle und Gummibänder zum Einsatz kamen. Kurze Sprints bildeten den Abschluss dieser Einheit, danach teilte Perry die Bälle aus. Die Spieler sollten jetzt durch einen Stangenparcours einen Slalomlauf mit den Bällen am Fuß durchführen.

»Dieser Seaman macht tatsächlich einen merkwürdigen Eindruck«, sagte Bob zu Justus. »Aber auf mich wirkt er weniger krank als vielmehr … ich weiß nicht … durcheinander, niedergeschlagen.«

»Vielleicht hat er gestern eine Auktion verloren«, unkte Justus.

»Nein, du hast recht. Für einen Profisportler kommt er auch mir reichlich schlapp vor.«

»Sieh mal!« Bob stupste Justus am Arm und wies zur anderen Seite des Geländes. »Steht da nicht jemand im Gebüsch?«

»Wo?«

»Na, da. Da drüben.«

»Ich seh nichts.«

»Doch. Ganz sicher. Ich glaube sogar, der Typ hat eine Kamera dabei. Das ist doch … jetzt ist er weg.« Bob legte die Hand vor die Augen. »Nein, jetzt ist er weg. Aber da war einer, ganz sicher.«

»Paparazzi wahrscheinlich«, meinte Justus, der allmählich anfing, sich zu langweilen. Er hatte sich mehr von diesem Ausflug versprochen.
Die Trainingseinheit dauerte noch etwa eine halbe Stunde, dann wurden die Spieler in die Kabine entlassen. Einer nach dem anderen trabte an Justus und Bob vorbei, während die Trainer und Peter noch den Platz aufräumten. Seaman sah die beiden nicht einmal an. Völlig abwesend schlurfte er über den Plattenweg, den Blick zu Boden gerichtet, und machte den Eindruck, als würde er über irgendetwas nachdenken.
Bob wollte gerade etwas zu Justus sagen, als plötzlich ein hässliches Geräusch ertönte. Unmittelbar darauf zerriss ein Schmerzensschrei die Luft.
»O Gott!« Bob zeigte auf einen der Spieler. Sein Fuß war durch eine der Platten gebrochen, unter der sich offenbar ein Hohlraum befand.
»Verdammt!«, schrie er und sank zu Boden. »Mist, tut das weh!«
Sofort eilten alle herbei. Der Spieler kauerte auf den Platten und hielt sich das rechte Bein. Er wimmerte und war vor Schmerzen nicht einmal in der Lage, das Bein aus dem Loch zu ziehen.
»Sean, was ist passiert?« Carter kniete sich neben ihn.
»Hier, dieses Mistding von Platte. Da ist ein Loch drunter, in das ich reingetreten bin. Mann, ich halt das nicht aus.«
»Holt mir einen Arzt!«, befahl Carter. Dann half er dem Spieler, sein Bein aus der Öffnung zu ziehen.
Als der Unterschenkel zum Vorschein kam, sah man zunächst Blut. Die Haut war aufgeschürft, dreckig, und aus mehreren Stellen blutete es. Aber viel schlimmer war etwas anderes. Bei genauerer Betrachtung wirkte der Unterschenkel seltsam verdreht.

»Nein!«, hauchte O'Brian und schlug sich vor die Stirn. »Das darf nicht wahr sein! Das ist ja wie ein Fluch!«

Chaos

Die Mannschaft wohnte während des Turniers im Marygreen Miramar Hotel am Rande von Brentwood. Von dort war es nur ein Katzensprung nach Rocky Beach, und auch das Stadion in Los Angeles war schnell zu erreichen. Als Peter am späten Abend mit seinem Fahrrad am äußeren Tor des Hotelgeländes hielt, war die hoteleigene Security bereits informiert und ließ ihn ohne Probleme passieren. Der Zweite Detektiv radelte die asphaltierte Zufahrt hinauf, ließ das Hauptgebäude links liegen und steuerte auf ein zweigeschossiges Nebengebäude zu, das hinter einem kleinen See lag. Als er den Eingangsbereich im Blick hatte, erkannte er O'Brian, der vor der Glastür stand und ihm zuwinkte.

»Hallo Peter«, begrüßte er ihn, während der sein Rad abstellte. »Toll, dass du kommen konntest. Das hilft uns wirklich sehr.«

»Kein Problem. Was gibt's denn?«

O'Brian hatte ihn vorhin angerufen und gefragt, ob er ihm am Abend ein paar Stunden helfen könnte. Worum es aber genau ging, wusste Peter noch nicht.

Der Manager fuhr sich mit den Fingern durch die Haare. »Wir waren den ganzen Tag in der Klinik und mussten dann endlos telefonieren, um ein paar Ersatzspieler zu mobilisieren. Aber jetzt stapelt sich die Arbeit, und wir wissen kaum, wie wir das alles bis morgen hinbekommen sollen.«

»Wie geht es Sean Ivory und den anderen?«, erkundigte sich Peter.

»Sossley und Stygers unverändert miserabel. Aber Sean.« O'Brian zögerte und massierte seine Nasenwurzel. Er wirkte mehr als angespannt. »Er hat sich den Unterschenkel gebrochen. Glatt durch.«

»Was?«
»Mindestens sechs Monate Pause.«
»O Gott. Das ist ja furchtbar!«
»Das kannst du laut sagen. Und morgen ist das erste Spiel. Gegen Kanada. Ruby muss die Mannschaft wegen der drei Ausfälle völlig umbauen.«
Peter nickte betroffen. »Und was war heute mit Seaman los? Der machte auf mich einen sehr merkwürdigen Eindruck.«
»Keine Ahnung.« O'Brians Miene war mehr als ratlos. »Der ist wirklich völlig durch den Wind. Ruby hat mit ihm gesprochen, aber kein Wort aus ihm rausgekriegt. Ich kenne ihn so gar nicht. Er ist wie … verwandelt, so als bedrückte ihn irgendetwas, als hätte er vor irgendetwas, ja … Angst.«
»Angst? Seaman?«, fragte Peter erstaunt.
»Ich weiß es nicht.« O'Brian schüttelte den Kopf. »So langsam bricht hier das nackte Chaos aus, scheint mir. Komm mit, machen wir uns an die Arbeit.«
O'Brian öffnete die Tür und führte Peter in sein Apartment. Dort war einer der beiden Räume zu einem Arbeitszimmer umfunktioniert worden, in dem sich Berge von Aktenordnern, Broschüren, Unterlagen, Autogrammkarten und so weiter türmten.
»Meine Güte!«, staunte Peter. »Das sieht ja richtig nach Arbeit aus!«
O'Brian lächelte dünn. »Mehr als mir lieb ist. Also, ich muss gleich wieder weg, weil die Trikots für morgen noch nicht ausgeliefert wurden. Danach habe ich einen Termin mit den Stadtoberen, die ich schon auf heute Abend vertrösten musste, und dann muss ich die Security für morgen instruieren.« Er stöhnte. »Dich würde ich bitten, dass du dieses handschriftliche Dossier von Ruby abtippst und es dann an die Spieler verteilst.« Der Manager drückte ihm ein mehrseitiges Skript in die

Hand und zeigte auf einen Laptop. »Da steht alles drin, was sie über das morgige Spiel wissen müssen. Kannst du tippen?«
»Geht so«, sagte Peter wahrheitsgemäß.
»Du schaffst das. Und dann …« Er öffnete das E-Mail-Programm. »Allein heute sind über hundertfünfzig E-Mails eingegangen. Bitte sieh sie durch, lösche den Mist und sag mir nachher, ob was Wichtiges dabei war.«
»Äh, und was ist wichtig?«, fragte Peter unsicher.
O'Brian winkte ab. »Das entscheidest du, ich muss jetzt weg. Bis nachher.«
Verdattert sah ihm der Zweite Detektiv hinterher. Allmählich wurde ihm klar, was O'Brian mit *Chaos* meinte.
Für die Dossiers brauchte Peter fast eineinhalb Stunden. Zum einen konnte er Carters Handschrift kaum entziffern, und zum anderen war seine Tipptechnik tatsächlich nicht besonders ausgefeilt: Er benützte nur seine beiden Zeigefinger und musste dabei zudem immer auf die Tastatur schauen. Als er die Dossiers schließlich alle verteilt hatte, war es bereits nach zehn Uhr. Und als O'Brian schließlich um halb zwölf zurückkam, war er mit den E-Mails nicht mal halb durch.
»Hallo, Peter.« Der Manager warf sein Jackett über einen Stuhl. Er sah übermüdet aus und hatte Ringe unter den Augen.
»n'Abend. Ist es wichtig, dass der mongolische Fußballverband um ein Freundschaftsspiel bittet?« Peter brummte der Kopf, und er fühlte sich völlig überfordert. Bisher hatte er gerade mal zwei Spams gelöscht.
O'Brian seufzte. »Du machst jetzt Schluss, Peter. Wenn du willst, kannst du hier ein Zimmer haben. Morgen geht es ziemlich früh los. Danke noch einmal für alles.«
Der Zweite Detektiv nahm das Angebot dankend an. Auch er war viel zu müde, um jetzt noch nach Hause zu fahren. Er rief kurz bei seinen Eltern an, und als er gegen Mitternacht endlich

im Bett lag, fiel er fast augenblicklich in einen tiefen, traumlosen Schlaf.

Ein Poltern weckte ihn. Irgendjemand lief über den Gang. Dann noch jemand. Beide liefen sehr schnell. Peter richtete sich mühsam auf und knipste die Nachttischlampe an. Halb eins.
»Einen Krankenwagen!«, brüllte jemand auf dem Gang. »Schnell!«
Peter war sofort hellwach. Einen Krankenwagen? Was war da passiert? Schon wieder passiert? Er sprang aus dem Bett, zog sich den Hotelbademantel über und rannte aus dem Zimmer. Einer der Spieler raste an ihm vorbei.
»Was ist denn los?«, rief ihm Peter hinterher.
»Zac!« Der Spieler deutete mit dem Daumen nach hinten und verschwand um die Ecke.
»Zac?« Peter überlegte, wo der Rechtsaußen untergebracht war. »114«, fiel ihm ein, und er hastete zur Treppe. Das Zimmer befand sich im ersten Stock, und als Peter darauf zulief, sah er schon die Traube von Spielern, die sich davor versammelt hatte. Merkwürdigerweise kam ihm hier oben eine Wespe entgegen, der er ausweichen musste, und dann gleich noch eine. Doch Peter schenkte dem weiter keine Beachtung. Heftig atmend blieb er neben Perry stehen.
»Was ist passiert?«, fragte er den Kotrainer.
»Da, sieh selbst.« Perry machte Platz und ließ Peter nach vorne treten, sodass er zwischen den Spielern hindurchsehen konnte. Er erkannte Zac Peludski an seinem schwarzen Pferdeschwanz. Der Mann lag mit dem Rücken zu ihm am Boden und stöhnte vor Schmerzen. Zwei Mannschaftskameraden knieten neben ihm und redeten ihm gut zu. Dann wälzte sich Peludski herum, und Peter stockte der Atem. Der Zweite De-

tektiv starrte in ein völlig zugeschwollenes, stark gerötetes Gesicht, in dem die Augen unter dicken Wülsten verschwanden.
»Was ist …?«, entfuhr es ihm.
»Wespen«, sagte Perry und deutete auf die geschlossene Zimmertür. »Da drin wimmelt es von Wespen.«
»Wespen?« Peter erinnerte sich an die beiden Insekten, die ihm gerade begegnet waren. »Wie kommen denn die da rein?«
»Keine Ahnung. Zac taumelte schreiend vor seinem Zimmer herum. Max war als Erster bei ihm und wollte ihn aufs Bett legen. Als er die Tür öffnete, kam ihm gleich ein Dutzend von den Viechern entgegen.«
Ein paar Minuten später war der Krankenwagen da. Die Sanitäter legten Peludski an Ort und Stelle eine Infusion, hievten ihn auf ihre Bahre und brachten ihn zum Auto. Als sie abfuhren, standen alle Spieler vor dem Nebengebäude und sahen ihrem Kameraden bedrückt hinterher.
»Was, zum Teufel, ist hier bloß los?« Carter hatte nur geflüstert, aber in der Stille der Nacht hallte seine Frage laut und beklemmend über den See.
Mike Dawney reckte den Hals und sah sich um. »Joe scheint ja einen Schlaf wie ein Baby zu haben.« Er drehte sich einmal um die eigene Achse. »Oder bist du hier irgendwo?«
Keine Antwort.
»Joe?«
Hanson runzelte die Stirn. »Das ist aber echt komisch. Soweit ich weiß, hat Joe die 14, genau unter Zac. Der hätte von dem Radau doch etwas mitbekommen müssen.«
»Joe hat tatsächlich die 14.« In O'Brians Stimme schwang eine böse Vorahnung mit. Ohne ein weiteres Wort zu verlieren, lief er wieder in das Gebäude. Die anderen folgten ihm.
»Hey, Leute, was geht hier eigentlich ab?« Max' Gesicht war ein einziges Fragezeichen.

Peter hielt sich dicht hinter O'Brian. Als sie an Zimmer 14 angekommen waren, lauschte der Manager zunächst an der Tür.
»Absolut ruhig.« Er schüttelte den Kopf.
»Vielleicht ist er in irgendeiner Bar versackt?« Al, der Torwart, lachte blechern. Sonst lachte keiner.
O'Brian klopfte vorsichtig an die Tür. »Joe? Bist du da?«
Keine Antwort.
»Joe? Hallo?«
Nichts rührte sich.
»Komm, sieh nach!«, forderte Carter O'Brian ungeduldig auf. Der Manager nickte und drückte die Türklinke hinunter.
Im Zimmer war es dunkel. Nur das fahle Mondlicht fiel durch die geöffneten Vorhänge der Verandatür. Aber das genügte, um Joe McNash zu sehen. Der Verteidiger stand mit dem Rücken zur Tür mitten in seinem Zimmer und blickte zur Terrasse hinaus. Fast hätte man meinen können, er meditiert, so regungslos verharrte er dort. Aber er atmete viel zu schnell. Er hechelte fast.
»Joe?« O'Brian knipste das Licht an. »Alles klar mit dir?«
McNash reagierte nicht. Er starrte immer noch geradeaus durch die Tür.
»Hey, Joe. Was hast du denn?«, fragte Carter.
Schweigend drängten die anderen ins Zimmer. Peter drückte sich an dem Trainer vorbei und sah McNash ins Gesicht. Es war wie versteinert. Kein Muskel zuckte darin, die Haut war grau. Nur in den glasigen Augen flackerte es.
»Joe?« O'Brian berührte den Spieler an der Schulter.
Da hob McNash plötzlich langsam den Arm und zeigte mit zitternden Fingern auf die Glastür zur Terrasse. »Nesperamon!«, wisperte er tonlos. »Er war da. Da! Da … stand er!«

Ein neuer Auftrag für die drei ???

Nach den Vorkommnissen der letzten Nacht hatte Peter am Morgen sofort Justus angerufen und ihn gebeten, mit Bob ins Stadion zu kommen. Denn O'Brian, Carter, eigentlich die ganze Mannschaft war mit den Nerven völlig am Ende, was nur allzu verständlich war. Irgendetwas Seltsames war hier im Gange. Zu viel und zu viel Unerklärliches war in den letzten Tagen passiert, und man konnte die Sache nicht mehr einfach auf sich beruhen lassen. Es musste etwas unternommen werden.

Nicht weit von den Umkleidekabinen der Mannschaften entfernt fanden sie schließlich ein leeres Schiedsrichterzimmer, in dem sie sich vor dem Spiel ungestört unterhalten konnten. Der Manager öffnete die Tür, ging zur Seite und ließ die drei Jungen an sich vorbei, die sich an den kleinen Tisch in der Mitte des kargen Raumes setzten. Dann schloss er die Tür und sah auf die Uhr. »In fünfzehn Minuten beginnt das Spiel, dann muss ich draußen sein.«

O'Brian war völlig übernächtigt und ein Schatten seiner selbst. Er hatte keine Minute geschlafen, und das nicht nur, weil im Hotel die Hölle los gewesen war. Nach der Sache mit McNash hatte man das ganze Gelände auf den Kopf gestellt, aber nichts Ungewöhnliches entdeckt. Schon gar keine Mumie. Anschließend hatte man den Verteidiger in Carters Zimmer einquartiert, und O'Brian war noch einmal in die Klinik gefahren. Diesmal wegen Peludski. Doch auch danach hatte er keinen Schlaf mehr gefunden. Am Morgen hatte ihn Peter vor einer Kanne Kaffee im Speiseraum angetroffen. Grübelnd, zerzaust, voller Sorgen.

»Worüber wolltet ihr mit mir denn jetzt sprechen?«, fragte O'Brian abwesend. Ihm fielen fast die Augen zu.

Justus holte ein kleines, silbernes Etui aus seiner Hosentasche, öffnete es und legte wortlos eine ihrer Visitenkarten vor ihn auf den Tisch. Der Manager sah ihn müde an, nahm die Karte und las:

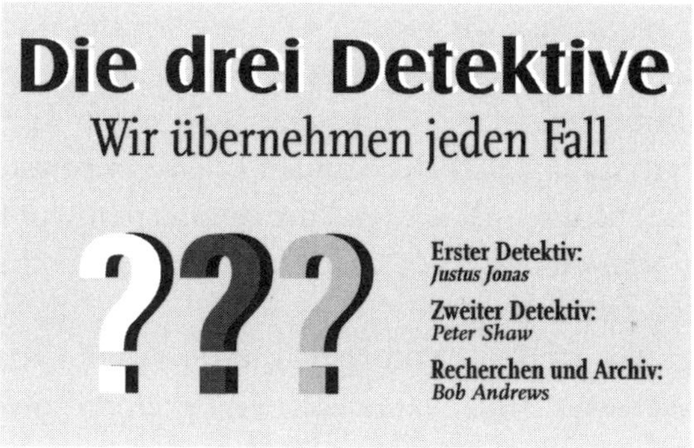

»Die drei Detektive. Wir übernehmen jeden Fall. Erster Detektiv: Justus Jonas, Zweiter Detektiv: Peter Shaw, Recherchen und Archiv: Bob Andrews.« O'Brian sah auf. »Detektive? Ihr seid Detektive?«
Justus nickte. »Ja. Und nach allem, was wir mitbekommen haben, und vor allem nach den Ereignissen der letzten Nacht, von denen uns Peter erzählt hat, könnten Sie unsere Hilfe durchaus benötigen. Es ist ziemlich offensichtlich, dass irgendjemand Ihrer Mannschaft Schaden zufügen will. Warum und wer, das könnten wir vielleicht für Sie herausfinden und diesem Spuk damit ein Ende bereiten.«
»Habt ihr denn wirklich Erfahrung mit so etwas?« O'Brians Miene verriet Skepsis.
»Wir haben bereits weit über hundert Fälle gelöst, von denen

viele oft ähnlich mysteriös wirkten wie dieser hier«, antwortete Bob.
Der Manager zögerte. »Und was nehmt ihr für eure Dienste?«
»Nichts«, erklärte Peter. »Ihre Zufriedenheit ist unser Lohn.«
Wieder verging einige Zeit, bis O'Brian antwortete. »Ich bin natürlich für jede Hilfe dankbar, aber …« Er beugte sich nach vorne und raufte sich die Haare. »Wissen wir denn überhaupt, ob hinter all diesen Geschehnissen wirklich ein Plan steckt, eine Absicht? Vielleicht sind ja alles doch nur blöde Zufälle.«
»Ein blöder Zufall nach dem anderen? Wespennester in Hotelzimmerschränken? Mumien, die frei herumlaufen?« Peter schüttelte langsam den Kopf. »Unserer Erfahrung nach sind das viel zu viele *Zufälle*.«
Die drei hatten sich noch kurz beraten, bevor O'Brian zu ihnen gestoßen war, und waren sich völlig einig gewesen: hier stimmte eindeutig etwas nicht. Irgendjemand trieb ein übles Spiel mit der Mannschaft.
»Oder es ist ein schlechter Scherz? Irgendein durchgeknallter Fan.«
Justus zog die Augenbrauen hoch. »Dann wären wir aber schon bei Sabotage. Denn lustig ist das alles nicht mehr, zumal es ja nicht bei einem *Scherz* geblieben ist.«
»Sabotage?« O'Brian runzelte die Stirn. »Wer sollte uns denn sabotieren wollen? Und warum?«
»Also mir fielen da auf Anhieb eine Menge Leute ein«, erwiderte Bob.
»So?«
»Ja.« Bob öffnete die rechte Hand und zählte an seinen Fingern die Möglichkeiten ab. »Da wären zunächst einmal die Gegner. Sie befinden sich mitten in einem Turnier, vergessen Sie das nicht. Dann gibt es Leute, die finanziell von Ihren Problemen profitieren könnten. Wettbüros zum Beispiel. Verwirrte Fans

kommen infrage, Leute aus den eigenen Reihen, eine bestimmte Sorte Presse … wollen Sie noch mehr hören?«
»Leute aus den eigenen Reihen? Was meinst du damit?«, fragte O'Brian irritiert.
»In jeder Mannschaft gibt es Querelen«, erklärte Justus. »Von manchen wissen Sie vielleicht, von anderen nicht.«
»Und ihr meint …?« Der Blick des Managers verdunkelte sich.
»Wir meinen noch gar nichts«, sagte Bob. »Wir wollen nur nichts ausschließen. Kam alles schon vor.«
O'Brian starrte vor sich. »Sabotage also.«
»Nein«, widersprach Peter jedoch sofort. »Auch das ist nur eine Möglichkeit. Vielleicht steckt auch etwas ganz anderes dahinter, wir wissen es nicht. Aber wenn Sie wollen, tun wir unser Bestes, um es herauszufinden.«
Der Manager dachte nach. Dann sagte er: »In Ordnung. Streckt eure Fühler aus, und ich helfe euch, wo ich kann. Irgendetwas stimmt hier wirklich nicht, und ich wäre mehr als glücklich, wenn dieser Albtraum endlich ein Ende hätte. Noch ein paar solcher Vorfälle, und wir können einpacken.«
»Gut, wir nehmen uns des Falles an«, sagte Justus.
O'Brian stand auf. Er musste los, das Spiel fing gleich an. Peter kam mit ihm, denn er sollte auf der Trainerbank Platz nehmen. Die drei Freunde verabredeten sich für später in der Zentrale, aber O'Brian lud Justus und Bob ein, sich das Spiel anzusehen. Er würde sicher noch zwei Sitzplätze auf der Ehrentribüne organisieren können. Die beiden stimmten zu. Vielleicht fiele ihnen ja irgendetwas während des Spieles auf.
Als Justus und Bob ihre Plätze erreichten, waren die Mannschaften bereits auf dem Platz. Gerade wurde die kanadische Nationalhymne gespielt.
»Und? Schon eine Idee, wie wir die Sache angehen wollen?« Bob setzte sich hin.

Justus nahm ebenfalls Platz. »Am besten, wir entwerfen nachher in der Zentrale einen detaillierten Schlachtplan. Schreiben alles auf, was wir bisher wissen, suchen nach Ansatzpunkten, stellen Theorien auf. Dann sehen wir weiter.«

Die Spieler verteilten sich auf ihre Positionen. Als alle so weit waren, sah der Schiedsrichter auf seine Uhr und pfiff das Spiel an. Ein Jubelsturm fegte durch das fast ausverkaufte Stadion.

»Noch mal zurück zu letzter Nacht.« Bob beobachtete das Spielgeschehen, während er mit Justus sprach. »Hat Peter wirklich gesagt, dass die Wespen im Schrank waren?«

Der Erste Detektiv nickte. »Das Hotel klingelte einen Kammerjäger aus den Federn, und der hat sich das Zimmer angesehen. Im Kleiderschrank hing ein riesiges Wespennest. Als dieser Peludski die Tür geöffnet hat, muss ihn der ganze Schwarm angegriffen haben.«

»Und dass das Wespennest dort auf natürliche Weise hinkam ist ausgeschlossen?«

»Am Morgen sei es jedenfalls noch nicht drin gewesen, sagt der Spieler, und so ein Nest wächst nicht in ein paar Stunden.«

Bob machte ein nachdenkliches Gesicht, während unten das Spiel Fahrt aufnahm. Aber es waren vor allem die Kanadier, die das Geschehen bestimmten. Eine Angriffswelle nach der anderen rollte auf das amerikanische Tor zu. Die ersten Zuschauer rieben sich bereits verwundert die Augen, denn eigentlich hatten die Amerikaner als klarer Favorit gegolten.

»Also ist jemand ins Zimmer eingestiegen, während die Mannschaft beim Training war, und hat das Ding dort reingehängt.«

»Das scheint mir am plausibelsten«, stimmte Justus zu. »Und auch die Einlage mit der Mumie ist nicht schwer zu inszenieren.«

»Nesperamon. Der Typ, den sich die Mannschaft tags zuvor im Museum angesehen hat«, sagte Bob mehr zu sich selbst. »Und

die lose Gehwegplatte beziehungsweise die Lebensmittelvergiftungen? Könnten das nicht zumindest Zufälle gewesen sein?«
»Am Anfang hätte man das glauben können, doch in Anbetracht der anderen Ereignisse denke ich das jetzt nicht mehr. So eine Platte lässt sich leicht unterhöhlen, und irgendetwas ins Hotelessen zu schütten, ist auch kein Problem.«
»Aber wo soll hier der Zusammenhang sein? Wespen, Mumie, lose Platte, Lebensmittelvergiftungen – was hat das miteinander zu tun?«
Justus zuckte mit den Schultern. »Zumindest hatten alle Vorkommnisse den gleichen Effekt: Sie schädigten die Mannschaft. Aber wie das alles zusammenpassen könnte, ist mir noch ein völliges Rätsel.«
Auf dem Spielfeld nahm das Unglück derweilen seinen Lauf. Die Kanadier schossen ein Tor, und die Amerikaner stellten sich dabei alles andere als geschickt an. 1 : 0 für Kanada! Und während die Kanadier ihr Tor bejubelten, brach unter den amerikanischen Spielern ein handfester Streit aus. Justus und Bob konnten natürlich nicht hören, was gesagt wurde, aber sie sahen, dass sich einige Spieler heftig in die Haare gerieten.
»Dicke Luft!« Bob deutete nach unten.
»Sie scheinen es vor allem auf Seaman abgesehen zu haben.«
Bob nickte. »Der schlich auch die ganze Zeit wie gelähmt über den Platz, verlor jeden Zweikampf und tat absolut nichts.«
»Tat absolut nichts.« Justus lächelte gequält. »Erinnert mich irgendwie an Abigail.«
»Die ist immer noch da?«, rief Bob mit einer Mischung aus Erstaunen und Belustigung.
»Die geht nie mehr«, jammerte Justus. »Die ist schlimmer als jeder Schimmelpilz.«
Bob lachte laut auf, was ihm ungnädige Blicke der Umsitzenden eintrug. Wie konnte man bei diesem Gekicke bloß lachen?

Und das Spiel wurde nicht besser. Ganz im Gegenteil. Nach 30 Minuten erzielten die Kanadier das 2 : 0 und kurz vor der Pause gar das 3 : 0. Ein Desaster bahnte sich an, und die Zuschauer verabschiedeten die Spieler mit einem gellenden Pfeifkonzert in die Kabinen.
Doch es wurde noch schlimmer. Nach der Halbzeit fiel sofort das 4 : 0. Die Pfiffe wurden immer zahlreicher und lauter. Erste Seaman-raus-Rufe ertönten. Dann fielen kurz hintereinander das 5 : 0 und das 6 : 0. Es war einfach unvorstellbar, die Leute trauten ihren Augen nicht. Nach 70 Minuten verließen die ersten Zuschauer das Stadion. Sie wollten sich dieses Trauerspiel nicht länger antun.
Und endlich reagierte der Trainer. In der 77. Minute nahm Carter Seaman vom Feld. Ein bisher noch nie da gewesenes Ereignis: der absolute Superstar des amerikanischen Fußballs, der beste Spieler des Landes, wurde ausgewechselt! Und das auch noch unter dem Beifall der Zuschauer!
Doch fast noch ungewöhnlicher war Seamans Reaktion. Er zeigte nämlich gar keine. Völlig teilnahmslos schlurfte er vom Platz und verschwand im Dunkel der Katakomben.

Stimmen aus dem Jenseits

»Er tut was?« Peter starrte O'Brian an.
»Du hast schon richtig gehört. Jeffrey hört Stimmen aus dem Jenseits.«
Peter war für einen Moment völlig verdattert. Während die Spieler in der Dusche waren, hatte ihm O'Brian wie nebenbei erzählt, was er eben erfahren hatte. Und der Zweite Detektiv konnte kaum glauben, was er da hörte.
»Das ist ja …« Ohne viel zu überlegen, packte Peter den Manager am Ärmel und zog ihn mit sich. »Kommen Sie, das müssen Just und Bob hören. Jetzt gleich.«
Sie hatten Glück. Da die Schlangen an den Ausgängen nur langsam kürzer wurden, erwischten sie die beiden noch im Stadion. Peter nahm seine Freunde zur Seite und suchte eine einigermaßen stille Ecke auf. Dann bat er O'Brian, ihnen zu erzählen, was er ihm gerade erzählt hatte.
Der Manager holte tief Luft. Mit bekümmerter Miene sagte er: »Also. Ruby hat sich Jeff nach dem Spiel zur Brust genommen und ihm gehörig den Kopf gewaschen. Was nach dem desaströsen 8 : 1 und Jeffs katastrophaler Leistung ja kein Wunder ist. Er hat ihm klipp und klar gesagt, dass er ihn aus der Mannschaft schmeißt, wenn er nicht endlich mit der Sprache rausrückt und sagt, was mit ihm los ist. Ruby war stocksauer. So habe ich ihn noch nie gesehen.« O'Brian schüttelte ungläubig den Kopf. »Na ja, erst hat Jeff noch rumgedruckst und irgendetwas von Unwohlsein gefaselt. Aber Ruby hat nicht locker gelassen. Da hat Jeff ihn und mich raus auf den Gang gebeten, und dort hat er uns gesagt –« O'Brian fuhr sich über die Augen. Er machte den Eindruck, als kämpfe er mit seiner eigenen Ratlosigkeit. »Dass er Stimmen aus dem Jenseits höre.«

»Was?«
»Wie bitte?«
Justus und Bob waren genauso konsterniert, wie Peter es gewesen war.
»Seit zwei Tagen. Immer nachts.«
»Stimmen? Aus dem Jenseits? Was für Stimmen?« Bob starrte den Mann an.
»Ich weiß es nicht. Stimmen eben. Mehr haben wir nicht aus Jeff rausbekommen.«
»Und nur nachts?«, hakte Justus nach.
»Ja. Deswegen habe er auch seit zwei Tagen kein Auge zugemacht.«
»Wo ist Seaman jetzt?«, wollte Peter wissen.
»Er ist zu sich nach Hause gefahren. Jeff wohnt ja nicht weit von hier in Beverly Hills. Er meinte, er bräuchte unbedingt Ruhe, müsse den Kopf freikriegen, und Ruby hat ihm bis morgen Ausgang gegeben. Aber ich habe Jeff gesagt, dass ich noch mal bei ihm vorbeischauen würde.«
»Jetzt gleich?«, fragte Justus.
»Ja.«
»Gut, dann kommen wir mit.«
Seamans Villa lag an der Nichols Canyon Road und war ganz im mediterranen Stil gehalten. Die Mauern und Säulen glänzten unter einem terrakottafarbenen Ziegeldach weiß in der Sonne, von den verschnörkelten Balkongittern flossen üppige Geranienarrangements, und im prächtigen Garten wetteiferten Bananenstauden, Palmen und vor Blüten überquellende Bougainvilleasträucher um die Gunst des Betrachters.
O'Brian stellte seinen Mercury hinter Seamans Porsche in die Auffahrt, während Bob den Käfer ein Stück weiter weg am Straßenrand parkte.
Nachdem sie geklingelt hatten, tat sich erst eine Zeit lang gar

nichts. Doch als O'Brian gerade ein zweites Mal läuten wollte, ging die Tür langsam auf.

»Hallo, Patrick, komm – wer sind die denn?« Seaman sah ärgerlich zu den drei Jungen.

»Erklär ich dir gleich. Lass uns erst mal rein.« O'Brian schob Seaman sanft ins Haus und winkte die drei ??? herein.

»Pat, ich habe im Moment absolut keine Lust –«

»Setz dich erst mal hin, beruhige dich. Alles in Ordnung.« O'Brian ließ sich nicht beirren.

Doch auch nachdem sie alle draußen auf der Terrasse unter einem riesigen Sonnenschirm Platz genommen hatten, wirkte Seaman nicht sehr viel entspannter. Es war ihm mehr als deutlich anzusehen, dass er über den Besuch der drei Jungen alles andere als begeistert war.

»Jeff, hör zu«, begann O'Brian. »Die drei sind Detektive. Sie werden uns helfen, diese ganzen merkwürdigen Vorfälle der letzten Tage aufzuklären. Und sie denken, dass auch dein Erlebnis in Zusammenhang mit diesen Vorfällen zu sehen ist.«

Diese Ansicht hatten die drei ??? O'Brian noch im Stadion unterbreitet, und deswegen hatten sie es auch für notwendig erachtet, mit zu Seaman zu fahren.

»Die sind Detektive? Die wissen davon?« In Seamans Augen funkelte es zornig. »Aber dich kenne ich doch!« Er deutete auf Peter. »Du bist doch … dieser … dieser …«

»Peter«, half ihm der Zweite Detektiv weiter.

»Ja, genau, der neue Balljunge.« Seaman drehte den Kopf zu O'Brian. »Pat, was soll das?«

»Bitte, Mr Seaman«, schaltete sich nun Justus ein. »Ich kann durchaus verstehen, dass es für Sie nicht leicht ist, mit Fremden über diese prekäre Angelegenheit zu sprechen. Und es mag Ihnen auch angesichts unseres Alters schwerfallen, in uns ernst zu nehmende Detektive zu sehen, wobei ich Ihnen versichern

kann, dass unser Alter in keinem Verhältnis zu unserer Erfahrung in diesem Metier steht. Aber angesichts der Probleme, in denen Sie und Ihre Mannschaft sich gegenwärtig befinden, sollten Sie es sich vielleicht doch überlegen, unsere Hilfe in Anspruch zu nehmen, zumal offizielle Stellen noch keinerlei Veranlassung für ein ernsthaftes Eingreifen in diesen Fall sehen.«
Seaman stutzte und schaute verwirrt von einem zum anderen. »Redet der immer so?«, fragte er schließlich O'Brian.
Der Manager lächelte. »Das ist Justus. Bob.« Er wies auf den dritten Detektiv. »Und Peter kennst du ja schon.«
Obwohl sich Seaman doch etwas beeindruckt von Justus' Redegewandtheit zeigte und auch Peter und Bob Gelegenheit hatten, ihre detektivischen Fähigkeiten unter Beweis zu stellen, als sie die Umstände des Falles noch einmal in aller Ausführlichkeit erläuterten, dauerte es noch eine Weile, bis das Eis brach. Aber schließlich fasste Seaman Vertrauen und begann zu erzählen.
»Es fing vorletzte Nacht an, so etwa gegen ein Uhr morgens. Erst dachte ich, dass ich die Stimme im Traum höre, aber dann wachte ich auf und stellte fest, dass da tatsächlich eine Stimme war.« Seaman hatte seinen Blick nach innen gerichtet. Leise sprach er weiter, während die anderen gebannt zuhörten. »Am Anfang habe ich gar nichts verstanden. Es war zu undeutlich und zu leise. Doch dann konnte ich nach und nach einzelne Wörter unterscheiden.« Er legte die Handflächen aneinander und senkte den Kopf. Es war offensichtlich, dass es ihm immer noch äußerst schwer fiel, über die Sache zu reden.
»Was für Wörter?«, fragte Bob vorsichtig.
»Wisst ihr«, Seaman richtete sich auf, seine Miene wirkte gequält, »mir ist das Ganze auf der einen Seite mehr als peinlich. Ich habe normalerweise mit Übersinnlichkeit und dem ganzen Quatsch absolut nichts am Hut. Aber auf der anderen Seite –

die Stimme war da, ich habe sie gehört, und es war niemand im Zimmer. Hundertprozentig.«

»Mr Seaman, das muss Ihnen überhaupt nicht peinlich sein«, beruhigte ihn Justus. »Zumal ich Ihnen versichern kann, dass die Stimme sicher nichts Übersinnliches an sich hatte. Das schließen wir mal von vorneherein aus.«

Seaman warf ihm einen skeptischen Blick zu. »Tust du das?«

»Ja«, sagte Justus bestimmt.

Peter war da ganz anderer Ansicht. Er hatte sich längst eine Theorie über die ganzen Vorkommnisse gebildet. Doch die behielt er lieber für sich, solange Seaman dabei war.

»Also, was haben Sie denn nun gehört?«, nahm Justus den Faden wieder auf.

Seaman spreizte die Finger. »Am häufigsten das Wort … *Tod.*« Er hauchte die Silbe nur. »Dann meinen Namen, ein düsteres Lachen und *Rache.*«

»Diese drei Wörter also? Tod, Ihren Namen und Rache?«, resümierte Bob.

»In der ersten Nacht, ja.« Seaman schluckte trocken. »Letzte Nacht wurde die Stimme dann viel deutlicher. Sie drohte mir mit dem Tod, und von einem Totengericht war die Rede, was immer das ist. Ich hätte jemanden entehrt, sagte sie. Und … der Fluch würde über mich kommen.«

Seamans Hände zitterten. Jede Farbe war aus seinem Gesicht gewichen. Er hatte Angst, das war unverkennbar. Große Angst. Auch die anderen schwiegen für einen Augenblick beklommen, und die Wörter *Tod*, *Fluch* und *Rache* schwirrten wie böse Geister um den Tisch. Nur Peter hätte am liebsten laut herausgeschrien, was er dachte. Für ihn war die Sache jetzt völlig klar.

»Ist okay, Jeff.« O'Brian legte ihm die Hand auf die Schulter. »Beruhige dich. Wir finden heraus, was da los ist. Ganz sicher.«

Seaman versuchte sich an einem Lächeln. Es misslang.

Kurz danach brachen die drei ??? auf. Es war ihnen allen klar, dass sie Seaman jetzt nicht weiter mit Fragen behelligen durften. Der Mann musste sich dringend erholen. Sie standen auf und verabschiedeten sich.
»Wir finden alleine hinaus, Mr Seaman. Auf Wiedersehen«, sagte Justus.
»Tschüss, Jungs«, sagte O'Brian. Seaman nickte nur.
Peter schob die Verandatür zurück und trat ins Wohnzimmer. Dabei bauschte der Durchzug die Vorhänge auf, die auf ein Beistelltischchen flatterten und eine kleine, chinesische Holzdose herunterwarfen. Klappernd landete sie auf den Fliesen, und der Deckel sprang auf.
»Entschuldigung.« Peter hob sie schnell auf. »Ähm, Mr Seaman, haben sie irgendwo Schaufel und Besen. Für die Asche und die Zigarettenstumel.«
»Asche und Zigarettenstumel?« Seaman schaute verwirrt und stand auf.
»Ja.« Peter deutete auf den kleinen Haufen Unrat, der sich in der Dose befunden hatte und jetzt auf dem Boden lag. »Hier.«
Eine steile Falte bildete sich zwischen Seamans Brauen. »Wo kommt das Zeug her?«
»Das war da drin.« Peter zeigte noch einmal auf die Dose.
»Da drin?« Seaman nahm die Dose in die Hand. »Aber wir rauchen nicht. Und im Haus herrscht absolutes Rauchverbot. Das weiß jeder.«
»Einer der Angestellten vielleicht?«, riet Bob.
»Wir haben nur zwei«, antwortete Seaman. »Aber die werde ich sofort befragen. Wartet hier!«
»Ich glaube, das ist nicht nötig«, hielt ihn Peter auf. Neugierig drehte er den Stumel in seinen Fingern. »Ich habe erst vor Kurzem ein Referat über Glimmstängel gehalten und kenne mich ein bisschen damit aus. Und das hier ist eine Libre d'ore, eine

französische Zigarette, die sündhaft teuer und bei uns kaum zu bekommen ist. Ich kann mir nicht vorstellen, dass Ihre Angestellten diese Sorte rauchen.«

»Aber wer soll es dann gewesen sein?«, schimpfte Seaman.

»Ähm, Mr Seaman«, meldete sich in diesem Moment Justus zu Wort. Er stand an der Verandatür und befühlte das Schloss.

»Ja?«

»Haben Sie oder Ihre Frau sich in letzter Zeit mal ausgesperrt und dann das Schloss hier mit einem Schraubenzieher oder etwas Ähnlichem aufgemacht?«

»Nein, wovon sprichst du?« Seaman kam mit gerunzelter Stirn näher. Auch die anderen traten hinzu.

»Denn wenn nicht«, fuhr Justus fort, »würde ich sagen, dass hier vor Kurzem jemand eingebrochen ist. Das Schloss weist die typischen Spuren auf, wie sie entstehen, wenn man es mit Gewalt öffnet. Und auch am Rahmen finden sich einige Kratzer.«

»Was?« Seaman befühlte die Stelle. »Eingebrochen? Bei uns?«

»So sieht es aus.«

»Aber … aber ich … wir haben davon gar nichts bemerkt. Und soweit ich weiß, fehlt auch nichts!«

»Sind Sie sich da sicher?«, fragte Bob.

»Ja … das heißt, ich, wir vermissen zumindest bis jetzt nichts.«

»Merkwürdig.« Justus kräuselte die Lippen. »Könnten Sie und Ihre Frau aber vielleicht trotzdem noch einmal ganz genau nachsehen, ob nicht doch etwas gestohlen wurde? Oder ob Ihnen etwas anderes auffällt, was damit in Zusammenhang stehen könnte?«

»Ja … sicher. Und du glaubst wirklich, dass hier jemand eingebrochen hat?«

»Die Vermutung liegt nahe«, bestätigte der Erste Detektiv.

In diesem Moment klingelte es an der Tür.

Theorien

Die drei ??? saßen in Bobs Käfer, aber der dritte Detektiv machte keine Anstalten, den Wagen zu starten.
»Worauf wartest du, Bob?«, fragte Peter.
»Ich kenne den Mann von irgendwoher.«
»Den Typen, der gerade gekommen ist?«
»Ja.«
Seaman hatte die drei Detektive zur Haustür begleitet und ihnen dabei noch einmal versichert, dass er der Sache mit dem Einbruch nachgehen würde. An der Tür waren sie dann einem jüngeren, blonden Mann begegnet, den Seaman mit »Ah, William, du bist es« begrüßt hatte. Die drei Jungen hatten ihm kurz zugenickt und waren dann zum Auto gegangen.
»Ich komm nur nicht drauf, woher.« Bob biss sich auf die Lippe. »Aber irgendwo habe ich – William de Haas!«, platzte er plötzlich heraus.
»William de Haas?« Justus überlegte. »Der Name sagt mir was.«
»Er hat eine Galerie drüben in Venice«, erklärte Bob. »Ich war schon mal da. Moderne Sachen, Pop-Art.«
»Stimmt, die De-Haas-Galerie«, fiel Justus ein. »Wahrscheinlich kennt ihn Seaman von seinen Streifzügen durch die Welt der Kunst«, setzte er mit einem ironischen Unterton hinzu.
Bob drehte den Zündschlüssel um und fuhr los. »Zur Zentrale?«
»Wie wär's, wenn wir uns Seamans Zimmer im Hotel mal ansehen?«, schlug Peter vor. »Ich bekomme sicher den Schlüssel an der Rezeption. Die kennen mich.«
»Gute Idee, Zweiter.« Justus nickte zustimmend.
»Was ich dich noch fragen wollte, Just«, sagte Bob, während er den Käfer die kurvige Nichols Canyon Road hinabrollen ließ.

»Wie ist dir die Sache mit dem Schloss eigentlich aufgefallen?«
»Das war mehr oder weniger Zufall«, antwortete der Erste Detektiv. »Als Peter am Boden vor diesem Häufchen Asche kniete, stand ich an der Verandatür und wollte sie noch ein Stück zurückschieben. Dabei hatte ich die Hand um das Schloss gelegt. Im Normalfall hätte ich die Kratzer und Unebenheiten ignoriert, doch in Zusammenhang mit Seamans Verwirrung über die Zigarette machte es irgendwie klick!, und ich sah mir das Schloss genauer an.«
»Aber wer bricht in ein Haus ein und klaut nichts?«, gab Peter zu bedenken. »Noch dazu in eines, wo es durchaus etwas zu klauen gäbe. Da hingen zum Beispiel genügend Bilder an der Wand, die sicher nicht vom Flohmarkt waren.«
»Vielleicht hatte es der Täter auf etwas Bestimmtes abgesehen, das er nicht gefunden hat«, erwiderte Bob.
»Oder er hat es gefunden, aber die Seamans haben es noch nicht bemerkt.« Justus blähte die Backen. »Das ist alles noch mehr als vage. Uns fehlen einfach handfeste Anhaltspunkte.«
In Peter arbeitete es. Er wusste, wie Justus auf seine Theorie reagieren würde, das hatte er in der Vergangenheit schon zur Genüge erfahren. Das unerschütterliche Realitätsbewusstsein des Ersten Detektivs ließ nur gelten, was in seinem Sinne vernünftig und rational erklärbar war. Aber für Peter war seine Theorie eben auch vernünftig. Auf ihre Weise.
»Wisst ihr, Kollegen«, hob er vorsichtig an, »mir ist da etwas aufgefallen. Die Spieler, die bis jetzt von irgendwelchen unerklärlichen Schicksalsschlägen heimgesucht wurden –«
»Von unerklärlichen Schicksalsschlägen heimgesucht?«, unterbrach ihn Justus. »Ich dachte, wir wären uns einig, dass das alles arrangiert war?«
Peter ließ sich nicht beirren. »Also Sossley, Stygers, Ivory, Peludski, McNash und auch Seaman – all diese Spieler haben sich

an jenem Tag im Museum«, Peter zögerte, »mit der Mumie fotografieren lassen und haben herumgealbert. Ich weiß das genau, ich habe die Bilder noch im Kopf, als wäre es gerade eben gewesen.«
Justus drehte sich nach hinten um und sah seinem Freund in die Augen. »Peter«, war alles, was er sagte.
»Was denn?«, blaffte der Zweite Detektiv.
»Kein Fluch. Ja? Wir haben es hier sicher –« Justus hielt inne und hob eine Augenbraue. »Auf der anderen Seite …«
Bob schaute seinen Freund verwundert an. »Just?«
Der Erste Detektiv knetete an seiner Unterlippe. »Peter hat mich da auf eine Idee gebracht.«
»Eine Idee?« Peter war genauso verwundert wie Bob. Mit dieser Reaktion hatte er nicht gerechnet.
»Mumie«, murmelte Justus, »Heuschrecken, Falle, Gift … Totengericht … hm …«
Peter zog sich an der Kopfstütze nach vorne. »Kannst du uns vielleicht mal verraten, was sich dadrin abspielt?« Er tippte an Justus' Hinterkopf. »Hallo?«
»Noch nicht«, verneinte Justus. »Ich muss mir das erst noch einmal gründlich überlegen. Aber interessant, sehr interessant.«
Peter stöhnte und ließ sich in die Sitze zurückfallen. Er hasste es, wenn sich Justus in rätselhaften Andeutungen erging und nicht mit der Sprache rausrückte. Bob grinste nur.
Ein paar Minuten später kamen sie am Hotel an. Peter ging zur Rezeption und holte sich unter einem Vorwand den Schlüssel für Seamans Zimmer. Dann liefen sie gemeinsam zum Nebenhaus.
Im Moment hielt sich außer zwei Putzfrauen niemand in dem Gebäude auf. Die Mannschaft war nach dem Spiel zum Trainingsgelände gefahren, wie Peter wusste. Straftraining!
Dennoch lauschten sie erst einmal an Apartment 21, Seamans

Unterkunft. Alles ruhig. Peter steckte den Schlüssel ins Schloss, drehte ihn um und öffnete die Tür.

»Allzu lange sollten wir uns aber da drin nicht aufhalten«, sagte er, während er Justus und Bob an sich vorbeischlüpfen ließ. Er blickte noch einmal den Gang hinab und verschwand dann ebenfalls im Zimmer. »Ich habe gesagt, dass ich nur kurz was für Seaman holen soll.«

»Geht klar.« Justus sah sich um. »Verteilt euch, Kollegen. Und nehmt alles genau unter die Lupe. Vielleicht finden wir etwas, das eine Erklärung für die nächtlichen Stimmen liefert.«

»Okay.«

»An die Arbeit.«

Das Apartment bestand aus zwei kleinen Zimmern und einem Bad. Dass Seaman nicht in einem der Einzelzimmer untergebracht war, hatte nichts mit seiner Kapitänswürde zu tun. Er hatte einfach Glück bei der Auslosung der Zimmer gehabt. Justus blieb im ersten der beiden Räume, Bob nahm sich den zweiten, das Schlafzimmer, vor, und Peter lief ins dahinter liegende Bad.

»Wir können ja bei der Gelegenheit gleich mal ein bisschen resümieren«, schlug Justus vor, während er unter das Sofa sah.

»Wer hat was verschmiert?«, rief Peter aus dem Bad.

»›Resümieren‹«, habe ich gesagt. Einen Überblick verschaffen. Theorien aufstellen.«

»Dann sag das doch.«

Justus seufzte.

»Ich habe ja damals O'Brian gegenüber schon einige Möglichkeiten erläutert«, sagte Bob. Er stand vor einer großen Kommode und untersuchte vorsichtig eine Schublade nach der anderen. »Zum Beispiel könnte jemand aus einer der anderen Mannschaften dahinterstecken.«

»Sehr Unwahrscheinlich.« Peter öffnete Seamans Badezimmerschrank. »So bedeutend ist dieses Turnier nun auch wieder nicht. Es geht ums Prestige, um einen Formabgleich, um die goldene Ananas, wenn ihr wollt. Dafür knocke ich doch keine anderen Mannschaften aus.«

Justus schaltete den Fernseher ein. »Leuchtet mir ein.« Er verminderte die Lautstärke und zappte auf der Fernbedienung durch die Programme.

»Da!«, rief Peter aufgeregt. »Hört ihr das?«

»Das ist der Shopping-Kanal«, informierte ihn Justus. »Bob, wen hast du dann als Zweites genannt?«

»Leute, die finanziell profitieren könnten, wenn unsere Mannschaft eins auf die Mütze bekommt.«

»Peter?«, rief Justus. »Denkst du, dass auf die Spiele Wetten abgeschlossen werden?«

Peter roch an Seamans Aftershave. »Aber sicher.«

»Dann wäre das schon einmal eine Fährte, der wir nachgehen sollten.«

»Verwirrte Fans?«, fragte Bob und wandte sich nun dem Kleiderschrank zu.

»Möglich, aber äußerst unwahrscheinlich«, befand Justus. »Dazu scheint mir die Sache zu organisiert. Da steckt mehr dahinter als Frust oder Geltungswahn.«

»Blieben noch Leute aus den eigenen Reihen und die Presse.«

»Hey!«, fiel Peter ein. »Da treibt sich doch dauernd so ein Paparazzo herum. Vielleicht hat der was damit zu tun?«

Justus schaltete den Fernseher wieder aus. Soweit er das beurteilen konnte, war daran nichts Ungewöhnliches. Er öffnete das Schränkchen darunter. »Auch den sollten wir uns mal näher ansehen.«

»Und ich könnte mich mal um die Mannschaftsinterna kümmern«, sagte Bob. Er stand vor dem Fenster und begutachtete ein ausnehmend hässliches Gesteck aus Kunstblumen, das auf

dem Fensterbrett stand. Zu allem Überfluss hatte der wohlmeinende Florist auch noch einen kleinen Fußball hineingesteckt, der auf einem langen Metallstab thronte. »Ich kenne Hank aus der Sportredaktion recht gut, und der ist ein echter Fußballnarr.« Bob sah aus dem Fenster und ließ den Blick über den kurz gemähten Rasen schweifen, der sich bis zu dem kleinen See erstreckte. »Wenn jemand weiß, was hinter den Kulissen abgeht, dann er.«
Bobs Vater arbeitete bei der L. A. Post, einer der größten Zeitungen in der Gegend, und Bob kannte auch viele seiner Kollegen. Schon etliche Male hatten den drei ??? ihre Kenntnisse und Informationen weitergeholfen.
»Gute Idee«, sagte Justus und richtete sich auf. »Also, bei mir scheint alles in Ordnung zu sein. Wie sieht's bei euch aus?«
Bob bückte sich. Auf dem Boden vor dem Fenster lag ein echtes, bereits leicht verwelktes Blütenblatt. Er hob es auf und besah es sich. »Nichts.«
»Auch nichts.«
»Dann ab in die Zentrale. Wir verteilen die Aufgaben, und dann sehen wir weiter.«

Gebrochene Finger

Bob betrat das Gebäude der L. A. Post am späten Nachmittag. Der Pförtner unten am Empfang kannte ihn schon von früheren Besuchen und winkte ihn lächelnd durch. Der dritte Detektiv fuhr mit dem Aufzug in den 17. Stock, um seinem Vater kurz Hallo zu sagen. Doch der war auf einem Termin, wie man ihm mitteilte. Bob lief noch ein Stockwerk über die Treppen nach oben und betrat die Abteilung, die sich die Sportredaktion und die Anzeigenleute teilten.
Ein riesiges Großraumbüro, in dem sich Dutzende von Mitarbeitern tummelten, tat sich vor ihm auf, als er die Tür öffnete. Hank Severiano jedoch hatte ein eigenes kleines Arbeitszimmer an der rechten Außenseite des Gebäudes. Bob lief durch das von Stimmen, Telefonklingeln und vielen anderen Geräuschen schier überquellende Büroareal und klopfte an Severianos Tür.
»Herein«, hörte er den tiefen Bass des Reporters.
Bob trat ein. »Hallo, Hank!«
»Bobby! Was treibt dich denn zu mir? Schön, dich zu sehen! Setz dich. Willst du ’nen Kaffee?«
Hank Severiano war ein gutmütiger, ziemlich fülliger Bär von einem Mann, der immer gut gelaunt war. Bob konnte ihn sehr gut leiden.
»Danke, nein.« Bob schüttelte den Kopf. »Ich hätte nur ein paar Fragen betreffs unserer Fußballnationalmannschaft. Die hat ja vor ein paar Tagen ihr Trainingslager in Rocky Beach aufgeschlagen.«
»Ja, ich weiß. Und kam heute Vormittag gegen Kanada gnadenlos unter die Räder. Ich bin gerade dabei, den Artikel zu schreiben. Schieß los, was willst du wissen?«
Bob überlegte, wie er sich am besten ausdrücken sollte. Dann

sagte er: »Hank, ist dir mal irgendetwas zu Ohren gekommen, dass in der Mannschaft etwas nicht stimmen könnte? Dass es Ärger unter den Spielern gibt, Grüppchenbildung, Neid, du weißt schon.«

Severiano wiegte den mächtigen Schädel hin und her. »Na ja, wenn zwanzig oder mehr von solchen Jungs auf einem Haufen sind, dann knirscht es schon mal hier und da im Gebälk.«

»Ja, das ist klar. Aber ich meinte eher Sachen, die sich über längere Zeit hinziehen. Der Dreck unter dem Teppich, wenn du verstehst, was ich meine.«

Der Reporter kratzte sich am Ohr. »Hm.« Er sah Bob mit verkniffenem Gesicht an. »Aber das bleibt unter uns, ja? Schreiben kann ich darüber sowieso nicht, aber mein Boss würde mir auch den Hals umdrehen, wenn bekannt würde, dass ich irgendwelche Gerüchte gestreut habe.«

»Natürlich!«, versicherte Bob und überlegte gleichzeitig, was er dann mit der Information anfangen sollte, wenn er sie nicht verwenden durfte.

»Also, man munkelt schon längere Zeit, dass sich in der Mannschaft eine Fraktion von Spielern gegen Jeffrey Seaman zusammenrottet, den Kapitän.«

Bob wurde hellhörig. »Ich weiß, wer das ist.«

»Sie wollen Seaman absägen. Er würde sich zu wenig in den Dienst der Mannschaft stellen, immer sein eigenes Süppchen kochen, seine Popularität zu sehr raushängen lassen und so weiter. Und ehrlich gesagt«, Severiano wippte mit dem Stift in seiner Hand, »ich kann sie verstehen. Seaman ist wirklich kein Sonnenschein und als Mannschaftskapitän denkbar ungeeignet.«

»Und weißt du, wer der Anführer dieser Gruppe ist? Wer ist die treibende Kraft?«

Severiano musterte Bob noch einmal eingehend. Dann seufzte er und sagte: »Es ist der Torwart.«

»Al Mackintosh?«
»Genau der.«

Justus hatte nicht lange überlegen müssen. Das größte Wettbüro in Rocky Beach befand sich in der Stadtmitte. Er war schon oft genug daran vorbeigefahren.
Der Erste Detektiv stellte sein Rad draußen in den Fahrradständer und ging hinein. Das Büro sah von innen eher aus wie die Schalterhalle eines Bahnhofs. An den Wänden hingen zahlreiche Bildschirme, auf denen im Moment ein Pferderennen zu sehen war, in der Mitte des Raumes befanden sich Stehtische, die vor Wettscheinen aller Art geradezu überquollen, und entlang der linken Wand erstreckte sich ein langer Tresen, hinter dem drei Angestellte die Wetten entgegennahmen. Justus ging auf einen der drei, einen jungen Mann mit grasgrün gefärbten Haaren, zu.
»Hallo.«
»Hast du dich verlaufen?« Er sah Justus skeptisch an.
»Ähm, mein Vater schickt mich. Ich soll fragen, was im Moment an Wetten auf die Fußballnationalmannschaft läuft.« Justus hatte sich für diese Notlüge entschieden, und er hoffte, dass er damit durchkam. Denn da er noch keine achtzehn war, hätte er sich hier drin gar nicht aufhalten, geschweige denn wetten dürfen.
»Aha. Dein Vater?« So ganz überzeugt schien der Buchmacher noch nicht. Aber er drehte dennoch den Monitor seines Computers zu sich her und tippte etwas in die Tastatur. »Mal sehen … hm. Also da wären natürlich zunächst die noch ausstehenden Spiele, dann Platzwetten –«
»Äh, Platzwetten, hat Daddy gesagt, würden ihn interessieren«, fiel Justus dem Mann ins Wort. »Wie steht's denn da um die unseren?«

Der Mann schürzte die Lippen und bewegte die Maus. »Wie zu vermuten war. Sie sind der Favorit. Die Wetten auf einen Turniersieg stehen trotz des Debakels von heute Morgen immer noch auf 1 : 2,4.«
»Und auf den letzten Platz?«
»Eine Wette auf den letzten Platz?« Der Angestellte sah Justus verwundert an. »Dein Vater will darauf wetten, dass wir Letzter werden?«
»Ich soll fragen, hat er gesagt.« Justus gab sich betont ratlos.
»Tja, also.« Der Buchhalter klickte ein paarmal die Maustaste. »Dafür bekommt man im Moment 12 für einen. Aber«, er pfiff leise durch die Zähne, »wer gestern schon wusste, wie schwach wir auf der Brust sind, und auf den letzten Platz getippt hat, bekäme 22 für einen!«

Ernesto da Silva. So hieß der Paparazzo. O'Brian wusste sofort, von wem Peter sprach, als der ihn auf die Szene beim Training ansprach. Der Manager hatte selbst schon Erkundigungen eingezogen und sich bei den *Brand News* beschwert, der Zeitung, für die da Silva arbeitete.
Peter kannte das Revolverblatt. Es war dafür berüchtigt, allen möglichen Klatsch und Tratsch zu verbreiten, der sich in Los Angeles und Umgebung auftreiben ließ. Ein Blick ins Telefonbuch und er wusste, wohin er fahren musste. Fünfzehn Minuten später parkte er seinen MG vor dem schäbigen Redaktionsgebäude des Blattes in Sherman Oaks und ging hinein.
»Zu Mr da Silva, bitte?«, fragte er die Empfangsdame, eine völlig überschminkte Blondine mit einem Pudel auf dem Kopf. So zumindest empfand Peter ihre Frisur.
»Zweiter Stock, rechts den Gang runter, Schätzchen.« Ihre Stimme klang nach mindestens zwei Schachteln Zigaretten am Tag.

»Danke.« Peter drehte sich um und sprang die Treppe hinauf. Er fand da Silva im Plausch mit seinen Kollegen am Kaffeeautomaten. Der Reporter war unverkennbar südamerikanischer Herkunft, groß, stark und roch nach Alkohol. Erst schenkte er Peter kaum Beachtung. Aber als der Zweite Detektiv, der sich als Reporter der Schülerzeitung ausgab, die Fußballnationalmannschaft erwähnte, wurde der Mann plötzlich sehr freundlich. Er bat ihn in ein Besprechungszimmer, das Peter eher wie eine Abstellkammer vorkam, bot ihm einen Stuhl an und schloss die Tür.

Kaum jedoch, dass der Zweite Detektiv Platz genommen hatte, trat da Silva neben ihn und packte ihn am Kragen. »Pass auf, Bürschchen!«, fuhr er ihn an und hauchte ihm eine Fahne des billigsten Brandys ins Gesicht. »Das ist meine Story, kapiert! Wenn du deine hübschen Fingerchen da nicht rauslässt, dann breche ich sie dir. Jeden einzeln! Ist das klar?«

»Dann bricht er sie dir? Das hat er gesagt?« Justus sah Peter erstaunt an, und Bob stieß einen Laut der Überraschung aus. Die drei ??? saßen in der Zentrale und berichteten von ihren Erkundigungen. Peter war als Letzter dran gewesen.

»Das hat er gesagt.« Peter nickte.

»Du meine Güte!«

»Und der hat von sich aus von einer *Story* gesprochen, ohne dass du vorher etwas in der Richtung gesagt hättest?«, wollte Bob wissen.

»Ja.«

»Aber worum es bei dieser Story gehen soll, weißt du nicht?«

Peter machte große Augen. »Hätte ich ihn das noch fragen sollen? ›Hey, Mr da Silva‹«, sagte der Zweite Detektiv betont freundlich, »›verraten Sie mir vielleicht für einen gebrochenen Finger, wem oder was Sie da auf der Spur sind?‹«

Justus klickte versonnen mit dem Kugelschreiber in seiner Hand. »Ich denke, das ist auch egal.«
»Egal?« Peter schaute Justus überrascht an. »Aber solche Blätter brauchen doch immer eine reißerische Story. Vielleicht hat da Silva diesmal ein bisschen nachgeholfen?«
»Er soll die Vorfälle inszeniert haben?«
»Ja, warum nicht?«
»Weil dann davon sicher schon etwas in der Zeitung gestanden hätte«, wandte Justus ein. »Nein, von welcher Story dieser Mann auch immer gesprochen haben mag, mit unserem Fall hat es wohl nichts zu tun.«
»Und die Sache mit Mackintosh?« Bob schürzte die Lippen.
Justus schüttelte den Kopf. »Dein Bekannter hat dir ja auch erzählt, dass Stygers und McNash wahrscheinlich zu der Gruppe gehören, die gegen Seaman ist. Wieso sollte also Mackintosh gegen die etwas unternehmen?«
»Weil sie abtrünnig geworden sind?«
»Ach, ich weiß nicht.« Justus machte ein unzufriedenes Gesicht und warf den Kuli unwirsch auf den Tisch. »Und das mit der Wette ist mir auch zu vage. Klar sind 22 für eins viel Geld, aber deswegen schalte ich doch keine halbe Mannschaft aus!«
»Also doch der Fluch der Mumie.« Peter zwang sich zu einem Lächeln. Aber ganz so spaßig meinte er es gar nicht.
Justus seufzte. »Das ist der letzte Anhaltspunkt, der mir im Moment noch einfällt. Wir sollten uns mal das Museum beziehungsweise die Ausstellung ansehen. Viel erhoffe ich mir davon zwar nicht, aber –«
In diesem Moment flog die Tür der Zentrale auf.
»Gott sei Dank!« Tante Mathilda platzte völlig aufgelöst herein. »Ich befürchtete schon, hier wäre abgeschlossen, nachdem ich mich durch diesen Tunnel gezwängt habe. Ich muss mich hinsetzen!«

Mit einem lauten Seufzer ließ sie sich in einen der Sessel fallen. Die drei Jungen sahen sie verdattert an.
»Hallo, Tante Mathilda.« Justus fand als Erster wieder Worte. Er lächelte verschwommen. »Können wir etwas für dich tun?«
»Nein.« Tante Mathilda winkte erschöpft ab. »Lasst mich einfach nur hier sitzen. Beachtet mich gar nicht, macht einfach weiter, Hausaufgaben oder womit auch immer ihr gerade beschäftigt wart. Ich muss mich ein bisschen ausruhen.«
»Ausruhen? Hier? Wieso?« Peter starrte sie an.
Tante Mathilda deutete vage in Richtung Haus und rollte mit den Augen. »Abigail. Überall sieht und hört sie irgendwelche *Dahingegangenen*!« Sie spie das Wort förmlich aus. »Das ganze Haus ist voll davon. Ich brauche einfach mal eine Pause. Sonst werde ich noch verrückt.«

Das Grauen in den Katakomben

Die drei ??? verabredeten sich für den nächsten Nachmittag im Archäologischen Museum. Bob musste vormittags ein paar Stunden in der Musikagentur von Sax Sendler arbeiten, wo er sich sein Taschengeld aufbesserte, Justus musste Abigail zum Santa Monica Pier begleiten, wo eine neue Wahrsagerin ihre Zelte aufgeschlagen hatte, und Peter war im Stadion. Die Mannschaft hatte ihr zweites Spiel, diesmal gegen Frankreich. Der Zweite Detektiv fuhr mit dem Rad zum Stadion, schob es durch den Spielereingang und lehnte es an ein Stahlgitter. Hier drin musste er es nicht absperren. Dann machte er sich auf den Weg zu den Umkleidekabinen.

Doch als er durch die Katakomben lief, hörte er schon von Weitem, dass sich irgendwo Leute stritten. Genauer gesagt, war es kein Streit, sondern jemand redete und schrie heftig auf einen anderen ein. Und dieser Jemand war noch dazu eine Frau!

Eine Frau hier unten im Spielerbereich? In den Katakomben? Peter runzelte verwundert die Stirn und beschleunigte seine Schritte.

Als er dem Geschrei näher kam, verstand er einzelne Wörter und Wortfetzen, die vorher im Labyrinth der Katakomben unverständlich verhallt waren. Und ihm wurde klar, dass sich hier keineswegs eine französische Spielergattin so furchtbar aufregte. Die Frau schrie auf Englisch.

Er bog um die letzte Ecke. Die Tür zur Kabine der Amerikaner stand sperrangelweit auf. Einzelne Spieler trieben sich auf dem Gang herum, feixten, kratzten sich verlegen am Kopf, hörten gebannt zu.

»Was glaubst du, wie ich dastehe?« Die Stimme der Frau über-

schlug sich bei dem *da.* »Die lachen doch schon alle über mich!«
Peter ging noch ein paar Schritte weiter, um in die Kabine sehen zu können.
»Ich würde da jetzt nicht reingehen«, raunte ihm Max zu.
Peter lugte dennoch um die Ecke.
»Was ist denn nur los mit dir? Morgen Abend präsentiere ich meine neueste Kollektion, und ich habe keine Lust, dass alle hinter meinem Rücken tuscheln!«
Eine modisch bis ins Letzte aufgedonnerte blonde Frau stand vor Seaman, der wie ein Häufchen Elend auf der Bank saß. Sie stützte die manikürten Hände in die Hüften, stemmte ihre lila Pumps in den Fliesenboden und funkelte ihn an.
»Seine Göttergattin.« Carter verzog das Gesicht und schüttelte die Hand, als habe er sie sich verbrannt. »Ist auf 180.«
»Du läufst da draußen herum, als wärst du, als wärst du … so kann ich mich doch nicht sehen lassen!«, keifte Mrs Seaman.
Peter verstand die Logik der Aussage zwar nicht ganz, aber die Frau war wirklich wütend. Das war offensichtlich.
Seaman hob beschwichtigend die Hände. »Aber Schatz, ich kann doch –«
»Aber Schatz, aber Schatz, aber Schatz! Spar dir dein ›Aber Schatz‹! Spiel lieber vernünftig Fußball, und schleich nicht wie eine blinde Träne über den Platz!« Mrs Seaman machte auf ihren vergoldeten Pfennigabsätzen kehrt, hob das Kinn und rauschte aus der Kabine.
Einige Spieler und Peter sahen ihr sprachlos hinterher. Dem zweiten Detektiv wurde jetzt erst klar, dass Seaman seiner Frau nichts von seinen wahren Problemen erzählt haben konnte. Sonst wäre sie vermutlich nicht so mit ihm umgesprungen.
Carter ging auf seinen Spieler zu und legte ihm die Hand auf die Schulter. »Kopf hoch, Jeff, wird schon wieder.«

Seaman lächelte verlegen.
Fünfzehn Minuten später liefen die beiden Mannschaften auf den Platz. Sie posierten für die Pressefotos, stellten sich in einer langen Reihe auf, um den Nationalhymnen zu lauschen, und dann nahmen die Spieler wieder ihre Positionen ein. Das Spiel konnte beginnen.
Peter saß wie beim letzten Mal ganz außen auf der Auswechselbank. Seine Aufgabe war es, immer für genügend Getränke zu sorgen. Als er die Trinkflaschen so nahe wie möglich am Spielfeldrand aufgestellt hatte, wandte auch er sich dem Spielgeschehen zu.
Die Mannschaft ging heute etwas konzentrierter zu Werke als beim letzten Mal. Offenbar wollte man sich rehabilitieren und die Blamage vom letzten Spiel vergessen machen. Doch nach einiger Zeit konnte Peter deutlich beobachten, dass sich die Spielanlage der Amerikaner veränderte. Ihr Schwerpunkt verlagerte sich von der Mitte auf die Außenpositionen. Immer mehr Angriffe liefen über die Flügel, Bälle durch die Mitte wurden immer seltener.
»Habt ihr umgestellt?«, fragte er Perry, der neben ihm saß, und deutete auf das Spielfeld.
Der Co-Trainer nickte. »Zwangsläufig. Wir haben den Spielern gesagt, dass sie über die Flügel gehen sollen, falls Seaman wieder so einen rabenschwarzen Tag erwischt. Natürlich, als er nicht dabei war. Und sieh ihn dir doch bloß an.« Perry zeigte auf Seaman, der am Mittelkreis stand. »Als hätte er Blei in den Schuhen.«
Peter schaute zu dem Kapitän und beobachtete ihn eine Zeitlang. Perry hatte recht. Seaman war zwar bemüht, am Spielgeschehen teilzunehmen, aber mehr auch nicht. Sein Bewegungsradius war äußerst begrenzt, seine Pässe kamen selten an, sein Einsatz ließ immer noch sehr zu wünschen übrig. Auch die

Gardinenpredigt seiner Frau war also spurlos an ihm vorbeigegangen. Aber Peter wusste ja, wieso.
»Nehmt ihr ihn raus?«, wollte der Zweite Detektiv von Perry wissen.
»Warte!« Der Co-Trainer und auch der Rest der Bank sprang auf und sah zum gegnerischen Tor. Eine Flanke von links hatte Luc, der Mittelstürmer, volley genommen und einen Kracher an den Pfosten gesetzt. Und im Getümmel, das danach im Strafraum entstanden war, hatte Max den Ball erobern können. Er drehte sich um einen der Franzosen, zog aus neun Metern ab und drosch den Ball halbhoch ins Netz.
»Tor!«, brüllte Perry Peter ins Ohr und schüttelte ihn einmal kräftig durch.
Das Stadion tobte, die Spieler auf dem Platz rissen die Arme hoch, und ein paar jagten Max hinterher. Der war nämlich zur Eckfahne gerannt, riss sie jetzt aus dem Boden und schwenkte damit hin und her. Dafür würde er zwar, wie Peter wusste, eine gelbe Karte bekommen, aber da er noch nicht vorbelastet war, war das nicht so gravierend. Obwohl Carter so etwas natürlich trotzdem nicht gerne sah und Spieler wegen solcher Regelübertretungen immer zur Kasse bat.
Nach dem 1 : 0 beruhigte sich das Spiel erst einmal. Es gab ein paar Chancen auf beiden Seiten, aber Tore fielen keine.
Bis kurz vor der Halbzeit. Seaman hatte einen weiten Abwurf von Mackintosh gestoppt und sah sich jetzt nach einer Anspielmöglichkeit um. Und sah sich um. Und sah sich um.
»Vorsicht!«, brüllte Ewen, der linke Verteidiger, der keine zehn Meter von Peter entfernt stand.
»Hintermann!«, schrie auch Perry.
»Jeff!«
Doch als Seaman reagierte, war es bereits zu spät. Der französische Angreifer war heran und schnappte sich den Ball. Und

als Seaman müde antrabte, war er bereits allein auf dem Weg zum Tor.
Al Mackintosh verließ sein Gehäuse und kam mit ausgebreiteten Armen auf den Stürmer zu. Doch dem reichte eine Körpertäuschung, dann war er an dem Keeper vorbei. Noch bevor der Ball im Netz zappelte, riss er schon jubelnd die Arme hoch.
Lange Gesichter auf der Bank. Keiner sagte etwas. Aber sämtliche Blicke waren auf Seaman gerichtet. Und sie waren alles andere als freundlich.
Den Weg in die Halbzeitpause trat Seaman alleine an. Keiner seiner Mitspieler gesellte sich zu ihm. Einige redeten miteinander und sahen wütend zu ihrem Kapitän. Aus dem Publikum waren Pfiffe zu hören.
Carter kam erst in der Kabine auf Seaman zu. Peter konnte nicht hören, was gesprochen wurde, aber er sah, dass der Trainer eindringlich auf ihn einredete. Der hingegen nickte nur abwesend und trank ab und zu einen Schluck aus seiner Flasche.
Dann sollte die zweite Halbzeit beginnen. Die Spieler verließen die Kabine. Gedämpftes Gemurmel, die Stollen klackten auf dem Betonboden. Seaman war einer der Letzten. Hinter ihm folgten nur noch Perry und Peter.
Plötzlich erloschen die Neonröhren an der Decke. Und ein paar Sekunden später kroch ein Licht in den Gang. Von links, da, wo es tiefer in die Katakomben ging. Ein unwirkliches Licht, fahl, grau.
Die vordersten Spieler bekamen davon nichts mit und gingen bereits aufs Feld. Aber Peter und Perry drehten sich zu dem Licht um. Auch Seaman.
Und dann glitt er hinter der Ecke hervor. Ein großer, schwarzer Schatten, ein Riese, eine Gestalt, die nicht von dieser Erde war! Ein Mensch, ein Schakal, ein Schakalmensch!
Auf einer blutroten Toga thronte ein gewaltiger Schakalkopf.

Blau-goldene Hals- und Schläfenplatten umrahmten seine nassen Lefzen, das Maul war leicht geöffnet, die Zähne blitzten im bleichen Licht.
Doch es waren die Augen, die alle paralysierten. Zu Strichen verengt, brannte hinter ihnen ein gelbes Feuer. Keine Lider, keine Pupillen.
Perry, Peter und Seaman waren gelähmt vor Entsetzen. Unfähig, auch nur einen Muskel zu bewegen, starrten sie den Schakalmenschen an. Andere Spieler drehten sich jetzt ebenfalls um, auch sie erstarrten im Grauen.
»Du!« Eine Stimme, die nichts Menschliches an sich hatte. »Du!« Die Toga hob sich. Eine Hand kam darunter hervor. Wie eine Schlange entrollte sich ein Finger und zeigte mit einer spitzen Kralle auf Seaman. »Du!«

Ab in den Müll!

Das Licht erlosch, als wäre es in einen Abgrund gefallen. Tiefste Dunkelheit verschluckte den Schakal. Nichts war mehr zu hören, kein Rauschen, keine Schritte, nichts. Der Spuk war so plötzlich vorbei, wie er gekommen war.

Schweigen. Für einige Sekunden herrschte entsetztes, verwundertes, ungläubiges Schweigen.

»Hey … was war denn … das?« Ewen versuchte, amüsiert zu klingen. Aber seine Stimme wackelte.

»Ist heute Halloween?« Max trat ein paar Schritte nach vorne und schob Peter zur Seite. Aber ganz bis zur Ecke ging auch er nicht.

»Mach doch mal einer das Licht an!«

»Hey, was ist eigentlich los dahinten? Kommt ihr? Das Spiel geht weiter!«

»Jetzt warte doch! Gleich!«

»Habt ihr das gesehen?«

»Das war ja 'ne Type!«

»Licht!«

»Ja doch, ich find den Schalter nicht.«

»Los, hinterher! Den kaufen wir uns!«

»Leute, wir haben ein Spiel!«

Langsam wichen das Erstaunen und die Beklemmung der Spieler und machte Neugier und Belustigung Platz. Im Gang entstand ein regelrechter Tumult. Die einen drängten in die Katakomben, um dem Schakal zu folgen, die anderen wollten aufs Spielfeld, einer machte das Licht an dieser Stelle an, ein anderer an jener Stelle wieder aus. Überall wurde geschoben, gerufen, gelacht. Ein einziges Durcheinander.

Ein schriller Pfiff ertönte. »Mein Herren, wären Sie wohl bitte

so freundlich?« Der Schiedsrichter stand am Ausgang zum Spielfeld und winkte die Spieler heraus. »Wir würden dann gerne weitermachen.«
Nur langsam entwirrte sich das Spielerknäuel und bewegte sich Richtung Ausgang. Peter warf einen letzten Blick zur Ecke. Er war noch immer wie vor den Kopf geschlagen und hatte überhaupt keine Erklärung für das, was da eben passiert war. Dann drehte er sich um und folgte der Mannschaft.
Noch während sie auf das Spielfeld liefen, redeten die Spieler miteinander, lachten, schüttelten ihre Köpfe. Dann endlich waren alle bereit, und es konnte weitergehen. Der Schiedsrichter nahm seine Pfeife in den Mund.
»Hey, Moment mal!« Carter stellte sich auf die Zehenspitzen und überblickte die Mannschaft. »Da fehlt einer. Jeff! Wo ist denn Jeff?«
»Seaman?« Perry deutete zum Mittelkreis. »Da steht er doch – nein!« Sein Blick raste über das Spielfeld. »Du hast recht, Ruby! Jeff ist nicht da!«
Peter stockte der Atem. Seaman war nicht mit herausgekommen! Was hatte das zu bedeuten? Während Carter armeschwenkend auf den Schiedsrichter zulief, rannte der Zweite Detektiv wortlos in die Katakomben.
»Wo willst du hin?«, rief Perry ihm nach.
Doch Peter antwortete ihm nicht. Von einer bangen Vorahnung getrieben, hetzte er durch den überdachten Plexiglastunnel und tauchte dann ins Halbdunkel der betonierten Gänge. Er flog eine Treppe hinauf, raste um zwei Ecken und stand vor der Umkleidekabine.
Ohne anzuhalten, riss er die Tür auf. Seaman war nicht drin. Auf seiner Bank lag seine Sporttasche, zerwühlt, halb umgekippt. Peter wirbelte herum und rannte weiter.
Die Katakomben führten in mehreren Windungen unter der

Haupttribüne zum Ein- und Ausgang für die Spieler und Athleten. Der Zweite Detektiv kannte den Weg ganz genau, er musste keine Sekunde überlegen. Dennoch dauerte es mehr als eine Minute, bis er hinaus auf den kleinen Parkplatz stolperte, den man für die Sportler und Betreuer vom übrigen Parkgelände abgetrennt hatte.

Peter sah sich hektisch um. Da! Ein schwarzer Schatten flitzte auf die Ausfahrt zu. Seamans Porsche! Peter winkte, wollte ihm etwas zurufen. Aber das wäre sinnlos gewesen. Seaman hätte ihn nicht gehört.

Dem Zweiten Detektiv schossen tausend Gedanken durchs Hirn. Was war hier los? Wieso floh Seaman Hals über Kopf? Und was sollte er jetzt tun? Zurücklaufen? Die anderen verständigen? Aber wozu? Sie wussten sicher auch nicht, wo er hinwollte und warum er so überstürzt aufgebrochen war, vor wem er floh. Oder verfolgte er jemanden?

Verfolgen!

Peter riss die Augen auf. Er drehte sich um und jagte zurück in die Katakomben. Er wusste, dass seine Chancen minimal standen. Aber wenn er Glück hatte und der Verkehr dicht genug war, konnte er Seaman auf den Fersen bleiben. Auf seinem Fahrrad! An dem Stahlgitter angekommen, an das er es gelehnt hatte, riss er das Mountainbike herum. Die Hände auf dem Lenker lief er ein paar Schritte nebenher und schwang sich im Laufen auf den Sattel. Dann trat er in die Pedale, was seine Beine hergaben.

Seaman musste erst den großen Parkplatz durchqueren, bevor er die Straße erreichte. Peter sah den niedrigen Porsche nur immer, wenn er in den Lücken zwischen den parkenden Autos auftauchte. Aber das reichte, um ihn im Auge zu behalten. Und er hörte ihn auch. Seaman raste mit quietschenden Reifen um jede Ecke.

Peter ging aus dem Sattel. Das Rad hin- und herwerfend preschte er über den Parkplatz. An zwei Stellen konnte er abkürzen, weil dort dicke Pfosten den Wagen die Durchfahrt versperrten.
Seaman war dennoch schneller. Als Peter noch gut hundert Meter hinter ihm war, schoss er mit seinem Porsche aus der Ausfahrt. Funkensprühend setzte der Wagen auf dem Asphalt auf und bog in die Straße ein. Der Motor jaulte jäh auf.
Zehn Sekunden später hatte auch Peter die Stelle erreicht. Ohne nach links zu sehen, sprang er mit dem Rad über den Bordstein. Ein hässliches Bremsgeräusch ertönte hinter ihm. Peter achtete gar nicht darauf.
Ein Blick nach vorne. Die nächste Ampel war einen Block entfernt. Und stand auf Rot!
Peter sah die Bremslichter des Porsche aufleuchten. Ein paar Wagen standen bereits an der Kreuzung. In ihm keimte Hoffnung auf. Wenn die Ampel noch ein paar Sekunden auf Rot blieb, dann ...
Sie sprang um. Gelb. Grün. Bis auf zwanzig Meter war Peter an Seaman herangekommen, dann fuhr der Porsche mit durchdrehenden Reifen an. Seaman scherte sofort aus und flog an den neben ihm fahrenden Autos vorbei.
»So ein Mist!«
Der Zweite Detektiv legte sich auf sein Rad, um dem Wind möglichst wenig Widerstand zu bieten, hielt den Kopf gesenkt und trat noch fester in die Pedale. Doch er musste auch immer wieder nach vorne schauen. Wo fuhr Seaman hin?
Rechts. Er bog rechts ab.
Für ein paar Sekunden verlor ihn Peter aus den Augen. Aber als er um die Kurve gesaust war, sah er ihn. Er stand! In einem Stau! Nein, es war eher ein stockender Verkehr. Im Schritttempo schob sich die Blechlawine nach vorne.

Peter zwängte sich zwischen den Autos hindurch. Am Außenspiegel eines Mercedes blieb er kurz mit dem Ärmel hängen.
»Hey, du Nase. Pass doch auf!«, schrie ihm der Fahrer durch das offene Fenster hinterher.
»'Tschuldigung!« Peter drehte sich nicht einmal um.
Die Lücke zwischen dem Müllaster und dem Bus war zu schmal. Peter musste die Spur wechseln. Seaman war noch fünf Autos von ihm entfernt. Sein Wagen wurde zwar fast vollständig von einem gelben Hummer mit goldenen Stoßstangen verdeckt, der hinter ihm stand, aber Peter konnte einen Teil des rechten hinteren Kotflügels sehen.
Da leuchtete der Blinker des Porsche auf. Rechts.
Rechts? Wo wollte er hin? Rechts war nichts. Nur der Bürgersteig.
Und im nächsten Moment holperte der Porsche über den Randstein, schob sich zwischen zwei Parkuhren hindurch und bog auf den Fußgängerweg ein. Entgeistert, schimpfend, rufend sprangen die Leute zur Seite.
Peter konnte kaum glauben, was er sah. Doch er hatte keine Zeit zum Nachdenken. Kurz entschlossen lenkte auch er sein Rad auf den Bürgersteig und jagte hinter dem Porsche her, verfolgt von den wüsten Beschimpfungen der Fußgänger. Und einem angebissenen Apfel, den ihm jemand hinterherwarf.
An der nächsten Seitenstraße fuhr Seaman wieder auf die Fahrbahn. »Venice Beach« las Peter auf dem Hinweisschild. Wollte Seaman nach Venice Beach? Wieso? Der Zweite Detektiv wich einem angeleinten Pekinesen aus, rumpelte zum x-ten mal über den Bordstein – und wäre fast in Seamans Porsche gekracht! Der Wagen stand an einem Zebrastreifen, den gerade eine Gruppe Kindergartenkinder überquerte. Peter griff in die Bremsen und kam genau neben dem Fahrerfenster zum Stehen.
»Mr Seaman!« Er klopfte an die Scheibe. »Mr Seaman!«

Seaman drehte den Kopf und schaute zu Peter. Aber er sah ihn nicht. Sein Blick ging durch Peter hindurch. Leer, gläsern, voller Angst.
»Mr Seaman!«
Die Kinder waren über die Straße, der Porsche fuhr an. Peter fluchte, stieg in die Pedale und überlegte, was er jetzt tun sollte.
Doch da wurde ihm eine weggeworfene Dose zum Verhängnis. Er hatte sie nicht gesehen und fuhr mit dem Vorderreifen so unglücklich über sie hinweg, dass das Rad ins Schlingern geriet und er das Gleichgewicht verlor. Mit einem erschrockenen Schrei auf den Lippen flog er aus dem Sattel und landete in ein paar Müllsäcken, die neben der Straße standen.

Goldene Ungereimtheiten

Peter rappelte sich auf. Einer der Müllsäcke war geplatzt. Mit der Hand steckte der Zweite Detektiv halb in einer leeren Milchtüte, am Ärmel klebte ihm ein Fischskelett, und über seine Hose ergossen sich die Reste einer Rotweinflasche.

»Na prima.«

Und sein Rad und damit die weitere Verfolgung Seamans konnte er vergessen. Der Vorderreifen drehte sich immer noch um die Achse, wies allerdings einen wunderschönen Achter auf.

»Super!«

»Junge, ist mit dir alles in Ordnung? Hast du dir wehgetan?« Eine alte Dame mit einem Gehwägelchen war stehen geblieben und sah Peter besorgt an.

»Nein, danke. Geht schon. Nichts passiert.« Er stand auf und klopfte sich den gröbsten Schmutz aus den Kleidern.

»Du solltest besser aufpassen. Du hättest dich schwer verletzen können.«

»Ja, ich weiß.« Peter dachte eine Sekunde nach und fragte dann mit verkniffenem Gesicht: »Sie haben nicht zufällig ein Handy, das ich mir mal kurz leihen könnte?«

»Ein was?«

»Ein Mobiltelefon.«

»Was ist das denn?«

Peter lächelte resigniert. »Nicht so wichtig. Danke noch einmal für Ihre Anteilnahme. Auf Wiedersehen.« Er nickte, nahm sein Rad und schob es auf den Bürgersteig.

Er brauchte ein Telefon. Dringend. Er musste Justus und Bob Bescheid sagen. Vielleicht hatten sie eine Idee, was jetzt zu tun wäre. Außerdem musste ihn jemand abholen.

Aber woher auf die Schnelle ein Telefon nehmen? Zumal er

auch kein Kleingeld hatte und damit die Münzfernsprecher vergessen konnte.
Er versuchte es bei ein paar Passanten.
»Entschuldigen Sie, mein Rad ist kaputt und ich müsste mal zu Hause anrufen, damit –«
»Verzieh dich, Junge.«
»Tut mir leid, wären sie wohl so freundlich, mir mal –«
»Keine Zeit.«
»Guten Tag, ich müsste nur mal ganz kurz –«
»Lass dir was Besseres einfallen.«
Ein hübsches, braunhaariges Mädchen hatte letztlich ein Einsehen mit Peter. Sie kramte ein pinkfarbenes, mit Glitzersternchen übersätes Handy aus ihrer Einkaufstasche und hielt es ihm lächelnd hin. »Hier.«
»Danke.« Peter lächelte zurück und wählte hastig die Nummer der Zentrale. Vielleicht war Justus schon wieder zurück.
»Ich heiße übrigens Catharina.« Das Mädchen legte den Kopf schief und drehte ihre langen Locken um den Finger.
»Peter.« Er zwinkerte ihr zu.
Justus war da. Und obwohl Peter am Telefon nicht viel mehr sagte, als dass er sofort mit Bob vorbeikommen und ihn abholen müsse, zögerte der Erste Detektiv keine Sekunde. Die Art, wie Peter gesprochen hatte, ließ für ihn keinen Zweifel daran, dass es wichtig war. Sehr wichtig.
Zwanzig Minuten später bog Bob um die Ecke. Peter, der sein defektes Rad an eine Parkuhr gesperrt hatte, war in ein Gespräch mit Catharina vertieft. Doch als er den gelben Käfer sah, verabschiedete er sich schnell von ihr.
»Ich muss los! Danke dir noch mal!«
»Gern geschehen. Und lass was von dir hören, ja? Meine Nummer hast du ja.«
»Mach ich!«

Peter stellte sich an den Straßenrand und winkte. Bob fuhr rechts ran und machte die Tür auf.
»Was ist los, Zweiter?« Justus beugte sich zwischen den Sitzen nach vorne. »Du hast dich ziemlich nervös angehört.«
»Nervös ist gut.« Peter sprang ins Auto und schlug die Tür zu. Während sich Bob wieder in den Verkehr einreihte, berichtete der Zweite Detektiv seinen beiden Freunden in kurzen Worten, was geschehen war.
»Du machst Witze?« Bob sah seinen Freund entgeistert an.
»Nein, wenn ich's doch sage! Sieh lieber auf die Straße.« Peter deutete nach vorne. »Diese Gestalt stand wirklich da. Ein Schakal. In den Katakomben. Augen aus Feuer, Geisterstimme. Kannst jeden fragen.«
»Und du sagst, er hatte eine rote Toga an und blau-goldene Hals- und Brustplatten?« Justus schaute Peter aufmerksam an.
»Genau.«
Der Erste Detektiv ließ sich zurücksinken. »Anubis.«
»Was?«
»Dieser ägyptische Totengott?« Bob blickte Justus durch den Rückspiegel an.
»Den meine ich. Wobei er, um genau zu sein, nicht der ägyptische Totengott ist, denn das ist Osiris. Anubis ist der Gott der Totenriten oder der Richter der Toten, je nachdem. Zu seinen Aufgaben gehört es –« Justus schnellte nach vorne. »Moment mal!«
»Was ist?«
»Das Bild!«
»Welches Bild?«
»Das Bild, das Seaman ersteigert hat! Als ich ihn zum ersten Mal gesehen habe. Auf dieser Auktion.«
»Was ist damit?«
»Da war ein ägyptisches Totengericht drauf! Osiris, Isis und –

Anubis. Als großer Schakal. Mit einer blutroten Toga und einer blau-goldenen Panzerung!«

»Der Schakal war auf dem Bild?«

»Ja doch!«

»Aber warum taucht der dann –«

»Kollegen!«, rief Bob dazwischen. »Venice! Venice Beach!«

Justus machte große Augen und zeigte aufgeregt mit dem Finger auf Bob. »Genau, dritter! Das könnte sein!«

»Hä?« Peter verstand gar nichts. »Kann mir mal einer sagen, was los ist?«

»Das Bild!«

»Ja? Und?«

»William de Haas!«

»Ich versteh nur Bahnhof.« Peter warf die Hände in die Luft.

Justus verdrehte die Augen. »Peter, du hast uns doch gerade erzählt, wohin Seaman gefahren ist, als du ihn aus den Augen verloren hast.«

»Als ich Müll in die Augen bekam, um genau zu sein. Ja, Richtung Venice Beach ist er gefahren, und?«

»Und dort hat sein Freund William de Haas eine Galerie. Großer Raum! Bilder! Alles klar?«

Peter runzelte die Stirn. »Ihr denkt, Seaman ist auf dem Weg dorthin?«

»Wäre unter Umständen möglich. Ist zumindest einen Versuch wert.« Justus wandte sich Bob zu. »Weißt du noch, wo die Galerie von de Haas ist?«

»So ungefähr.«

Fünfzehn Minuten später waren sie in Venice, und nach einigem Nachfragen hatten sie die Galerie gefunden. Sie lag parallel zur Strandpromenade in einer kleinen Seitenstraße. Seamans Porsche war jedoch weit und breit nicht zu sehen, obwohl genügend Parkmöglichkeiten vorhanden waren.

»Lasst uns mal reinschauen«, schlug Justus vor.
Bob nickte und stellte den Käfer vor der Galerie ab. Sie stiegen aus und gingen hinein.
Niemand war zu sehen.
»Hallo? Jemand da?«, rief Peter.
»Komme sofort«, ertönte eine Stimme aus dem hinteren Teil der Galerie.
Kurz darauf hörten sie Schritte, und dann stand de Haas vor ihnen. Er sah sie neugierig an. »Hallo. Kenne ich euch nicht?« Er reichte jedem die Hand.
»Wir sind uns gestern kurz vor Mr Seamans Haus begegnet«, sagte Justus.
»Ah ja, jetzt erinnere ich mich. Tut mir leid, aber ich sehe so viele Menschen am Tag.« De Haas lächelte einnehmend und tippte sich an die Stirn. »Da fällt dann schon mal was durchs Raster.«
»Kein Problem.« Justus winkte ab. Dann fragte er: »Mr Seaman war nicht zufällig eben hier?«
De Haas schaute ihn überrascht an. »Woher wisst ihr das? Wart ihr verabredet?«
»Nein, wir haben nur, wir wollten, wir –«, druckste Peter herum.
»Der war ja merkwürdig drauf!« De Haas wartete Peters Antwort gar nicht ab. »Stürmt hier rein, ohne was zu sagen, rennt zu seinem Bild, sieht es sich fünf Sekunden an und macht sich ohne ein Wort wieder aus dem Staub. Habt ihr einen Schimmer, was mit dem los ist?«
»Sein Bild?«, hakte Bob nach. »Womöglich ein ägyptisches Totengericht?«
De Haas blinzelte verwirrt. »Ihr kennt es? Also irgendetwas geht hier scheinbar ab, von dem ich nicht den Hauch einer Ahnung habe. Ja, dahinten hängt es. Kommt mit.«
Er führte die Jungen in einen anderen Teil der Galerie, und dort

hing genau das Bild an der Wand, das Justus von der Auktion kannte. Und der Anubis darauf glich dem, den Peter gesehen und beschrieben hatte, aufs Haar.
»Kommt es eigentlich öfter vor, das Mr Seaman Kunstwerke ersteigert und diese dann zu Ihnen in die Galerie gibt?« Der Erste Detektiv betrachtete nachdenklich das Bild. Es war wirklich ausnehmend scheußlich.
»Eigentlich nicht«, antwortete de Haas. »Aber Priscilla, seiner Frau, gefiel es nicht. Sie wollte es nicht im Haus haben. Deswegen hat es Jeff zu mir gebracht.«

»Und wohin jetzt?« Bob legte die Hände aufs Lenkrad. »Zu Seaman nach Hause?«
Justus schnallte sich an. »Wir wissen nicht, ob er da ist. Und nach dem Eindruck, den er auf Peter gemacht hat, bezweifle ich, dass der jetzt mit jemandem reden will. Nein, wir fahren erst mal ins Museum. Irgendwie dreht sich hier alles um Ägypten, und vielleicht finden wir dort einen neuen Anhaltspunkt.«
»Okay.« Bob ließ den Käfer an und fuhr los.
»Aber was hat Anubis mit der Mumie zu tun?«, fragte Peter.
»Es ist nicht nur Anubis und die Mumie, die mich an Ägypten denken lassen«, erwiderte Justus. »Vieles, was den Spielern zugestoßen ist, lässt sich mit einiger Phantasie auch als Varianten typisch altägyptischer Flüche deuten, mit denen man Leute belegte, die die Ruhe der Toten gestört haben. Gift spielte dabei zum Beispiel oft eine Rolle.«
»Die Lebensmittelvergiftungen!«
»Genau. Dann wimmelte es in jeder Gruft von Fallen aller Art.«
»Die Gehwegplatte!«
»Richtig, und die Wespen könnte man als Andeutung einer Heuschreckenplage interpretieren, ein damals sehr beliebtes Horrorszenario.«

»Und laut Seaman hat die Stimme ja auch von einem Totengericht gesprochen«, fiel Peter ein.
»Womit wir wieder beim Bild wären.« Justus nickte.
»Aber wer oder was wurde warum mit einem Fluch belegt?« Bob schüttelte den Kopf. »Oder warum soll es zumindest so aussehen?«
»Wegen der Sache mit Nesperamon?« Peter hatte seine Theorie noch längst nicht aufgegeben.
Justus seufzte. »Ich habe keine Ahnung. Überhaupt keine.«
Und auch im Museum kamen die drei Detektive nicht wirklich weiter. Das einzig Merkwürdige, auf das sie zufällig stießen, war ein Zigarettenstummel in einem der zahlreichen großen Ascher. Marke Libre d'ore.

Durch die Blume

»Ich geh schon.«
»Nein, ich geh.«
»Das ist sicher für mich.«
Justus, Tante Mathilda und Onkel Titus sprangen fast gleichzeitig auf, als das Telefon am nächsten Morgen klingelte. Jeder wollte unbedingt rangehen, raus aus der Küche kommen. Denn da saß Abigail.
Tante Mathilda setzte sich schließlich durch, kam aber nach wenigen Sekunden bereits zurück. »Ist für dich, Justus. Peter ist dran«, sagte sie hörbar enttäuscht.
»Danke.« Justus entschuldigte sich bei Abigail und ging hinaus auf den Gang, wo das Telefon stand.
»Peter, du bist meine Rettung! Sag mir, dass Rocky Beach evakuiert werden muss!«
»Was?«
»Vergiss es. Was gibt es?«
»Just, ich hab's schon die ganze Zeit in der Zentrale versucht, aber du –«
»Peter, was ist los?«
»Es ist weg!«
»Was ist weg?«
»Das Bild! Es wurde geklaut!«
Justus sog hörbar die Luft ein. »Seamans Bild? Anubis? Wurde gestohlen?«
»Ja, heute Nacht! Ein Einbruch! Hab's gerade von O'Brian erfahren.«
»Mich laust der Affe!« Justus dachte eine Sekunde nach. »Fahr zur Galerie, Zweiter. Ich informiere Bob. Wir treffen uns dort.«
»Okay.«

Als sich die drei ??? eine halbe Stunde später vor der Galerie begegneten, fuhr die Polizei gerade ab. Peter hatte mit einem der Beamten reden wollen, aber der hatte ihm nichts gesagt. Und de Haas hatte er noch nicht gesehen.

»Sieht mir nach einem recht einfallslosen Einbruch aus.« Justus deutete auf die zerstörte Eingangstür, in deren Rahmen nur noch einige Scherben steckten. Überall am Boden lagen Splitter herum. »Kein Schloss geknackt, keinen Diamantschneider benützt. Die haben einfach nur die Glastür zertrümmert.«

»Die?«

»Oder der, wer auch immer.«

»Aber de Haas hat doch bestimmt eine Alarmsicherung«, gab Bob zu bedenken.

»Wenn es der Einbrecher nur auf das eine Bild abgesehen hatte, war er nach ein paar Sekunden wieder draußen«, erwiderte Justus. »So schnell können die Nachbarn gar nicht die Fenster aufreißen, wie der weg war. Wir sollten de Haas fragen, ob noch etwas fehlt außer dem Anubis-Bild.«

Justus trat auf die kaputte Glastür zu und steckte seinen Kopf durch den zersplitterten Rahmen. »Mr de Haas? Hallo? Sind Sie da?«

Ein Handy am Ohr kam de Haas um die Ecke, nickte den drei Jungen mit dem Finger auf den Lippen zu und sagte dann ins Telefon: »Okay, dann sind Sie in fünfzehn Minuten hier. Ich warte auf Sie.« Er klappte das Handy ein. »Hallo, Jungs. Schöner Schlamassel hier, nicht wahr? Ich habe gerade den Glaser angerufen, damit er mir die Tür erneuert.«

»Wir haben es schon gehört. Bei Ihnen wurde eingebrochen. Mr O'Brian hat uns davon erzählt«, sagte Peter.

»Ah, Patrick.«

»Können wir kurz reinkommen?«, fragte Justus.

»Ja sicher, aber tut euch nicht weh. Passt auf die Splitter auf.«

Vorsichtig stiegen die drei Detektive einer nach dem anderen durch den demolierten Rahmen. Unter ihren Schuhen knirschten die Scherben.

»Was kann ich für euch tun?« De Haas begann schon einmal damit, die großen Scherben aufzuheben und in einen Eimer zu werfen.

»Mr de Haas, ich muss Ihnen das kurz erklären. Wir sind aus einem ganz bestimmten Grund hier.« In wenigen Worten erzählte Justus dem Galeristen von ihrem ganz speziellen Interesse an dem Bild, von dem Fall, der sich um die amerikanische Fußballnationalmannschaft rankte und von Seamans Problemen. Dabei war er aber sehr darauf bedacht, nur so viel wie unbedingt nötig zu erzählen, und er hoffte, dass de Haas nicht genauer nachfragte. Aber er musste einige ihrer Informationen preisgeben, damit sie sich hier mit aller Sorgfalt umsehen konnten. De Haas wäre das sonst sicher sehr merkwürdig vorgekommen und er hätte erst recht Fragen gestellt.

»So? Ihr seid Detektive, da sieh mal einer an«, sagte de Haas erstaunt. »Das hört sich ja sehr spannend an. Über diese Geschichte müsst ihr mir unbedingt mal genauer berichten. Aber jetzt habe ich leider gar keine Zeit dafür. Der Glaser kommt gleich. Ihr könnt euch aber gerne umschauen, nur zu. Die Polizei hat das allerdings auch schon getan und nichts Brauchbares entdeckt, soweit ich das beurteilen kann.«

»Danke.«

»Vielen Dank.«

»Ähm, noch eine Frage: Fehlt eigentlich noch etwas außer dem Bild?«, wollte Bob wissen.

»Nein, nur dieses Bild. Was mich ehrlich gesagt wundert. Es ist keine zweihundert Dollar wert, auch wenn Jeff dafür eine Menge mehr bezahlt hat. Hier drin gäbe es Bilder, die sehr viel wertvoller wären. Aber na ja«, er zuckte mit den Schultern, »mir

soll's recht sein. Und versichert ist ohnehin alles. Und jetzt«, er deutete auf den Scherbenhaufen, »entschuldigt mich bitte.«
Froh darüber, dass de Haas nicht weiter nachbohrte, liefen die drei ??? dorthin, wo das fragliche Bild gehangen hatte. Eine leere Stelle prangte jetzt an der Wand, und nur die Nylondrähte, an denen das Bild befestigt gewesen war, baumelten noch von der Schiene.
»Sehen wir uns um, Kollegen. Vielleicht entdecken wir ja doch noch etwas.« Justus nickte seinen Freunden zu. »Achtet auf jede Kleinigkeit.«
Doch da war nichts. Keine Fußspuren, keine Fasern, kein Schmutz, nichts. Der Einbrecher hatte zwar keine Mühe darauf verschwendet, den Einbruch an sich möglichst lange zu verheimlichen. Aber Hinweise hatte er keine hinterlassen.
Plötzlich stutzte Bob. »Merkwürdig.« Er stand in einer Nische an der Wand gegenüber und hob etwas auf.
»Hast du was, dritter?« Justus kam näher, und auch Peter trat hinzu.
»Ich weiß nicht.« Bob drehte etwas Kleines in seinen Fingern. Es war pinkfarben und sehr dünn.
»Das ist ein Blütenblatt«, erkannte Justus.
Bob nickte nachdenklich. »Ja, und zwar genau so eines, wie ich es erst vor Kurzem gesehen habe.«
»Und wo?«, fragte Peter.
Der dritte Detektiv musste kurz nachdenken, aber dann fiel es ihm ein. »In Seamans Hotelzimmer.«
»In seinem Hotelzimmer?« Justus nahm Bob das Blütenblatt aus der Hand. »Bist du sicher?«
»Ja. Mir fällt es jetzt wieder ein, weil ich mich damals darüber gewundert habe, dass in Seamans Zimmer ein echtes Blütenblatt liegt, wo doch im ganzen Apartment keine einzige echte Blume zu sehen war. Nur Plastikblumen.«

»Vielleicht hat es der Wind reingeweht?«, mutmaßte Peter.
»Das dachte ich auch«, sagte Bob, »zumal ich es vor der Terrassentür gefunden habe. Deswegen habe ich es ja auch nicht für besonders wichtig gehalten. Aber jetzt ...«
»Und es war genau so ein Blatt?« Justus hielt Bob das Blütenblatt unter die Nase.
»Ich denke, ja. Dieselbe Farbe, dieselbe Form, dieselbe Beschaffenheit.«
Justus schüttelte den Kopf. »So etwas weht es nicht durch die Terrassentür.«
»Wieso? Wie kannst du dir da sicher sein?«, fragte Peter.
Bob fiel es wie Schuppen von den Augen. »Weil vor Seamans Apartment nur Rasen war! Weit und breit keine einzige Blume!«
»Genau«, sagte Justus.
Peter war nicht überzeugt. »Dann hat sie eben jemand verloren. Die Putzfrau vielleicht. Oder die lag schon ewig da.«
»So alt war die noch nicht«, erinnerte sich Bob. »Die hier ist frischer, aber die in Seamans Apartment sah auch noch recht gut aus.«
»Und wenn schon? Dann lag eben hier so ein Ding und dort. Was hilft uns das?«
Der Erste Detektiv hob die Hände. »Moment Kollegen, Moment. Lasst mich mal ganz kurz nachdenken. Wartet.« Justus begann, langsam auf- und abzugehen. Dabei murmelte er vor sich hin, kommentierte seine eigenen Gedanken mit Gesten und verschiedenen Gesichtsausdrücken, blieb kurz stehen, lief wieder weiter, murmelte.
Peter und Bob beobachteten ihn unterdessen gespannt. Sie kannten das. Irgendetwas brütete Justus aus.
Plötzlich nickte der Erste Detektiv und kam zu seinen Freunden zurück. »Hört zu«, fing er an. »Lasst uns nur mal für einen

Moment so tun, als wäre der Einbrecher auch in Seamans Apartment gewesen. Hier und dort hat er ein Blütenblatt verloren. Okay so weit?«
»Sprich weiter.«
»Und?«
»Das einzige handfeste Motiv, das wir bisher in diesem Fall haben, ist das Bild. Darum geht es meiner Meinung nach. Warum auch immer. Das wollte der Typ. Und deswegen ist er auch schon einmal bei Seaman zu Hause eingebrochen. Nur – da war das Bild nicht!«
»Halt, halt!«, sagte Peter. »Wenn es um das Bild geht – was haben dann die ganzen anderen Ereignisse damit zu tun, die die halbe Mannschaft dahingerafft haben?«
»Das versuche ich ja eben zu entschlüsseln.«
»Vielleicht haben die damit gar nichts zu tun«, überlegte Bob.
»Doch, ich glaube schon«, sagte Justus bestimmt. »Weiter. Der Kerl musste sich nun überlegen, wie er an das Bild rankommen könnte, von dem er nicht weiß, wo es ist. Antwort: Seaman muss ihn dorthin führen. Aber er kann ihn ja nicht einfach danach fragen, womit wir übrigens Leute aus seinem engeren Freundeskreis als Täter schon einmal ausschließen könnten. O'Brian, de Haas zum Beispiel. Also«, der Erste Detektiv kam ins Stocken, »fährt er in Seamans Hotelzimmer, sieht sich um, verliert dieses Nelkenblatt und …« Justus hielt inne. »Nein. Nein, nein, nein. Irgendwie passt das doch nicht. Da fehlt was. Da muss noch –«
»Just!«, unterbrach ihn Peter. »Sagtest du eben Nelkenblatt?« Er starrte seinen Freund aus riesigen Augen an.
»Ja, das hier«, er hielt das Blütenblatt hoch, »stammt von einer Nelke.«
»Sicher?«
»Ja, ganz sicher.«

»O mein Gott!«

»Was, Zweiter?«

»Was ist?«

Peter stützte sich an der Wand ab und sah in sich hinein. Seine Gedanken überschlugen sich. »Brewster, der Museumsdirektor, trägt diese Dinger am Anzug. Angeblich immer.«

»Ja, und?« Bob zog die Augenbrauen zusammen.

Aber Justus wusste sofort, woran Peter dachte. »Die Zigaretten! Die Zigaretten!«

»Du sagst es, Erster, du sagst es.«

Hummer mit Zitronenlimonade

Inspektor Cotta vom Police Departement in Rocky Beach sah die drei ??? lange und nachdenklich an. Er hatte schon in vielen Fällen mit ihnen zusammengearbeitet und wusste ihr kriminalistisches Gespür durchaus zu schätzen. Aber diesmal war er sich absolut nicht sicher, ob sich die Jungen nicht irgendetwas Abenteuerliches zusammenreimten. Das hörte sich doch alles sehr verwegen an.

»Inspektor!« Justus gab sich alle Mühe, nicht zu oberlehrerhaft zu klingen, als er dem Polizisten die Zusammenhänge zum dritten Mal erklärte. »Das ist doch wirklich alles völlig logisch. Brewster wollte unbedingt das Bild. Vermutlich war er sogar derjenige, der damals gegen Seaman die Auktion verloren hat. Also versuchte er, es zu stehlen. Doch im Haus war es nicht.«

»Wo er seine Zigarette verloren hat?«

»Ja. Nein. Er hat sie in der Dose ausgedrückt. Vielleicht hielt er sie für einen Aschenbecher.« Justus Augen funkelten ungeduldig. »Daraufhin musste er herausfinden, wie ihn Seaman zu dem Bild führen könnte.«

»Also«, fuhr Peter fort, »lädt er die ganze Mannschaft ins Museum ein, sorgt dafür, dass sie Nesperamon zu nahe kommen, und inszeniert dann einen altägyptischen Fluch nach dem anderen.« Dass es im Grunde Brewster gewesen war, der den Scherz mit Nesperamon initiiert hatte, war dem Zweiten Detektiv erst vorhin klar geworden.

»In der Hoffnung, dass sich eine gewisse Verunsicherung ausbreitet«, fügte Bob hinzu.

»Irgendwann in dieser Zeit«, ergriff Justus wieder das Wort, »muss er dann auch mal bei Seaman im Zimmer gewesen sein ...«

»… der darauf Stimmen aus dem Jenseits hörte«, ergänzte Cotta nicht ohne eine gewisse Süffisanz.
»…, ja, genau, wie immer Brewster das anstellte.« Justus ließ sich nicht beirren. »Und dann verlor er dort das Nelkenblatt.«
»Weil er im Anzug hinfuhr?« Cotta schmunzelte leicht.
»So ist es«, sagte Peter todernst. »Den zieht er nie aus. Nicht einmal nachts. Kurz darauf taucht er als Anubis in den Katakomben auf und versetzt Seaman, der nervlich sowieso schon auf dem Zahnfleisch kriecht, einen Mordsschrecken. Einen viel größeren als uns, da Seaman den Anubis vom Bild wiedererkennen musste. Warum erschreckt er ihn? Damit Seaman zu dem Bild fährt. Warum fährt Seaman da hin? Weil er sich vergewissern muss, weil er wissen muss, ob er auf dem Bild etwas übersehen hat, etwas, das mit dem ganzen Spuk zusammenhängt, den Stimmen, den Unfällen. Der Mann war fix und alle, verstehen Sie? Sie hätten ihn sehen müssen!«
»Fix und alle«, wiederholte Cotta genauso ernst.
»Praktischerweise stürzte Seaman sofort aus dem Stadion, und Brewster konnte ihm gleich folgen«, fuhr Bob nun fort. »Nachts darauf klaut er dann das Bild und verliert dabei wieder ein Nelkenblatt.«
»Weil er in dem Anzug auch klaut.« Jetzt musste Cotta doch grinsen.
»Inspektor!«, rief Justus empört. »Das passt doch alles. Und wir verlangen ja nicht mehr, als dass Sie mit uns zusammen diesem Herrn einmal einen Besuch abstatten. Vielleicht entdecken wir was, er verwickelt sich in Widersprüche, was weiß ich.«
»Er muss uns nicht mal zur Tür reinlassen, Justus, und das weißt du.«
»Einen Versuch ist es wert.«
»Na gut.« Cotta seufzte und erhob sich. »Ich tu euch den Gefallen. Weil ihr es seid. Und weil an eurer Theorie bei aller

Abenteuerlichkeit vielleicht doch ein Fünkchen Wahrheit sein könnte. Ich will mir diesen Brewster zumindest mal ansehen.«

Eine halbe Stunde später lenkte Cotta seinen Dienstwagen auf das Anwesen von Theodor Brewster in Bel Air. Dass der Direktor zu Hause war, hatte er vorher durch einen Anruf im Museum erfahren. Eine von Pinien gesäumte Auffahrt führte zu dem riesigen, im englischen Landhausstil errichtete Gebäude.
»Verdient man als Museumsdirektor so gut?«, wunderte sich Bob.
»Brewster hat reich geerbt«, erklärte ihm Justus. »Ich hab's nachgeschlagen. Sein Vater hatte irgendetwas mit Bodenschätzen zu tun.«
»Und dann arbeitet er noch?«
»Wohl eher hobbymäßig.«
»Kollegen!«, rief Peter auf einmal aufgeregt und deutete vor zum Haus. »Da, der gelbe Hummer!«
»Was ist mit dem?«, fragte Justus.
»Den habe ich gesehen, als ich Seaman verfolgt habe. Der stand direkt hinter ihm!«
»Genau der Hummer?« Bob zeigte auf den kastenförmigen Luxusgeländewagen.
»Ja! Mit goldenen Stoßstangen. Genau der war's!«
Cotta sah die drei Jungs aufmerksam an. »Davon dürfte es auch in L. A. nicht allzu viele geben.«
Der Inspektor parkte seinen Wagen genau hinter dem Hummer. Dann stiegen alle aus und gingen zu der riesigen Eingangstür. Um zu klingeln, musste man einem vergoldeten Löwen auf die Nase drücken.
Kurze Zeit später öffnete sich die Tür, und ein mausgesichtiger Butler in schwarzer Livree sah sie missbilligend an. »Ja? Was kann ich für Sie tun?«, näselte er.
»Cotta. Police Departement Rocky Beach.« Cotta ließ seinen

Dienstausweis aufschnappen. »Und das sind meine Mitarbeiter.« Er nickte zu den drei Jungen hin. »Wir hätten gerne Mr Brewster gesprochen, wenn das möglich ist.«
»In welcher Angelegenheit?« Der Butler musterte die drei ??? mit unverhohlener Geringschätzung.
»Das würden wir ihm gerne selbst sagen.«
Die Augenbrauen des Butlers hoben sich in Zeitlupe. »Einen Augenblick, bitte«, sagte er nach einer Weile mit Eisesstimme. Dann schloss er die Tür.
»Zerberus«, grummelte Justus.
»Du kennst den Heini?«, fragte Peter erstaunt.
Justus sah ihn irritiert an. »Zerberus ist in der griechischen Mythologie der Höllenhund, der den Zugang zur Unterwelt bewacht.«
Peter grinste. »Sag ich doch. Du kennst ihn.«
Eine Minute später ließ sie der Butler herein. »Mr Brewster empfängt Sie. Wenn Sie mir bitte ins Atelier folgen wollen.« Ohne sie eines weiteren Blickes zu würdigen, drehte er sich um und schritt voran.
Das Innere des Hauses hielt, was seine Fassade versprochen hatte. Alles glänzte in Pracht und Luxus. Mehrmals stieß Peter Bob in die Seite, um ihn auf dieses und jenes aufmerksam zu machen. Den monströsen Kronleuchter in der Empfangshalle, die lebensgroßen Marmorstatuen am Ende der Treppe, den kleinen Wasserfall, der sich von einer Empore ins Erdgeschoss stürzte.
Am Ende eines langen Ganges im zweiten Stock öffnete der Butler schließlich eine Tür. »Bitte sehr.« Verachtung in drei Silben.
Licht. Eine Welle von Licht spülte über die drei Jungen hinweg. Das riesige Atelier war rundherum verglast. Selbst die Decke bestand aus einer Glaskuppel. Überall standen Bilder, am

Boden, auf Staffeleien, auf Tischen. Malutensilien hier und dort. Doch das Atelier wurde offenbar gerade umgebaut. Eine Wand sollte eingezogen werden, weswegen auch viel Werkzeug herumlag.

»Mr Motta!« Brewster flog strahlend auf sie zu. Im Anzug. In dessen Revers eine Nelke steckte.

»Cotta«, korrigierte ihn der Polizist, »Inspektor Cotta.«

»Natürlich. Was kann ich für Sie und Ihre Mitarbeiter tun?« Brewster war die Freundlichkeit in Person, auch den drei ??? gegenüber. Peter erkannte er offenbar nicht wieder.

»Wir hätten nur einige Fragen betreffs eines Einbruchs in eine Galerie in Venice. Haben Sie davon gehört?«

Brewster zuckte mit keiner Wimper. »Nein, aber kommen Sie doch bitte hier herüber. Ich muss die Farben verschließen, sonst trocknen sie aus.«

Er führte sie zu einem riesigen Schreibtisch, der schier überquoll vor Malzeug, Papier und sonstigem Krimskrams. Sorgfältig verschraubte er zwei Tuben mit Ölfarbe.

»Es geht insbesondere um einen gelben Hummer mit goldenen Stoßstangen, der in der fraglichen Zeit am Tatort gesehen wurde«, sagte Bob. Sie hatten sich für diesen Schuss ins Blaue entschieden und wollten sehen, wie Brewster reagierte.

Er lächelte. Kühl bis ins Mark lächelte er sie alle an. »Ah, ich verstehe. Und da dachten Sie …?« Er wartete, dass jemand seinen Satz vollendete.

Doch Justus, der jetzt eigentlich hätte weitermachen sollen, sagte nichts. Er starrte auf den Schreibtisch. Denn dort lag eine Schachtel Zigaretten. Marke Libre d'ore. Und darunter ein ausgeschnittener Zeitungsartikel, von dem er nur die Überschrift lesen konnte: *Dicke Engel leben gefährlich.*

»Und da dachten Sie, ich hätte …?« Brewsters Lächeln wurde eisiger.

Der Erste Detektiv hob den Kopf. Sie mussten jetzt Zeit gewinnen. Zeit. Er spürte genau, dass sie auf der richtigen Fährte waren. Aber wie sollten sie an Brewster rankommen? Wie?

»... da dachten wir, dass Sie unter Umständen etwas bemerkt haben könnten«, beendete er schließlich Brewsters Satz.

Der Mann sah ihn sichtlich erstaunt an. »Ach so. Nein. Tut mir leid. Habe ich nicht.« Er blickte von einem zum anderen, und da niemand etwas sagte, fragte er schließlich: »Kann ich sonst noch etwas für Sie tun? Wenn nicht – ich arbeite gerade an einem Bild und ... Sie verstehen?«

»Sie rauchen Libre d'ore?«, fragte Justus unvermittelt und zeigte auf die Zigarettenschachtel.

Peter und Bob rissen den Kopf herum und starrten auf den Schreibtisch. Auch Cotta sah hin.

»Ja, warum?« Brewster war leicht irritiert.

»Seltene Marke.«

»Ja, sicher.«

»Und Sie interessieren sich für die Diebstahlserie barocker Bilder?« Justus zog den Artikel hervor. Peter und Bob konnten ihre Aufregung kaum verbergen.

Brewster nickte. »Auch das. Ich male selbst nur Ölbilder, und daher tut es mir in der Seele weh, wenn solch wertvollen alten Bildern etwas angetan wird.« Er seufzte theatralisch. Zu theatralisch.

»Nur Öl?« Justus sah sich im Atelier um.

»Nur Öl.«

»Und Sie schwärmen für Nelken?« Der Erste Detektiv deutete auf die Blume an Brewsters Revers.

Doch jetzt ging dem Mann offenbar die Geduld aus. »Hören Sie, Mr Motta, Cotta oder wie auch immer. Ich habe für so etwas wirklich keine Zeit. Wenn Sie mich nun bitte entschuldigen wollen?« Er wies unmissverständlich zur Tür.

Cotta zögerte eine Sekunde und nickte dann. »Selbstverständlich. Bitte entschuldigen Sie die Störung, Mr Brewster.« Und mit einem Blick zu den Jungen: »Lasst uns gehen.«
Aber Justus sah ihn nicht an. Er schaute auf ein Gemälde, das an eine Säule gelehnt war. Ein scheußliches Gemälde, das zwei dicke Pferde auf einer Wiese zeigte.
»Justus! Wir gehen!«, drängte Cotta.
»Ja, ja doch.« Justus konnte sich kaum losreißen. Peter und Bob sahen ihm förmlich an, wie es hinter seiner Stirn arbeitete. Aber warum? Woran dachte er?
Brewster streckte jedem die Hand hin und setzte noch einmal sein glattes Lächeln auf. »Dann auf Wiedersehen.«
Justus sah die Hand, nahm sie, hielt sie, hielt sie immer noch. Da waren Farbkleckse drauf.
»Nur Öl?«
»Was?« Brewster blinzelte verwirrt.
»Sie malen nur Ölbilder?«
»Ja, das sagte ich doch eben.«
Der Erste Detektiv blickte das Bild an, die Hand, das Bild, die Hand. Und dann funkelte es auf einmal in seinen Augen.
»Tja, also.« Brewster zog seine Hand zurück. »Dann kommen Sie –«
»Äh, könnte ich bitte noch etwas zu trinken haben?« Justus räusperte sich. »Ich bin ein wenig erkältet.«
Alle sahen ihn erstaunt an.
»Wie? Ja, natürlich. Wasser?« Brewster war genauso verdattert wie die anderen.
»Zitronenlimonade, wenn es geht. Zitronenlimonade.«
»Zitronenlimonade? So? Na gut.« Brewster ging zu einer Gegensprechanlage und orderte die Zitronenlimonade.
Zwei Minuten vergingen, in denen alle schweigend herumstanden. Brewster war sichtlich genervt, Cotta verärgert, und

Peter und Bob warfen ihrem Freund fragende Blicke zu. Aber der reagierte nicht. Dann brachte der Butler das Getränk auf einem silbernen Tablett.

»Danke.« Justus nahm das Glas. »Vielen Dank.«

Der Butler verbeugte sich in gespielter Höflichkeit und verließ das Atelier wieder.

Der Erste Detektiv benetzte die Lippen und führte das Glas zum Mund. Er machte dabei zwei Schritte nach vorne, und dann, urplötzlich, holte er aus und schüttete die Limonade über das Bild am Boden! Über das scheußliche.

Duell

Brewster schrie vor Überraschung auf. »Bist du wahnsinnig? Was machst du?«
Auch die anderen waren wie vom Donner gerührt. Schnappte Justus jetzt über?
»Justus! Um Gottes willen!«, rief Cotta.
Aber der Erste Detektiv lächelte nur. Und dann deutete er auf das Bild. »Hinsehen«, sagte er knapp.
Vier Köpfe drehten sich zu dem Bild. Acht Augen sahen auf zwei dicke Pferde. Und erstarrten.
»Zitronenlimonade hat aufgrund ihrer Säurehaltigkeit einen ganz entscheidenden Vorteil gegenüber Wasser.« Justus war die Gelassenheit in Person. »Sie wäscht wasserlösliche Farbpigmente sehr viel schneller und gründlicher ab.«
Das Bild begann zu zerlaufen. Die Pferde verschwammen.
»Das ist kein Ölbild!«, erkannte Bob überrascht.
»Richtig. Das ist ein Airbrush-Bild«, bestätigte Justus. »Und für solche Bilder verwendet man sehr feine wasserlösliche Farben, damit sie sich mit der Spritzpistole auch gut auftragen lassen.«
»Siehst du, was du getan hast?« Brewster raufte sich die Haare und stürzte auf das Bild zu.
»Nein!« Justus trat ihm in den Weg. »Bitte, Mr Cotta.« Er sah den Polizisten an. »Sorgen Sie dafür, dass er das Bild nicht in die Finger bekommt. Vertrauen Sie mir. Bitte.«
Cotta war alles andere als wohl in seiner Haut, das sah man ihm deutlich an. Aber er nickte. »Bleiben Sie, wo Sie sind«, befahl er Brewster knapp.
»Aber das können Sie doch … ich werde Sie … das werden Sie mir …« Brewster war außer sich, bewegte sich jedoch nicht von der Stelle.

»Da! Seht doch!« Peter zeigte auf das Bild. »Da ist ein anderes Gemälde drunter!«
Tatsächlich war von den Pferden kaum noch etwas zu sehen. In farblich undefinierbaren Schlieren rannen die Reste ihrer Konturen nach unten. Doch darunter kamen andere Umrisse und Farben zum Vorschein. Die sich nicht auflösten.
»Und das ist wirklich ein Ölgemälde«, sagte Justus mit unüberhörbarer Befriedigung, »dem die Zitronenlimonade nichts anhaben kann, zumal sicher ein Firniss aufgetragen wurde. Und zwar ist es ein sehr altes Gemälde, wenn ich mich nicht irre. Ich würde sagen: Barock.«
»Ein dicker Engel!« Peter deutete aufgeregt auf ein nacktes Wesen, das aussah wie ein übergewichtiges Baby mit kleinen Flügeln.
»Eine Putte.« Justus nickte.
»Ist das«, Bob verschlug es die Sprache, »ist das womöglich eines der … der gestohlenen Bilder?«
»Da bin ich mir ziemlich sicher.« Der Erste Detektiv sah Brewster direkt in die Augen.
Cotta, der die ganze Zeit Brewster im Blick behalten hatte, sah nun ebenfalls kurz auf das Bild. Dann wandte er sich wieder Brewster zu. »Haben Sie dafür eine Erklärung, Mr Brewster?«.
In Brewsters Augen flackerte es wirr. »Das kann … das ist, das muss …! keine Ahnung.« Er lächelte blöde. »Ich habe absolut keine Ahnung, wie dieses Bild hierher kommt.«
»Ach, dann lief es wohl von alleine hier rein?«, fragte Peter spöttisch.
»Nein, nein, natürlich habe ich es gekauft. Aber ich wusste nicht, dass –«
»Wo?«
»Was?«
»Wo haben Sie es gekauft?«, wollte Justus wissen.

»Ich … ich habe es ersteigert.«
»Lassen Sie mich raten: Bei Settler & Price?«
»J-ja, woher … weißt du das?«
Justus schmunzelte. »Na sieh mal einer an. Da habe ich doch gleich eine Idee.«
»Mr Brewster, ich darf Sie bitten, mit uns aufs Revier zu kommen.« Cotta machte einen Schritt auf den Mann zu. »Lassen Sie hier alles, wie es ist, und kommen Sie bitte mit.«
Brewsters Blick irrlichterte durch den Raum. »Äh, ja, natürlich, natürlich, wenn ich mir nur noch ganz schnell –«
»Nein, bitte, jetzt gleich!«, sagte Cotta streng.
»Ja. Ja. In Ordnung.« Brewster nickte und zog den Kopf ein. Dann kam er langsam auf Cotta zu.
Der Inspektor ging zur Seite und ließ ihn passieren. Die drei Detektive warteten, und als sich Cotta in Bewegung gesetzt hatte, folgten sie ihm.
Sie sagten nichts, sondern warfen sich nur Blicke zu. Die von Peter und Bob waren immer noch sehr erstaunt, weil sie nach wie vor keine Ahnung hatten, was in Justus' Kopf in den letzten Minuten passiert war, während der Erste Detektiv vor Zufriedenheit strahlte.
Brewster ging an den Werkzeugen vorbei, immer noch gesenkten Hauptes, ein Häufchen Elend. Doch mit einem Mal machte er einen Satz zur Seite, hob etwas vom Boden auf und wirbelte herum.
Cotta und die drei ??? hatten keine Zeit zu reagieren. Mit schreckgeweiteten Augen starrten sie auf eine große Nagelpistole, die Brewster auf sie gerichtet hatte.
»Mr Brewster!«, entfuhr es Cotta, und instinktiv griff er nach seiner Dienstwaffe.
»Finger weg!«, brüllte ihn Brewster an. »Lassen Sie das Ding stecken! Oder ich tackere Ihnen Ihre Ohren an die Wand!«

Brewster bluffte nicht. Sowohl Cotta als auch die drei Jungen wussten, was diese druckluftbetriebenen Nagelpistolen konnten. Und wie schnell sie es konnten.

»Sie nehmen Ihre Waffe jetzt mit Daumen und Zeigefinger aus dem Halfter, legen sie ganz vorsichtig auf den Boden und schieben sie mit dem Fuß zu mir!« Brewster wedelte mit seiner Pistole. »Na los!«

Cotta tat, wie ihm geheißen, und holte seine Waffe hervor. »Mr Brewster, wenn ich Ihnen einen guten Rat geben darf, dann –«

»Halten Sie Ihre Klappe, und tun Sie, was ich sage. Ich muss nachdenken. Klappe!«

Die drei ??? sahen sich entsetzt an. Was hatte der Mann vor?

»Mr Brewster! Machen Sie die Sache doch nicht schlimmer als sie –«

»Schnauze, sagte ich!«

Eine Minute verging. Eine weitere.

Brewster stand nach wie vor mit seiner Nagelpistole vor ihnen und dachte fieberhaft nach. Sein Gesicht war rot vor Anspannung, Angst flackerte in seinen Augen. Der Mann war unberechenbar.

Die drei Detektive und Cotta warfen sich verstohlene Blicke zu. Was sollten sie tun? Der Polizist signalisierte ihnen mit einem kurzen Senken der Augenlider und einem angedeuteten Kopfschütteln, sich erst einmal ruhig zu verhalten, nichts Unüberlegtes zu unternehmen.

Die drei Jungen sahen sich dennoch vorsichtig im Atelier um. Gab es einen Ausweg? Eine Fluchtmöglichkeit? Konnten Sie Brewster überwältigen?

»Du!«, blaffte Brewster plötzlich und deutete auf Peter. »Komm her!«

»Ich?« Peter schaute sich um.

»Ja, du, tu nicht so blöd. Hierher!«
In diesem Moment hatte Bob eine Idee. Sie war völlig wahnwitzig, lächerlich geradezu. Aber wenn er richtig verstanden hatte, was hier in den letzten Minuten passiert war, wenn er Justus' Verhalten richtig interpretierte, konnte es klappen. Vielleicht. Unter Umständen.
»Na, wird's bald?«, schrie Brewster Peter an.
»Was haben Sie vor?«, fragte Cotta.
»Werden Sie schon sehen.«
Bob wartete nur auf den richtigen Augenblick. Er wartete darauf, dass sich Peter, der sich langsam auf Brewster zubewegte, zwischen ihm und Brewster stand, dem Mann für einen Moment das Blickfeld versperrte.
Jetzt! Bob hechtete zur Seite, griff nach einem kleinen Palettmesser, das am Boden lag, und kam neben dem gestohlenen Bild zu sitzen. Heftig atmend richtete er dann das Messer auf Brewster.
Peter war stehen geblieben und drehte sich genauso nach Bob um wie Justus und Cotta. Und in ihren wie in Brewsters Blick lag grenzenlose – Verwunderung.
Brewsters Mundwinkel zuckten. Dann lächelte er und schließlich brach er in schallendes Gelächter aus. »Sag mal, Junge«, er wischte sich mit der freien Hand eine Träne aus dem Augenwinkel, »was wird das denn, wenn es fertig ist? Hm?«
Bob verzog keine Miene, er sagte nichts.
»Willst du dich mit mir duellieren? Palettmesser gegen Nagelpistole?« Er sah Bob mitleidig an. »Komm, nimm dir noch drei, und dann darfst du sie alle auf mich schmeißen. Ich werde mich auch keinen Zentimeter von der Stelle rühren, versprochen.« Lautes, hämisches Gelächter.
»Ich habe nicht vor, Ihnen etwas zu tun«, sagte Bob leise. »Ihnen nicht.«

Brewster blinzelte verwirrt. »So? Mir nicht? Wem dann? Willst du dir selbst etwas antun? Mich damit unter Druck setzen? Nur zu, tu dir keinen Zwang an.«
Bob lächelte andeutungsweise. »Nein, auch mir tue ich nichts, sondern – dem hier!« Er nahm das Bild an sich und setzte das Messer auf die Leinwand.
Alle rissen die Augen auf. Aber nur in denen von Brewster spiegelte sich das blanke Entsetzen.
»Wenn Sie nicht sofort die Nagelpistole hinlegen, zerstöre ich dieses Bild!« Bobs Miene ließ keinen Zweifel daran, dass er es ernst meinte.
Brewster schnappte nach Luft. »Und du … du … du glaubst, damit kannst du mich schrecken?« Die Art wiederum, wie er das sagte, ließ keinen Zweifel daran, dass genau das der Fall war: Brewster war kreidebleich geworden, starrte auf das Bild, das Messer in Bobs Hand, das Bild.
Der dritte Detektiv nickte. »Genau das glaube ich. Jemand, der so viel Geld hat wie Sie, könnte sich jedes Bild kaufen. Oder stehlen lassen, wenn es nicht zum Verkauf steht und er es trotzdem haben will.« Bob machte eine bedeutungsvolle Pause. »Das heißt, es geht Ihnen sicher nicht um den materiellen Wert eines solchen Gemäldes. Sie, Mr Brewster, sind ein Kunstliebhaber reinsten Wassers, ein Schöngeist. Sie sehen sich diese Bilder in irgendeiner geheimen Kammer an, Tag für Tag, erfreuen sich an ihrer Schönheit, genießen das Bewusstsein, dass sie nur Ihnen gehören. Nur Ihnen. Ihr Herzblut hängt an diesen Gemälden, Mr Brewster. Und Sie würden es nie mit ansehen können, wie ich es ganz langsam vor Ihren Augen in klitzekleine Stücke schneide.« Bob brachte das Messer noch etwas näher an die Leinwand und grinste sardonisch. »Ist es nicht so? Mr Brewster?«
Schweigen. Die Sekunden verrannen wie zähe Farbe. Alle Bli-

cke waren auf Brewster gerichtet, dessen Lippen bebten und dem dicke Schweißtropfen auf der Stirn standen.
»Du …«
»Mr Brewster?«, sagte Bob noch etwas lauter. Die Spitze der Messerklinge berührte das Gemälde, drückte die Leinwand leicht ein.
»Ich … ich … du kannst …« Brewster schwankte, die Hand mit der Nagelpistole senkte sich. »Das kannst du doch nicht … tun …! kannst du nicht … Bitte!« Ein flehender Blick, die Stimme zitterte. »Bitte! O Gott.«
Mit einen lauten Klappern fiel die Nagelpistole zu Boden.

Sprechende Pflanzen

Unentschieden! Auch nach der Verlängerung! Das kleine Finale würde im Elfmeterschießen entschieden werden.
Bob stand auf und reckte sich. »Mann, was für ein Krimi!«
O'Brian, der sich zu ihm und Justus in die VIP-Loge gesetzt hatte, machte ein grimmiges Gesicht. »Aber Max hätte den Kopfball kurz vor Schluss reinmachen müssen. Das war eine Hundertprozentige. Jetzt ist alles Glückssache. Und der Keeper der Mexikaner ist bekannt für seinen Killerinstinkt bei Strafstößen. Apropos Killerinstinkt.« Der Manager sah Justus an. »So ganz sind mir die Zusammenhänge immer noch nicht klar.«
Justus griff in die Popcorntüte und nickte. »War ja auch ziemlich verzwickt, die Geschichte.«
O'Brian dachte noch einen Moment nach, während sich unten auf dem Spielfeld die Spieler massieren ließen, Getränke zu sich nahmen oder einfach nur auf dem Rasen saßen. Carter ging von einem zum anderen, redete mit ihm und schrieb dabei etwas auf einen Zettel. Offenbar suchte er die Elfmeterschützen aus.
»Also, ich fasse die Sache noch einmal so zusammen, wie ich sie verstanden habe«, begann O'Brian. »Brewster gab die Diebstähle in Auftrag, blieb dabei aber anonym. Der oder die Täter –«
»Es waren zwei«, unterbrach ihn Bob. »Cotta ließ die beiden heute Morgen festnehmen, nachdem ihm Brewster ihre Namen genannt hatte.«
»Also die Täter haben das jeweilige Bild in dieser Dings, dieser Airbrush-Technik übermalt, was man aber leicht abwaschen konnte, ohne dabei das Ölgemälde darunter zu beschädigen, zumal sie keinen Firniss aufgetragen haben. Danach haben sie

sie bei Settler & Price versteigern lassen, und ein weiterer Mittelsmann erstand das Gemälde. Daraufhin hinterlegte er es an einem geheimen Ort, wo es Brewster abholen konnte. So ging Brewster sicher, dass ihm niemand auf die Spur kommen konnte.«

»Richtig.« Justus schluckte das Popcorn hinunter. »Aber das letzte Mal ging etwas schief. Die neue Telefonanlage bei Settler & Price streikte im falschen Moment, und Seaman bekam das Bild. Zu einem horrenden Preis, weil ihn Brewsters Mittelsmann immer weiter in die Höhe trieb. Doch Seaman kann nicht verlieren und ließ daher nicht locker. Daraufhin brach Brewster bei ihm ein, aber das Bild war ja in Venice, weil es Mrs Seaman nicht zu Hause haben wollte.«

»Was ich gut verstehen kann«, sagte Bob und setzte sich wieder. »Brewster hat uns gestern noch in seine geheime Galerie in einem Nebenkeller seines Hauses geführt, wo sich alle gestohlenen Bilder fanden. Das, das Seaman ersteigert und Brewster in Venice geklaut hatte, war noch nicht mal abgewaschen. Einfach grauenhaft!« Bob zog eine angewiderte Grimasse.

»Okay.« O'Brian kratzte sich an der Schläfe. »Jetzt musste sich Brewster überlegen, wie er an das Bild kommen könnte. Und da hat er uns ins Museum eingeladen und daraufhin einen ägyptischen Fluch inszeniert.«

»Weil Nesperamon verunglimpft wurde«, fügte Bob hinzu.

»Ja, ja, die Sache mit den Fotos. Und alles, was dann passierte, hat er arrangiert?«

Justus nickte. »Es ist nicht besonders schwer, sich in einem so riesigen Hotel wie dem Marygreen Miramar ungesehen zu bewegen. Auch nicht in der Küche. Dort hat er irgendetwas ins Essen zweier Spieler gegeben, die daraufhin mit einer Lebensmittelvergiftung ins Krankenhaus mussten.«

»Sossley und Stygers«, sagte O'Brian.
»Ja. Die Platte auf dem Trainingsgelände zu unterhöhlen, war ohnehin nicht schwierig …«
»Ivory.«
»… und das mit den Wespen: nicht einfach, aber machbar.«
»Und sich als Mumie zu verkleiden …« O' Brian hielt inne. »Es geht los.« Er zeigte zum Spielfeld hinunter.
Der erste Schütze der Mexikaner hatte sich den Ball auf den Elfmeterpunkt gelegt. Er nahm einen kurzen Anlauf und schoss das Leder unhaltbar ins rechte untere Eck.
»Mist!« O'Brian schlug sich mit der Faust in die Hand. »Also, wo war ich?« Er wandte sich wieder den beiden Jungen zu. »Sich als Mumie zu verkleiden, ist ja weiter kein Problem. Und wie Brewster das mit den Stimmen hingekriegt hat, wissen wir ja mittlerweile auch.« O'Brian schmunzelte, und auch Justus und Bob mussten lächeln.
»Was mir auch noch klar ist«, der Manager sah kurz zum Feld hinunter und nickte zufrieden, als Luc ausglich, »ist, wie ihr auf Brewster kamt. Die Sache mit den Nelken und den Zigaretten. Wobei ich das schon äußerst scharfsinnig finde. Meinen Respekt.« O'Brian hob den Daumen. »Aber was genau spielte sich da gestern in Brewsters Atelier ab? Wie habt ihr den Mann überführt?«
»Es kam einiges zusammen«, erklärte Justus nüchtern, während unten die Mexikaner wieder in Führung gingen. »Die Zigaretten, der Zeitungsartikel, das Airbrush-Gemälde, das eigentlich nicht hätte da sein dürfen. Aber der Groschen fiel bei mir erst, als ich Brewsters farbverschmierte Hand sah. Da erinnerte ich mich wieder, dass der Auktionator damals so seltsam auf seine Hand gesehen hatte, nachdem er das Bild angefasst hatte. Und da wusste ich es. Airbrush, feine Farbpigmente, übermalte Bilder.«

O'Brian schüttelte fassungslos den Kopf. »Sensationell. Einfach sensationell.«
Unten glichen die Amerikaner aus. 2 : 2.
»Und den Rest hat Bob erledigt.« Der Erste Detektiv klopfte seinem Freund auf die Schulter. »*Das* war sensationell!«
»Na ja.« Bob schaute verlegen zu Boden. »War ja eigentlich klar, dass Brewster so reagieren würde.«
3 : 2 für die Mexikaner.
»Jetzt hör aber auf!«, schalt ihn O'Brian in gespielter Entrüstung. »Das war mit das Mutigste, von dem ich in meinem ganzen Leben gehört habe!«
»Ach was.«
3 : 3, 4 : 3, 4 : 4. Dann verschoss ein mexikanischer Spieler, jagte den Ball weit über die Latte. Damit war klar: Wenn der letzte Schütze der Amerikaner traf, würde seine Mannschaft das Spiel gewinnen. Und der letzte Schütze war – Seaman.
»Übrigens«, sagte O'Brian noch schnell, während Seaman sich den Ball nahm, »dieser Paparazzo war hinter Jeff her, weil der angeblich einmal andere Schuhe im Training getragen hat als die vertraglich vereinbarten. Er wollte ihm daraus einen Strick drehen.«
»Wie schäbig.« Bob rümpfte angewidert die Nase.
Seaman trat ein paar Schritte zurück, sah zum Tor, sah auf den Ball. Dann lief er an, steigerte das Tempo, und während sich der mexikanische Torhüter in die rechte Ecke warf, lupfte Seaman den Ball ganz leicht, sodass er wie in Zeitlupe über den Torwart hinwegsegelte und genau in die Mitte des Tores plumpste.
Unbeschreiblicher Jubel. Das Stadion tobte.
»Was für ein abgezockter …« O'Brian schlug sich vor die Stirn.
»Nerven wie Drahtseile«, sagte Justus anerkennend.
»Kommt mit!« O'Brian stand auf. »Wir gehen in die Kabine.

Der kriegt sein Fett ab.« Der Manager lächelte grimmig, und die beiden Jungen wussten genau, warum.
In der Kabine war die Stimmung nicht so ausgelassen, wie sich Justus und Bob das vorgestellt hatten. Die Spieler waren eher nüchtern, ruhten sich ein wenig auf den Bänken aus, tranken etwas.
»Weil sie halt nur Dritter geworden sind«, erklärte Peter seinen beiden Freunden flüsternd.
»Wo hast du ihn hingestellt?« Justus sah sich um.
»Da oben, in der Nähe seines Platzes.«
»Gut.«
Seaman kam aus der Dusche, ging zu seinem Platz und trocknete sich ab. Bob lief zur Tür, steckte den Kopf hinaus und gab das Zeichen. Dann kam er wieder herein.
Eine halbe Minute später knisterte es erst ganz leise und dann war sie zu hören. Eine Stimme, tief, dunkel, unheimlich, böse.
»Das Totengericht .. wartet noch immer.«
Die Spieler fuhren herum. Totenstille. Seaman erbleichte und ließ seine Socken fallen.
»Es ist alles vorbereitet. Wir warten!«
Seaman sank auf seine Bank. »Aber, aber … das … das ist …«
»Im Hotel!« Die Stimme hatte sich urplötzlich geändert. Sie war heiter, laut, sprudelte geradezu über vor Vergnügen. »Da ist alles aufgebaut für die große Sause! Beeilt euch, Jungs. Und mach den Mund zu, Jeffrey!« Ein überschwängliches Lachen, ein Klicken, dann war Ruhe.
Ein paar Sekunden herrschte verdutztes Schweigen. Dann ging Peter zu einem Gesteck Kunstblumen, das auf einem der Spinde stand, und nahm es herunter. Ein kleiner Fußball schwankte an seiner Drahtstange lustig hin und her.
»Das war«, Seaman zeigte entgeistert auf den Blumentopf, »in meinem Hotelzimmer!«

»Funksprechgerät«, Peter deutete in den Topf, »Antenne.« Er stupste den Ball an. »Stimme aus dem Jenseits.« Er grinste schelmisch.
»Was?« Seaman verstand nicht gleich. Aber dann. »Ihr … ihr … ihr seid ja solche … o mein Gott!« Er brach in schallendes Gelächter aus, und der Rest der Mannschaft stimmte brüllend mit ein.
»Das nehme ich mit.« Justus nahm Peter das Gesteck aus der Hand.
»Du? Was willst du denn damit?«, fragte Bob.
»Ich hatte gerade so eine Idee«, sagte Justus geheimnisvoll.
»Nämlich?« Peter sah ihn neugierig an.
»Stimmen aus dem Jenseits. Ich kenne da jemanden, der für so etwas absolut empfänglich ist.«
Bob überlegte eine Sekunde, dann wurde ihm klar, was Justus meinte. »Abigail!«
Justus nickte. »Damit kriegen wir sie aus dem Haus. Todsicher!«

Die drei ???®

und das Fußballphantom

erzählt von Marco Sonnleitner

Die drei ???®
und das Fußballphantom

Anstoß

»Oh nein!« Peter zeigte entsetzt nach oben. »Bob! Siehst du, was ich sehe?«
Der dritte Detektiv nickte fassungslos. »Ja. Das schafft er nie. Unmöglich!«
In diesem Moment drehte sich Justus zu ihnen um. Auch er hatte den Mann entdeckt. Ein Baum von einem Kerl mit tätowierten Oberarmen und einem schwarzen Vollbart. Seine Geste war unmissverständlich gewesen.
»Renn!«, schrie Peter und fuchtelte mit den Armen. »Renn, Just!«
Bob schätzte blitzschnell die Entfernung ab. »Er muss abkürzen!«, sagte er zu Peter. »Nur dann hat er noch eine Chance. Ansonsten …« Den Rest ließ er unausgesprochen. Zu schrecklich war die Vorstellung.
»Die Bänke!«, rief Peter seinem Freund zu. »Nimm die Bänke!«
Und zu Bob gewandt fügte er leiser hinzu: »Wäre bloß ich gegangen. Wir hätten ihn nie gehen lassen dürfen.«
»Jetzt ist es zu spät!« Bob ließ enttäuscht die Schultern hängen.
Doch Justus wollte nicht aufgeben. Er sah sich suchend um, wählte die kürzeste Route und lief los.
Zunächst bog er scharf nach rechts in den vor ihm liegenden Gang ab. Er machte sich so schmal wie möglich und zwängte sich nah am Geländer vorbei. Einmal blieb er an einer verbogenen Öse hängen, aber er ließ sich nicht aufhalten. Dann hatte er den Punkt erreicht, den er ins Auge gefasst hatte. Den Mann immer im Visier, kletterte er über die nächsten zwei Bankreihen hinweg, lief wieder ein Stück zurück und nahm drei weitere Reihen.
Peter ballte vor Aufregung die Fäuste. »Ja, Just! Weiter!«
Justus setzte seinen Zickzackkurs fort. Mit einer Behändigkeit,

die man ihm gar nicht zugetraut hätte, sprang er über die Lehnen hinweg. Aber der Mann war viel näher dran. Wenn ihn niemand aufhielt, würde es Justus nicht schaffen.
»Oh Gott!«, erschrak Bob in diesem Augenblick. »Nur noch drei! Aber da war doch zwischenzeitlich gar keiner!«
Peter fuhr herum und starrte auf die kleine Anzeige. »Du hast – Nein! Jetzt sind es sogar nur noch zwei! Mist!«
»Zwei!«, ächzte Justus, der es ebenfalls bemerkt hatte. »Nur noch zwei!«
Der Erste Detektiv mobilisierte die letzten Kraftreserven. Doch der Mann war jetzt fast da und Justus musste noch acht Reihen weiter nach oben.
Der Mann wandte sich nach links und fasste in seine Tasche.
»Nein!« Justus stolperte auf allen vieren über die Bänke hinweg. Böse Blicke und Schimpfen begleiteten ihn. Noch vier Reihen.
»Mist!« Bob sank auf seinen Platz, während Peter fassungslos nach oben starrte. »Das war's dann wohl.«
Dann hatte der Mann sein Ziel erreicht. Zwei Sekunden vor Justus, der völlig außer Atem hinter ihm zum Stehen kam.
»Hier«, sagte der Mann und wedelte mit einem Dollarschein. »Der Rest.«
Der Verkäufer nickte und nahm das Geld entgegen. »Danke sehr. Und was kann ich für dich tun?« Er zwinkerte Justus freundlich zu.
Der Erste Detektiv brauchte einen Moment, bis er verstand. Ungläubig sah er dem Mann hinterher, der sich wieder zu seinem Platz begab, und schaute hinauf zu der Anzeige, auf der jetzt eine grüne Neun leuchtete. Dann endlich sagte er erschöpft: »Drei. Drei Hotdogs, bitte.«

Peter und Bob waren überglücklich. Begeistert begrüßten sie ihren Freund, als er wieder bei ihnen war.

»Toll, Just! Super!« Peter nahm sein Hotdog entgegen. »Hast du den Kerl vor dir bestochen?«
Justus schüttelte den Kopf und ließ sich auf seinen Sitzplatz sinken. »Der wollte gar keine Hotdogs kaufen. Er hat dem Verkäufer nur einen offenbar noch ausstehenden Restbetrag gebracht.«
»Dann war seine Geste vorhin also ganz anders gemeint!«, bemerkte Bob. »Er wollte gar keine fünf Hotdogs, er hat dem Verkäufer wahrscheinlich nur zugewunken!«
Justus schaute sein Hotdog sehnsüchtig an. Er war noch viel zu sehr außer Puste, um hineinzubeißen. »Genau. Und diese neue Anzeige über dem Stand, die zeigt nicht, wie wir dachten, die noch vorhandenen Hotdogs. Es ist ein Werbegag. Wer den Spieler kennt, dessen Trikotnummer beim Kauf aufleuchtet, bekommt eine Beilage umsonst.«
»Die Neun hat Mathews«, sagte Peter. »Ray Mathews, der Rechtsaußen. Ich kenne ihn!«
»Tut mir leid.« Der Erste Detektiv lächelte gequält. »Ich kenne nur einen George Mathews, und der ist seit fast 200 Jahren tot. Keine Extra-Gürkchen.«
Peter klopfte seinem Freund tröstend auf die Schulter. »Egal. Für deinen heldenhaften Einsatz auf dem Hotdog-Schlachtfeld hast du dir trotzdem die Tapferkeitsmedaille in Mayonnaise-Gold verdient.«
Justus lächelte matt. »Das war das Mindeste, was ich für euch tun konnte.« Dann biss er endlich zu.
Die *Los Angeles Hawks* gegen die *Philadelphia Tornados*! Der Highschool-Champion der Westküste gegen den der Ostküste. Peter und Bob fieberten dem Spiel um die amerikanische Highschool-Meisterschaft schon seit Tagen entgegen, zumal Peter einige Spieler der *Hawks* kannte und das Match ganz in ihrer Nähe ausgetragen wurde. Es fand im *Home Depot*

Center in Carson statt, einem Vorort im Süden von Los Angeles.

Justus hingegen wäre dem Spiel sicher ferngeblieben. Sport im Allgemeinen und Fußball im Besonderen zählten nicht gerade zu den Hobbys des Ersten Detektivs. Aber er hatte eine Sache vergessen: Tante Mathilda hatte heute eigentlich mit ihm und Onkel Titus ins Outlet-Village nach Barstow fahren wollen. Dort hätte Justus mindestens 200 Hemden, 100 Hosen und 50 Paar Schuhe anprobieren müssen. Grauenvoll! Der reinste Horrortrip! Verzweifelt hatte er daher seine Freunde gebeten, ihm dieses grässliche Schicksal zu ersparen. Sie mussten es unbedingt schaffen, dass ihn Tante Mathilda mit ins Stadion ließ. Peter und Bob wussten nur zu gut, wie so ein Tag in einem Outlet-Village aussah. Ohne zu zögern, traten sie deswegen gemeinsam gegen Tante Mathilda an, und da ihnen auch noch Onkel Titus zu Hilfe kam, der ebenfalls keine Lust auf Barstow hatte, gab sich Tante Mathilda irgendwann geschlagen. Jubelnd zogen die Jungen ab und Justus versprach, sich im Stadion mit Cola und Hotdogs bei seinen Freunden zu revanchieren.

»Da! Es geht los!« Peter deutete mit seiner Cola auf den Mittelkreis.

Zwei in Rot und Weiß gekleidete *Tornado*-Spieler standen am Anstoßpunkt und blickten zum Schiedsrichter. Der gab seinen Assistenten an den Außenlinien ein Zeichen, sah auf seine Armbanduhr und blies endlich kräftig in seine Pfeife. Das Spiel hatte begonnen!

»Wisst ihr eigentlich«, brachte Justus gut gelaunt zwischen ein paar Weißbrotbrocken hervor, »dass ein fußballähnliches Spiel schon im zweiten Jahrtausend vor Christus in China gespielt wurde? Übersetzt hieß es so viel wie *Den Ball mit dem Fuß stoßen.* Über die damaligen Regeln des Spiels ist so gut wie nichts

bekannt, es gilt jedoch als sicher –« Der Erste Detektiv hielt inne, weil ihm sowohl Peter als auch Bob den Kopf zugedreht hatten und ihn finster ansahen. »Was? Was ist?«
Peter nickte zum Spielfeld. »Das Lexikon in deinem Hirn in allen Ehren, aber wir würden uns gerne auf das Spiel konzentrieren.«
Justus sah auf den Rasen. »Aber da passiert doch noch gar nichts«, erwiderte er. »Die schieben doch nur den Ball hin und her.«
»Das nennt man Abtasten«, erklärte Bob. »Man versucht bei so einem wichtigen Spiel erst einmal herauszufinden, mit wem man es zu tun hat.«
Der Erste Detektiv wirkte ehrlich erstaunt. »Es spielen die *Los Angeles Hawks* gegen die *Philadelphia Tornados*, oder?«
»Die Tagesform, die mentale Verfassung, die Einstellung.« Peter konnte kaum glauben, dass man so etwas nicht wusste. »Das meint Bob mit Abtasten.«
»Da, siehst du die beiden Zehner?« Der dritte Detektiv zeigte auf zwei Spieler, die sich gerade im Zweikampf befanden. »Die gehen nicht gleich voll auf die Knochen, sondern beschnuppern sich erst mal.«
Justus runzelte die Stirn. »Und später gehen sie«, er zögerte, »voll auf die Knochen, wie du das nanntest?«
Bob zuckte die Schultern. »Es wird sicher ruppiger, je länger das Spiel dauert und je mehr die Mannschaften tun müssen.«
»Wow!«, rief Peter in diesem Moment und gleichzeitig ertönte ein lauter Pfiff. »Mit Abtasten ist nicht mehr viel, fürchte ich. Habt ihr gesehen, wie dieser Holzfäller Callaghan umgesenst hat?«
Ein Spieler der *Hawks* wälzte sich nach einem rüden Foul auf den Boden. Andere Spieler eilten herbei, von den Rängen hörte man Pfiffe und Buhrufe.

»Oh Mist! Stichwort Callaghan!« Peter griff in seine Jackentasche. »Da fällt mir ein, ich muss ja noch Kelly anrufen. Wir wollen heute Abend Eis essen gehen.«
Justus und Bob grinsten vielsagend. Peters Freundin konnte recht schwierig werden, wenn er ihre Abmachungen vergaß.
Der Zweite Detektiv tippte die Nummer in sein Handy, schielte aber dabei immer wieder aufs Spielfeld. Callaghan, der gefoulte Spieler, rappelte sich dort unten mühsam auf und der Spielerpulk verlief sich wieder. Als das Freizeichen ertönte, ging das Spiel bereits weiter.
Peter hielt sich das andere Ohr zu, damit er seine Freundin besser verstand. Um sie herum waren zwar etliche Plätze frei, aber im Stadion war es dennoch ziemlich laut.
Jemand meldete sich. Aber genau in diesem Moment ging ein paar Reihen hinter ihnen eine Fanhupe los. Ohrenbetäubend gellte sie über die Ränge. Peter hatte kein Wort verstanden. »Kelly?«
»Wer?«
»Hallo? Ich bin's, Peter. Kelly, hör zu, ich … Hallo?« Sein Blick verdüsterte sich. »Kelly? Bist du dran? Hallo?«
»Ist der Empfang schlecht?«, fragte Justus.
Peter schüttelte den Kopf. »Nein, ich höre die Stimme ganz deutlich, aber es ist –« Der Zweite Detektiv verstummte.
»Was ist?«
»Er meint, er legt mich einen Moment in die Warteschleife«, sagte er verdutzt. »Weil jemand angeklopft hat.«
»Wer er?« Bob hörte mit dem Kauen auf. »Hast du dich verwählt?«
»Keine Ahnung. Wahrscheinlich. Ich habe den Namen wegen der Tröte da oben nicht verstanden.« Peter winkte vage nach hinten. »Aber Kelly ist es nicht. Es sei denn, sie ist urplötzlich im Megastimmbruch.« Peter hielt das Telefon ein Stück von

sich weg, um die Nummer sehen zu können, die er gewählt hatte. »Verdammt!«, entfuhr es ihm. »Das Ding spinnt mal wieder. Das Display zeigt nichts an.« Er legte das Handy wieder ans Ohr. »Ich entschuldige mich nur noch schnell, dass ich mich verwählt habe.«

Etwa eine halbe Minute herrschte Stille in der Leitung. Dann ertönte ein Knacken und eine Stimme war zu hören. Peter wollte schon etwas sagen, als ihm auffiel, dass das nicht die Stimme von vorhin war. Mehr noch, es war eine äußerst merkwürdige Stimme, eine, die ihn frösteln ließ. Mit angehaltenem Atem lauschte er und instinktiv legte er dabei seine Hand auf die Sprechschlitze.

»Noch einmal, damit es darüber keine Unklarheiten gibt«, drang es verzerrt an sein Ohr. »Sie tun ab jetzt besser, was ich Ihnen sage. Denn ich habe ab sofort ein Präzisionsgewehr auf Ihren Sprössling gerichtet!«

5. Minute

Peter war wie versteinert. Ungläubig starrte er auf sein Handy.
»Peter?« Bob beugte sich nach vorne und sah seinem Freund ins Gesicht. »Alles klar bei dir?«
Der Zweite Detektiv sah auf. »Da … der Typ … der«, stammelte er verstört, »… hat eben gesagt …«
»Was ist denn los mit dir, Zweiter?« Justus war alarmiert. Mit seinem Freund stimmte etwas nicht.
»… dass er ein Gewehr auf den Sohn des anderen gerichtet hat«, sprach Peter einfach weiter. »Ab sofort.« Erst jetzt erwachte der Zweite Detektiv aus seiner Starre.
»Wie bitte?«, stieß Justus erschrocken hervor und ließ sein Hotdog sinken. »Was sagst du da?«
»Er hat ein Gewehr auf …« Bob verschlug es die Sprache.
»Haben Sie das jetzt verstanden?«, kam es in diesem Moment aus dem Handy.
»Da ist er wieder!«, wisperte Peter.
Justus und Bob rückten augenblicklich näher und Peter hielt das Handy so, dass sie alle drei mithören konnten. Nach wie vor verschloss er dabei mit der linken Hand die Sprechöffnung.
»Hören Sie«, vernahmen die drei Jungen die nervöse Stimme eines Mannes, »ich … ich weiß wirklich nicht, was Sie von mir wollen. Was soll das alles? Wer sind Sie überhaupt?«
»Das ist der andere«, flüsterte Peter aufgeregt.
»Du bist in einer Konferenzschaltung!« Justus stellte Hotdog und Cola auf die Bank und wischte sich hektisch den Mund ab. »Der Mann, den du angerufen hast, hat dich dazugeschaltet, absichtlich oder zufällig! Jedenfalls seid ihr zu dritt!«
»Konferenzschaltung? Du meinst …« Peter sah seinen Freund verblüfft an und auch Bob war wie vom Donner gerührt.

»Meine Person ist im Grunde unwichtig«, antwortete der Erpresser. Seine Stimme vibrierte blechern und klang, als käme sie aus einem tiefen Brunnen.
»Er arbeitet mit einem Stimmenverzerrer«, flüsterte Bob.
»Das ist ernst, Kollegen!« Justus war die Anspannung ins Gesicht geschrieben. »Das klingt beileibe nicht nach einem Scherz!«
»Aber nennen Sie mich einfach der Namelose. So gute Freunde wollen wir ja nicht werden, nicht wahr?« Der Mann lachte spöttisch.
»Der Namenlose?«, echote Bob. »Wie einfallsreich.«
»Der Namenlose?«, fragte der andere Mann nach. Er atmete flach und viel zu schnell. »Gut … gut. In Ordnung. Der Namenlose. Aber so sagen Sie mir doch, was Sie von mir wollen! Was soll ich tun?«
»Können die uns hören?«, flüsterte Bob.
»Solange Peter die Hand auf dem Mikro hat, nicht«, erwiderte Justus.
Der Erpresser meldete sich wieder zu Wort. »Was genau ich von Ihnen will, werden Sie zu den gegebenen Zeitpunkten noch früh genug erfahren. Fürs Erste sind nur ein paar Regeln wichtig.«
»Regeln? Was für Regeln?«
»Und wenn wir uns einfach bemerkbar machen?«, schlug Bob vor. »Vielleicht schrecken wir den Typen damit ab?«
»Regeln, genau. Die erste lautet: Keine Polizei. Sollte ein Bulle nur in Ihre Richtung oder in die Ihres Sohnes blicken, schieße ich. So weit klar?«
Justus runzelte die Stirn. Da passte etwas nicht zusammen. Dann sagte er zu Bob: »Wäre möglich. Aber dann macht er sich eben zu einem späteren Zeitpunkt an sein Opfer ran. Oder schlimmer noch: er denkt, dass er hintergegangen wurde, und macht seine Drohung sofort wahr. Nein, solange wir nicht wis-

sen, mit wem wir es zu tun haben, sollten wir uns absolut ruhig verhalten. Das Risiko ist zu groß. Und nur so haben wir vielleicht eine Chance zu helfen.«

»Sprechen Sie weiter.«

»Die zweite Regel ist schon ein wenig kniffliger: Ihr Sohnemann darf auf keinen Fall ausgewechselt werden oder aus irgendeinem anderen Grund das Spielfeld verlassen.«

Die drei Detektive sahen sich entgeistert an. Was hatte das zu bedeuten?

»Wie bitte?« Das Erpressungsopfer fiel aus allen Wolken. »Wie stellen Sie sich das vor? Darauf habe ich doch gar keinen Einfluss!«

Der Erpresser lachte gehässig. »Das ist nicht mein Problem.«

»Der redet von einem Spiel!«, sagte Peter. »Der Junge steht in diesem Augenblick auf irgendeinem Spielfeld!«

Justus schüttelte nachdenklich den Kopf. »Das bringt uns keinen Schritt weiter. Wir wissen weder, ob der Junge zehn, zwanzig oder dreißig ist, noch um welche Art von Spiel es sich handelt. Und dieses Spielfeld kann genauso gut in New York sein wie in San Francisco.«

»Das … das ist doch absoluter Unsinn!«, regte sich das Opfer auf. »Hören Sie, Mr Namenlos oder wie immer Sie sich auch nennen mögen: Sie verschwenden meine Zeit! Ich … ich glaube Ihnen kein Wort und werde jetzt auflegen. Dann können Sie meinetwegen –«

»Das werden Sie nicht, Mr … Brainman.« Die Stimme des Erpressers klang wie geschliffenes Glas. Leise und scharf. »Ich darf Sie doch so nennen, oder?« Er lachte trocken.

»Mr Brainman? So heißt der doch nie im Leben!«, sagte Peter.

»Mit diesen Pseudonymen hat es sicher seine Bewandtnis«, überlegte Justus. »Damit will der Kerl irgendetwas zum Ausdruck bringen.«

»… und dann können Sie meinetwegen jemand anderem mit Ihren Spielchen auf die Nerven gehen.« Brainman war nicht wirklich überzeugend. Er versuchte zu bluffen, war aber viel zu aufgeregt. Er stotterte fast. »J…ja, Sie wissen, dass T…Tom genau in diesem Moment in Carson um die Highschool-Meisterschaft spielt. Aber das herauszufinden, ist nicht besonders schwierig.«

Peter fiel vor Schreck fast das Handy aus der Hand. Alle drei Jungen rissen die Augen auf.

Es ging um ihr Spiel! Der Spieler, auf den das Gewehr gerichtet war, befand sich in diesem Stadion!

Justus sah Peter eindringlich an. »War davon vorher schon mal die Rede? Hat der Erpresser diesen Umstand bereits erwähnt?«

»Ich … weiß nicht. Nein, ich glaube nicht. Aber ich habe ja nicht alles mitbekommen, was gesprochen wurde.«

»Dann war das an uns gerichtet.« Justus' Blick jagte über die Tribünen. »Die Konferenzschaltung ist Absicht! Brainman will, dass wir ihm helfen, Kollegen. Das eben zu sagen war völlig unnötig. Und äußerst riskant!«

»Und deswegen werde i…ich unser Gespräch jetzt beenden. Sie scheinen einen recht seltsamen Humor zu besitzen, denn meiner Meinung nach ist das Ganze wohl nichts weiter als ein übler Scherz. Ein ganz ü…übler.« Der Versuch, Entschlossenheit zu demonstrieren, misslang gründlich. Und Brainman legte auch nicht auf.

Der Namenlose wartete. Die drei Jungen hörten ihn atmen. Ruhig und gleichmäßig. Hatte er etwas bemerkt? Ahnte er, dass da etwas nicht stimmte? Sie warfen sich besorgte Blicke zu.

Aber offenbar hatte der Erpresser keinen Verdacht geschöpft, denn nach einer halben Ewigkeit sagte er leise und gefährlich: »Sie glauben also, dass ich scherze, Mr Brainman? Ü…übel scherze?«, äffte der Mann das Stottern nach.

»J…ja, das tue ich«, kam es zaghaft.
Der Erpresser schien amüsiert. »Nun gut, dann werde ich Ihnen wohl beweisen müssen, dass dem nicht so ist.«
Die drei ??? sahen sich beunruhigt an. Was hatte der Mann nur vor?
»Mr Brainman, ich darf Sie bitten, den Ball im Auge zu behalten.«
»Der Vater ist auch hier!«, entfuhr es Peter. »Er sieht sich das Spiel an!«
Justus und Bob nickten stumm.
»Ich bin mir sicher, dass sich in Kürze eine Gelegenheit ergeben wird, die Ihnen beweist, wie ernst mir unsere Angelegenheit ist.«
Die sachliche, fast höfliche Art, wie der Mann sprach, und die verzerrte Stimme ließen die Jungen schaudern. Voll böser Ahnungen schauten sie aufs Spielfeld, wo die *Hawks* gerade einen Angriff auf das gegnerische Tor über den rechten Flügel starteten. Die Nummer 4, der Rechtsaußen, trieb den Ball auf die Strafraumgrenze zu. Aber ein Abwehrspieler der *Tornados* stellte sich ihm in den Weg und spitzelte das Leder über die Torauslinie. Der Schiedsrichter pfiff zur Ecke.
»Passen Sie jetzt genau auf, Mr Brainman!«
»Was … was haben Sie vor? Was wollen Sie tun?«, drang es nervös aus dem Hörer.
»Geben Sie einfach auf den Ball acht.«
Die drei Jungen starrten wie gebannt auf das Spielfeld. Die Vierzehn schnappte sich den Ball und trug ihn zur Eckfahne. Dort platzierte der Spieler ihn sorgfältig innerhalb des Viertelkreises und trat dann ein paar Schritte zurück. Der Linienrichter signalisierte, dass alles in Ordnung war, und der Schiedsrichter gab den Eckstoß frei.
Der Spieler blickte noch einmal in den Strafraum, wo sich sei-

ne Mannschaftskameraden bereits um die besten Positionen rangelten. Dann lief er an. Fünf Schritte. Er holte aus und trat mit dem rechten Fuß gegen den Ball.

Ein merkwürdig dumpfer Laut ertönte, als der Schuh das Leder traf. Der Ball flog ein kleines Stück durch die Luft und fiel dann als schlappe Hülle zu Boden.

9. Minute

»Was … was ist passiert?«, stammelte Brainman.
»Schalldämpfer!«, stellte Justus fest. »Der Kerl benutzt einen Schalldämpfer!«
»Ein Schalldämpfer leistet in so einem Fall sehr gute Dienste«, erwiderte der Namenlose wie zur Bestätigung. »Nur Sie, Mr Brainman, und ich kennen den wahren Grund, warum dem Ball plötzlich die Luft ausgegangen ist. Das Spiel wird sicher gleich ohne viel Aufhebens fortgesetzt und es wird auch sicher ohne weitere Zwischenfälle zu Ende gehen.« Der Erpresser wartete eine Sekunde und fügte dann schneidend hinzu: »Vorausgesetzt, Sie tun ab jetzt, was ich sage!«
»Ich glaub das nicht!« Peter war merklich blass geworden. »Sag mir bitte einer, dass wir hier im falschen Film sitzen!«
Bob schüttelte unmerklich den Kopf. »Nein, ich fürchte, es ist wahr: Irgendwo hier im Stadion befindet sich ein Verrückter, der einen der Spieler mit einer Waffe bedroht. Und er kann mit dieser Waffe offensichtlich auch sehr gut umgehen.«
»Wobei ich bezweifle, dass er verrückt ist«, ergänzte Justus und kramte in seiner Tasche herum. »Ich habe vielmehr den Eindruck, dass der Mann sehr genau weiß, was er tut. Und wie er es tun muss.« Er sah auf. »Hat einer von euch einen Kaugummi?«
Der Erpresser meldete sich wieder zu Wort. »Hören Sie mir jetzt wieder genau zu! Sie werden von mir nun gleich die erste Anweisung bekommen. Vorher jedoch noch ein paar organisatorische Dinge. Zum einen: Von jetzt an wird jeder Ihrer Schritte, jede Ihrer Handbewegungen beobachtet. Tun Sie mir und sich also einen Gefallen und machen Sie keinen Blödsinn.«
»Einen Kaugummi?«

»Ich habe einen«, sagte Bob verwundert und griff in seine Hosentasche. »Wozu brauchst du jetzt einen Kaugummi?«
Brainman antwortete nicht sofort. Offenbar hatte er sich von der Demonstration immer noch nicht ganz erholt. Schließlich erwiderte er mit heiserer Stimme: »Ich … habe Sie verstanden.«
»Der muss einen Komplizen haben!«, erkannte Bob. »Nur so kann er gleichzeitig den Sohn im Visier haben und wissen, was Brainman tut. Hier.« Er reichte Justus den Kaugummi.
»Ich dachte mir schon, dass wir von mindestens zwei Schurken ausgehen müssen«, bestätigte der Erste Detektiv. »Das ging aus der Anweisung hervor, dass keine Polizei eingeschaltet werden darf.« Er wickelte den Kaugummistreifen aus und steckte sich ihn in den Mund. Ein paarmal kaute er darauf herum, dann spuckte er den grauen Fladen in seine Hand. »Zweiter, ich drücke den Kaugummi jetzt in die Sprechöffnung. Nimm deine Hand aber nur ganz vorsichtig weg, damit keine Geräusche ins Mikro dringen.«
Der Zweite Detektiv nickte. »Bestimmt stehen die beiden auch über Handy in Verbindung«, sagte er grimmig, während Justus den Kaugummi unter seinen Daumenballen schob.
»Okay, das müsste halten.« Justus presste die graue Masse noch etwas fester in die Sprechschlitze. »Jetzt sind wir stumm.«
»Schön.« Der Namenlose klang zufrieden und äußerst gut gelaunt. »Weiter: Lassen Sie bitte Ihr Handy eingeschaltet. So stehen wir beide immer in Verbindung und stellen sicher, dass Sie nichts Unbedachtes zu einem Dritten sagen, nicht wahr? Am besten, Sie benutzen ab jetzt Ihr Headset. Sie werden bestimmt beide Hände brauchen.«
Justus machte ein verächtliches Gesicht. »Wie gesagt, der Kerl ist alles andere als verrückt.«
»Was wollen Sie? Sagen Sie schon, was Sie wollen!«, rief Brainman verzweifelt.

Der Namenlose lachte. »Langsam, langsam! Wir haben noch viel Zeit. Genau genommen ...« Eine kleine Pause entstand. »... etwas weniger als 90 Minuten. Denn natürlich werde ich Ihrem Sohn den Halbzeittee gönnen. Ich bin ja kein Unmensch.« Die Fröhlichkeit des Erpressers war beinahe ekelerregend.

»Die Halbzeitpause«, wiederholte Justus leise. »Die Halbzeit.« Angespannt sah er auf seine Uhr. »Wie will er das machen?«

»Aber!« Die gespielte Heiterkeit war mit einem Schlag verschwunden. Kalt und hart drang das Wort aus dem Hörer. »Sollten Sie nicht getan haben, was ich von Ihnen fordern werde, bevor der Schiedsrichter das Spiel abpfeift, wird Ihr Sohn in der Sekunde nach dem Schlusspfiff Bekanntschaft mit einer Kugel machen. Das verspreche ich Ihnen!«

Schweigen. Für einige Sekunden starrten sich die drei Detektive nur fassungslos an. Auch der Erpresser und Brainman sagten nichts.

»Mein Gott«, brachte Peter schließlich hervor. »Was machen wir denn jetzt? Was sollen wir tun?«

»Was ... was soll ich tun?« Brainman war kaum zu verstehen, so leise sprach er.

»Machen Sie sich auf den Weg, ich werde Ihnen gleich genaue Anweisungen geben«, erwiderte der Erpresser kalt. »Aber nicht vergessen: Handy anlassen!«

»Wir müssen etwas unternehmen!«, drängte Bob. »Wir müssen uns etwas einfallen lassen!«

Justus nickte und begann, an seiner Unterlippe zu zupfen. Das war von jeher ein Tick von ihm, wenn er scharf nachdachte.

Schritte waren durch das Handy zu hören und hastiges Atmen. Brainman lief los. Wohin auch immer.

Unten auf dem Rasen hatte das Spiel inzwischen Fahrt aufgenommen. Eine Torraumszene jagte die nächste, das Match wogte hin und her. Immer wieder feuerten die Zuschauer ihre Mannschaften lautstark an. Doch keiner der drei Jungen hatte jetzt Augen und Ohren für das Treiben auf dem Rasen. Selbst als die *Tornados* einen Elfmeter zugesprochen bekamen, den sie allerdings verschossen, ging das an ihnen vorbei. Zwar waren ihre Blicke auf das Grün gerichtet, aber sie nahmen nicht wahr, was dort unten passierte. Ihre Gedanken waren nur bei Brainman und dem Namenlosen. Und bei dem Gewehr, das im Moment auf einen der Spieler zielte.

»Am besten, wir suchen uns den nächsten Polizisten und erzählen ihm, was los ist«, schlug Peter vor. »Wir müssen zur Polizei, egal, was dieser Kerl gesagt hat! Die wissen, wie sie sich in einem Fall wie diesem verhalten müssen.«

»Peter hat recht«, stimmte Bob zu. »Bleibt nur zu hoffen, dass überhaupt Polizisten hier sind.« Er blickte hinunter zum Spielfeldrand. »Ich glaube nämlich nicht, dass dieses Spiel besonders heikel ist, was die Sicherheit angeht. Und in dem Fall ist oft nur die hauseigene Security oder Ordnungspersonal da. Womöglich müssen wir raus aus dem Stadion und in die Stadt.«

Justus zögerte. »Was uns enorm viel Zeit kosten würde. Aber selbst wenn sich Polizeikräfte hier im Stadion aufhalten sollten, muss uns das nicht zwangsläufig weiterhelfen.«

»Wieso denn?« Peter zog die Stirn in Falten.

»Weil wir davon ausgehen müssen, dass man –« Justus hielt inne. Der Erpresser sprach wieder.

»Mr Brainman. Sind Sie noch da?«

»Ja.« Ein Hauch von einem Ja.

»Ausgezeichnet. Hören Sie zu. Hier ist der erste Hinweis für Sie. Er ist etwas ungewöhnlich, aber Sie tragen Ihren Namen ja nicht ohne Grund.«

»Ich weiß nicht, was Sie meinen«, antwortete der Mann verwirrt. »Sie kennen meinen Namen. Er lautet …«

»… für unsere Zwecke Mr Brainman«, schnitt ihm der Erpresser das Wort ab.
»Mist!«, fluchte Bob. »Er wollte uns seinen Namen nennen!«
»Der Kerl möchte die Kontrolle behalten«, sagte Justus. »Er will sein Spiel spielen.«
»Und als solcher wird es Ihnen sicher ein Leichtes sein, den folgenden Hinweis richtig zu interpretieren. Hören Sie genau zu, ich nenne ihn nur einmal. Er lautet:
Die Mutter eines Heiligen,
der sommerlichen Namen trug,
sieht hoch am Himmel einen Mann,
der niemals nach der Freiheit frug.«
»Was …?«, keuchte Brainman. »Ich … verstehe nicht.«
Die drei Detektive sahen sich irritiert an. Ein Gedicht? Ein Rätsel?
»Was … was soll das?«
»Das werden Sie herausfinden müssen«, antwortete der Namenlose herablassend. »Wenn Sie da sind, geben Sie mir Bescheid.«

15. Minute

»Aber ich … ich habe keine Ahnung.« Brainman war völlig außer sich. »Das ist unmöglich!«
Der Namenlose lachte überheblich. »Nein, nein. Unmöglich ist es nicht. Aber Sie müssen sich schon ein klein wenig Mühe geben, das mag sein.«
»Mühe geben? Ich kann mich ja nicht einmal mehr an diesen dämlichen Spruch erinnern!«
»D…d…dämlich?«, stotterte der Erpresser. Unverhohlener Zorn lag in seiner Stimme. »Sagen Sie das nicht! Das ist alles andere als dämlich! Und jetzt setzen Sie Ihren Hintern in Bewegung! Wir sprechen erst wieder miteinander, wenn Sie die Lösung gefunden haben!«
»Interessant.« Justus wirkte nachdenklich. »Wirklich sehr interessant.«
»Was? Was ist interessant? Hast du die Lösung schon?« Peters Hände zitterten vor Aufregung so sehr, dass er kaum das Handy ruhig halten konnte.
»Nein«, erwiderte Justus, »ich meinte etwas anderes. Aber das spielt im Moment keine Rolle. Jetzt müssen wir erst einmal überlegen, wie wir vorgehen.«
Peter zog die Stirn in Falten. »Ich weiß immer noch nicht, was du gegen die Polizei hast.«
»Ich habe gar nichts gegen die Polizei. Ich glaube nur nicht, dass das so einfach wird. Und dass wir die Zeit dafür haben.« Der Erste Detektiv zuckte mit den Achseln. »Wir können es ja versuchen, sollten uns aber auch unbedingt überlegen, welche alternativen Vorgehensweisen sich anbieten. Lasst uns erst einmal von hier verschwinden.« Er stand auf und sah sich nach dem nächsten Ausgang um.

Auch Peter und Bob erhoben sich und hintereinander zwängten sie sich durch den engen Gang und weiter vorne an einigen Zuschauern vorbei. Unten auf dem Rasen hatten die Mannschaften eine kleine Verschnaufpause eingelegt. Ihre ersten Angriffsbemühungen waren nicht von Erfolg gekrönt gewesen, es stand immer noch 0 : 0. Und so hatte es jetzt den Anschein, als suchten beide nach einer neuen Taktik. Der Ball wurde vor allem im Mittelfeld hin- und hergeschoben, während die Trainer ihre Teams lautstark von außen dirigierten.
Peter seufzte wehmütig. Wie gerne hätte er dieses Spiel gesehen! Und nun mussten sie hinter einem Irren herjagen, der einen der Spieler im Visier hatte!
Vorne an der Treppe sah Justus sich kurz um und lief dann nach oben. Während er die Stufen hinaufging, schlossen Peter und Bob zu ihm auf.
»Okay. Ich glaube, ich weiß, wie du das mit der Polizei meintest«, sagte der Zweite Detektiv. »Du denkst, dass die uns die Geschichte nicht abnehmen?«
Justus machte ein skeptisches Gesicht. »So in etwa. Wird jedenfalls sehr schwierig werden. Zumal auf dem Handy im Moment nicht mehr gesprochen wird. Sie müssen dem Hinweis zwar nachgehen, aber je nachdem, an wen wir geraten, kann das dauern.«
»Dann sollten wir uns genau überlegen, was wir sagen, um möglichst überzeugend zu klingen«, meinte Bob. »Also, was haben wir? Mindestens zwei Erpresser, davon einer mit Gewehr hier im Stadion, der auf einen der Spieler zielt.«
»Falsch«, korrigierte Justus. »Er muss nicht im Stadion sein. Solche Präzisionsgewehre haben eine enorme Reichweite. Manche Spezialwaffen bis zu 2 500 Metern. Und wenn er hoch genug sitzt, kann er sogar über die Überdachung hinwegschießen. Der Schütze kann sich durchaus auch irgendwo außerhalb

des Stadions befinden.« Der Erste Detektiv zeigte auf einige weiter entfernte Hochhäuser und auf den Wald von Kränen einer benachbarten Großbaustelle. »Den ausfindig zu machen, ist alles andere als einfach.«
»Brainman sieht auf seinem Display sicher die Handynummer«, überlegte Bob. »Wenn wir die hätten, könnte sie die Polizei orten.«
»Ich könnte mir durchaus vorstellen, dass der Typ geschickter vorgeht«, sagte Justus. »Womöglich hat er sich sogar in das Gespräch gehackt. Und selbst wenn er über ein Handy telefoniert, ist eine Ortung nur auf 50 Meter genau und würde auch viel zu viel Zeit benötigen. Das können wir vergessen.«
»Da hast du wahrscheinlich recht«, meinte der dritte Detektiv. »Okay, weiter. In einem Radius von ungefähr 2 500 Metern befindet sich der Erpresser. Er nennt sich selbst der Namenlose und sein Opfer Mr Brainman. Der wiederum wird ab jetzt von mindestens einem Komplizen beschattet und beide verlassen wohl gerade in diesem Moment das Stadion.« Bob blieb stehen und ließ seinen Blick über die Tribünen schweifen. »Um das Stadion abzuriegeln, reicht die Zeit auf keinen Fall mehr. Zumal wir nicht mal wissen, nach wem wir suchen müssen. Der andere Ganove müsste schon ein Leuchtschild mit sich rumtragen, auf dem *Komplize des Namenlosen* steht.« Bob lächelte gequält.
»Die beiden müssen auch gar nicht im Stadion sein«, gab Justus zu bedenken.
»Wie meinst du das?« Peter sah seinen Freund irritiert an. »Brainman hat doch mitbekommen, was mit dem Ball passiert ist. Er muss im Stadion sein.«
Justus schüttelte den Kopf. »Er kann sich das Spiel auch gut vor dem Fernseher ansehen und der Komplize wartet vor seinem Haus auf ihn.« Der Erste Detektiv nickte zu den Pressetribü-

nen hinüber, wo deutlich eine Plattform mit einer Kamera zu sehen war. Ein Mann mit Kopfhörer stand dahinter und folgte mit dem Objektiv jeder Bewegung des Balls. »Brainman muss nicht im Stadion sein. Und wenn er vor dem Fernseher sitzt, kann er sich überall befinden. In Alaska, in Mexiko, in Rocky Beach. Sucht euch was aus. Er wird zwar sehr wahrscheinlich aus der Gegend hier kommen, weil sein Sohn bei den *Hawks* spielt. Aber ob sich Brainman im Augenblick auch wirklich irgendwo hier in der Nähe aufhält, lässt sich nicht mit letzter Sicherheit sagen.«

Peter stöhnte entnervt auf. »Mann, das darf alles nicht wahr sein!«

Bob kratzte sich hinter dem Ohr. »Das heißt, wir haben nichts Konkretes. Nicht einmal eine Forderung. Nur eine Drohung und ein beknacktes Rätsel!«

»Wir haben einen Namen!«, widersprach Peter. »Tom. Der Junge, um den es geht, heißt Tom. Und er steht da unten auf dem Rasen.« Er nickte zum Spielfeld hinab.

Justus lächelte bitter. »Tom, ja. Und jetzt versetzt euch in die Lage des Polizisten, dem wir das erzählen. Wenn wir überhaupt einen finden. Die Chance, dass er uns als aufmerksamkeitssüchtige Wichtigtuer davonjagt, ist ziemlich groß, würde ich sagen. Und wenn nicht, vergeuden wir wertvolle Zeit.«

Peter und Bob sahen betreten zu Boden. Justus hatte recht, das mussten sie wohl oder übel zugeben.

Mittlerweile waren sie an einem der tunnelartigen Ausgänge angekommen, die unter die Zuschauerblöcke ins Innere des Stadions führten. Der Erste Detektiv trat in den Durchlass, der nach einigen Schritten in einen breiten Gang mündete. Er erstreckte sich unter den Tribünen rund um den Stadionbau und bot Platz für Souvenirshops, Münzfernsprecher, Toiletten und andere Einrichtungen.

Peter sah sich ein letztes Mal nach dem Spiel um. Lautstark schwappte eben eine La Ola durch das Stadion und Chris Stanton, der Stürmer der *Hawks*, donnerte einen Seitfallzieher aus 20 Metern knapp über die Latte. »Oh Mann«, jammerte der Zweite Detektiv leise.

Justus orientierte sich. Auf dem Weg hierher hatte er einen Plan geschmiedet, wie sie weiter vorgehen könnten. In einiger Entfernung entdeckte er, was er dafür benötigte. Er trat ein paar Schritte zur Seite, wo der Lärm aus dem Stadion nicht so groß war, und winkte seine Freunde zu sich.

»Was ist?« Peter kam näher und auch Bob sah den Ersten Detektiv fragend an.

»Hört zu«, begann Justus. »Angesichts der komplizierten Situation und der begrenzten beziehungsweise wenig aussichtsreichen Möglichkeiten, die uns zur Verfügung stehen, habe ich mir Folgendes überlegt.« Er deutete auf die beiden Münzfernsprecher, die weiter hinten an der Wand hingen. »Der einzige Polizist, der uns unsere Geschichte vielleicht schnell genug abnehmen wird, ist Cotta. Wenn wir es geschickt anstellen. Und den rufen wir jetzt an.«

Inspektor Cotta vom Police Department in Rocky Beach, dem Heimatort der drei ???, war ein alter Bekannter. Schon in vielen Fällen hatten sie mit ihm zusammengearbeitet. Allerdings war es nicht immer einfach, Cotta von ihren Vermutungen zu überzeugen. Seiner Meinung nach hörten die drei Jungen zu oft das Gras wachsen …

»Ja! Tolle Idee, Erster!«, pflichtete Bob seinem Freund bei.

»Aber Cotta braucht doch ewig, bis er hier ist«, warf Peter ein. »Bis dahin ist das Spiel aus.«

Justus schüttelte den Kopf. »Er muss gar nicht hierherkommen. Wenn er uns glaubt, muss er nur dafür sorgen, dass die Mannschaften nach der Pause das Spielfeld nicht mehr betreten.

Dann ist der Junge außer Gefahr und es steht genügend Zeit zur Verfügung, um herauszufinden, wer unser großer Unbekannter ist.«

»Okay, dann los!« Bob lief voraus und zog schon einmal seine Geldbörse aus der Hosentasche. Zwei 25-Cent-Münzen fand er darin, das sollte reichen.

Aber als sie an den silbern glänzenden Münzfernsprechern angekommen waren, erlebten sie eine Enttäuschung. An beiden Kästen hing ein Schild mit der Aufschrift *Defekt*.

»Mist!«, schimpfte Peter. »Und jetzt?«

Die Jungen sahen sich um. Weit und breit waren keine anderen Telefone zu sehen.

»Sucht ihr 'n Telefon?« Ein Mann in einem rot-weißen Trikot kam eben die Treppe herauf, die auf der anderen Seite des Ganges nach unten führte. »Ja, die da sind hin. Aber die unten vor dem Eingang zum Spielerbereich funktionieren. Drüben unter Block C sind zwar auch noch welche, aber die da unten sind näher.« Er deutete mit dem Daumen über seine Schulter.

»Oh, vielen Dank!«, sagte Justus freundlich. Die drei Detektive liefen an dem Mann vorbei die Treppe hinab.

Über schlichte Betonstufen hangelten sich die Jungen an einem metallenen Geländer, das irgendwann einmal grün gewesen war, nach unten. Ihre Schritte hallten dumpf von den Wänden wider. Undeutlich waren die Geräusche aus dem Stadion zu hören. Irgendetwas musste dort geschehen sein. Kein Tor, vielleicht ein Fehlschuss oder ein Foul. Peter seufzte missmutig auf. Und blieb plötzlich stehen.

»Zweiter? Was ist los?« Bob war noch ein paar Stufen weitergelaufen und hatte nach der Kurve gesehen, dass Peter angehalten hatte.

Der Zweite Detektiv presste das Handy ans Ohr. »Der Empfang! Er wird schlechter. Es knackt und rauscht. Wenn ich noch weiter runterlaufe, ist er vielleicht ganz weg. Dann verlieren wir die beiden.«

Justus überlegte kurz. »Okay. Geh du wieder rauf und warte am Ausgang auf uns. Wir versuchen Cotta zu erreichen.«

»Geht klar.« Peter nickte und drehte sich um. Justus und Bob eilten wieder die Treppe hinab.

Unten angekommen, mussten sie sich nach rechts wenden. Dort weiter vorne sahen sie die große Glastür, die den Spielerbereich abtrennte und hinter der ein Ordner in einem scheußlichen gelben Overall in eine Zeitschrift vertieft auf einem Hocker saß. Einige Meter davor befand sich in einer kleinen Nische ein Münzfernsprecher.

»Oh nein!« Bob verzog das Gesicht.

Eine junge Frau telefonierte. Und das offenbar sehr angeregt. Es sah nicht danach aus, als ob sie nur einen schnellen Anruf zu erledigen hätte.

Die beiden Jungen traten näher und warteten in einigem Abstand. Aber ihre Blicke und ihr nervöses Treten von einem Bein aufs andere verrieten sehr deutlich, dass sie telefonieren wollten. Dringend.

Was die Frau nicht im Geringsten zu interessieren schien. Munter plapperte sie weiter drauflos und lächelte die beiden Detektive dabei sogar noch an.

Eine steile Falte bildete sich zwischen Justus' Brauen. »Ich werde jetzt keine Klischees bedienen, nein, nein«, flüsterte er Bob zu. »Auch wenn mich das gerade enorme Überwindung kostet.«

Nach weiteren zwei Minuten fasste sich der Erste Detektiv ein Herz. »Entschuldigen Sie«, wandte er sich vorsichtig an die Frau, »wir müssten ganz dringend einen Anruf tätigen. Es ist wirklich wichtig.«

Die Frau winkte ihm zu, lächelte und telefonierte weiter.

Justus sah sich ratlos nach Bob um. Was soll ich tun?, sagte sein Blick. Knebeln und fesseln? Gerade wollte er es noch einmal versuchen, als die Frau ein fröhliches »Tschüsschen!« in den Hörer flötete und einhängte. Sie nickte den beiden Detektiven freundlich zu und trippelte auf ihren Stöckelschuhen davon.
Eine Sekunde starrten ihr die Jungen hinterher, dann warf Bob eine Münze ein und wählte Cottas Nummer. Er hatte sie schon oft genug angerufen und kannte sie auswendig. Justus stellte sich dicht neben Bob und hörte mit.
»Police Department Rocky Beach, Vermittlung«, meldete sich eine freundliche Frauenstimme. »Was kann ich für Sie tun?«
Bob war verwirrt. »Äh … ist das nicht die Nummer von Inspektor Cotta?«
»Und wer spricht, bitte?«, fragte die Dame höflich zurück.
»Äh, Bob, Bob Andrews. Ich hätte gerne Inspektor Cotta gesprochen.«
»Tut mir leid, aber Inspektor Cotta ist im Moment nicht zu erreichen.«

26. Minute

Der Knall ließ Peters Herz aussetzen. Entsetzt fuhr er herum. Ein Schuss! Um Gottes willen!
Zwei junge Männer, eine hübsche Frau. Und alle lachten sie lauthals. Dann sah Peter die kaputte Papiertüte in der Hand des eines Mannes.
Oh Mann! Idiot!, ging es ihm durch den Kopf. Hoffentlich dämpfte der Kaugummi genug.
Mit zitternden Händen hob er das Handy wieder ans Ohr und atmete ein paarmal kräftig durch. Die Leitung blieb stumm. Gut. Also dann … wo hatte er zuletzt hingesehen? Ah ja, die Kräne. Er versuchte sich wieder auf die Umgebung zu konzentrieren. Vielleicht sah er ja einen Gewehrlauf aufblitzen? Oder eine verdächtige Person? Sein Herz klopfte immer noch ziemlich heftig.
In diesem Moment erregte ein Vorgang auf dem Spielfeld seine Aufmerksamkeit. Die *Hawks* wechselten einen Spieler aus. Die Nummer 12, der halbrechte Verteidiger, humpelte vom Platz. Offenbar hatte er sich ohne Einwirkung eines Gegners verletzt. Als der junge Mann über die Außenlinie schritt, hielt Peter kurz die Luft an. Aber nichts passierte.
»Hey, Zweiter.«
Peter drehte sich um. Justus und Bob kamen gerade aus dem Ausgang. »Und?«, fragte er sofort. »Hat er uns geglaubt?«
»Cotta ist im Einsatz und nicht einmal über Handy zu erreichen«, informierte ihn Justus.
»Oh nein!«
»Nur ein gewisser Inspektor Donatelli ist im Büro«, sagte Bob.
»Donatelli? Noch nie gehört.« Peter schüttelte den Kopf.
»Wir auch nicht. Wir haben uns trotzdem zu ihm durchstellen

lassen«, fuhr Bob fort. »Aber erst hat er ewig telefoniert, und als er sich endlich meldete, gingen uns die Münzen aus.«
Peter sah von einem zum anderen. »Das heißt, wir sind genau da, wo wir vorher waren?« Ein unangenehmes Kribbeln breitete sich in seiner Magengegend aus.
Justus machte ein betrübtes Gesicht. »Wir sind um die Erkenntnis reicher, dass wir im Moment auf uns alleine gestellt sind. Zumal wir auch nirgendwo einen Polizisten getroffen haben. Und mit irgendwelchen Ordnern zu diskutieren, kostet uns nur noch mehr Zeit.« Er sah auf seine Uhr. »Haben sich der Namenlose oder Brainman schon wieder gemeldet?«
»Nein«, sagte Peter nervös. »Aber was machen wir denn jetzt?«
»Wir müssen irgendwie an diesen Sohn herankommen, ohne dass es der Erpresser merkt.« Bob wirkte alles andere als zuversichtlich. »Das war es ja wahrscheinlich, was Brainman bezweckt hat, als er die Konferenzschaltung aufgebaut und von seinem Sohn gesprochen hat. Er will, dass wir Tom in Sicherheit bringen.«
Peter blähte die Backen. »Und wie? Selbst wenn wir wüssten, wer er ist. Sollen wir uns zu ihm aufs Spielfeld durchgraben und ihn unter die Erde zerren? Oder ihn unter einer Tarnkappe verstecken?«
Justus ignorierte die Ironie. »Wir haben nur eine Chance«, sagte der Erste Detektiv mit belegter Stimme. Auf dem Weg zu Peter hatten sich er und Bob schon über ihr weiteres Vorgehen unterhalten. Und beiden war nur eine Möglichkeit eingefallen.
»Die Halbzeitpause.« Justus sah Peter ernst an. Der Plan, den er seinem Freund gleich unterbreiten musste, gefiel ihm gar nicht. Aber sie hatten keine andere Wahl.
»Halbzeitpause. Gute Idee«, erwiderte Peter zurückhaltend. Justus' Blick ließ eine ungute Ahnung in ihm aufsteigen. »Aber wie wollen wir das anstellen? Wo sollen wir ihn abfangen?«

»In der Kabine.«
»Da steht ein Ordner vor dem Eingang. Schon vergessen?«
»Um den kümmere ich mich.«
»Und dann? Sollen wir uns bis zur Halbzeit in der Kabine verstecken, und wenn die Spieler reinkommen, jeden einzelnen fragen, ob er Tom heißt und einen Vater hat, der möglicherweise erpresst wird?«
»So ungefähr. Wobei nur du in der Kabine wärst.« Justus versuchte ein aufmunterndes Lächeln. Es misslang.
Peter nickte. »Dacht ich's mir doch, dass das dicke Ende noch kommt.«
»Wie gesagt«, erklärte Justus, »ich kümmere mich um den Ordner und einer muss am Apparat bleiben. Und da du einige der Spieler kennst, dachten wir ...« Justus ließ den Rest ungesagt und sah Peter stattdessen bittend an.
»Okay, okay«, winkte der Zweite Detektiv ab, »ich mach es auch ohne deinen Hundeblick. Schon kapiert. Und was soll ich sagen, wenn ich diesen Tom gefunden habe? Immer vorausgesetzt, ich komme überhaupt dazu, mit ihm zu reden. Wenn sie mich vorher rausschmeißen, haben wir nämlich ein Problem.«
»Am besten, du sagst die Wahrheit«, erwiderte Justus. »Wenn nötig, vor allen.«
Bob nickte zustimmend. »Auf mich würde das sicher überzeugend genug wirken.«
»Na gut. Ich werde mein Bestes tun.« Peter zuckte mit den Schultern. »Die Ersatzspieler können wir ja schon mal ausschließen, und drei Jungs kenne ich, von denen keiner Tom heißt. Damit bleiben sieben mögliche Kandidaten. Und wenn ich noch Zeit habe, kann ich mich vorher dadrin ein wenig umsehen. Vielleicht weiß ich dann schon, wen ich ansprechen muss.«
»Sieben?«, fragte Bob nach. »Elf minus drei ist acht!«

Peter informierte sie kurz über die Nummer 12, die eben vom Platz gegangen und für die die Nummer 24 von der Bank gekommen war.
»Dumm, dass die Mannschaftsaufstellung von der Anzeigetafel genommen wurde.« Der dritte Detektiv deutete mit einer missmutigen Handbewegung zu der riesigen Ergebnistafel rechts von ihnen. »Dann wüssten wir jetzt schon, wer dieser Tom ist. Aber vielleicht könnt ihr ja auf dem Weg ein paar Leute fragen, ob ihnen ein Tom bei den *Hawks* bekannt ist. Vor allem, welche Rückennummer er trägt«, schlug Bob vor.
»Gute Idee.« Justus nickte. »Dann lasst uns keine Zeit verlieren.«
Peter zögerte noch. »Und wie willst du mich da reinbringen, Erster?«
Justus grinste und wollte etwas erwidern, als sich der Erpresser erneut zu Wort meldete.
»Der Namenlose!« Peter deutete auf das Handy.
Die drei ??? scharten sich um das Telefon.
»Wie ich erfahren habe, sind Sie umgekehrt und wieder ins Haus gegangen? Haben Sie es sich anders überlegt?«, hörten sie die verzerrte Stimme des Erpressers.
Die drei Jungen sahen sich an. Brainman war also nicht im Stadion.
»Ich musste an den PC«, erwiderte Brainman. »Ich dachte, dass ich vielleicht mithilfe des Computers herausfinde, was Ihr Rätsel bedeutet.«
»Ah! Verstehe. Lassen Sie sich nur nicht allzu viel Zeit!« Der Namenlose senkte die Stimme und fügte dann hinzu: »Das ist ja sonst auch nicht Ihre Art.«
»Er kennt ihn«, sagte Justus mehr zu sich selbst. »Er kennt sein Opfer.«
Peter zuckte mit den Schultern. »Natürlich kennt er ihn. Schließlich erpresst er ihn ja.«

Justus schüttelte den Kopf. »So meinte ich das nicht. Er kennt ihn auf eine besondere Art. Dieses Gefühl hatte ich schon bei den Pseudonymen. Aber im Moment ist das nur so eine Ahnung. Komm, legen wir los.«
Peter gab Bob das Handy. Unten auf dem Spielfeld legte sich der Torwart der *Tornados* eben den Ball auf die Ecke des Fünfmeterraums und nahm Anlauf. Bevor er am Ball war, machten sich Peter und Justus bereits auf den Weg ins Innere des Stadions.
»Hör mal, dieses Rätsel«, sagte der Zweite Detektiv, als sie die Treppe betraten. »Hast du schon eine Ahnung, was das soll? Irgendwie ist das doch total merkwürdig. Ich meine jetzt nicht so sehr das Rätsel an sich, sondern dass der Erpresser überhaupt ein Rätsel stellt. Wieso vergeudet er Zeit? Wieso sagt er nicht gleich, was er will?«
Justus sah weiter auf die Stufen. »Ein guter Gedanke, Zweiter. Warum tut jemand so etwas? Will er seine Macht demonstrieren? Will er von etwas ablenken und wenn ja, wovon? Oder will er etwas damit sagen? Oder will er …« Justus versank in Gedanken. »Hm …«
»Oder will er was?«, hakte Peter nach. »Jetzt nicht wieder in Hms denken, Just! Hörst du!« Der Erste Detektiv gab nicht immer preis, was ihm im Kopf herumging. Entweder weil die Überlegungen seiner Meinung nach noch nicht spruchreif waren oder weil er vor lauter Denken das Reden vergaß. Peter nervte beides.
»Ach, nichts.« Justus schüttelte den Kopf. »Überlegen wir lieber, was das Rätsel selbst bedeutet.«
Peter verdrehte die Augen. Nichts! Natürlich!
Justus dachte kurz nach. »Wie war das noch mal? Die Mutter eines Heiligen, der … sommerlichen Namen trug, sieht … hoch am … Himmel einen Mann …«

»… der niemals nach der Freiheit frug«, vollendete Peter den Satz. »Dahinter könnte eine Ortsangabe stecken.«
»Richtig«, bestätigte Justus. »Brainman sollte ja irgendwohin und sich melden, sobald er da ist. Aber wohin?«
»Eine Kirche vielleicht?«, riet Peter. »Das würde zu dem Heiligen passen. Und hoch am Himmel ist möglicherweise das Kreuz?«
»Ein Heiliger mit sommerlichem Namen«, wiederholte der Erste Detektiv leise. »Ein sommerlicher Name.«
Peter ließ einen heißen Sommertag vor seinem Inneren entstehen. Sonne, Strand, Hitze, Eis. Das Bild flirrte geradezu vor seinen Augen. »Sunny vielleicht? Oder Heat? Ice?«
Justus blieb am Ende der Treppe stehen und sah Peter aus großen Augen an. »Hast du schon mal von einem Heiligen gehört, der Sunny oder Ice heißt?«
Peter lächelte dünn.
Zwei *Hawks*-Fans liefen den beiden Detektiven noch über den Weg, die sich aber darin widersprachen, welcher Spieler mit Vornamen Tom hieß. Sie mussten also weiter darauf setzen, dass Peter das schnell genug alleine herausfand.
Am Ende der Treppe hielt Justus seinen Freund zurück. »Okay, Zweiter. Jetzt bist du dran.«
Peters Gesichtsausdruck zeigte, dass er sich darüber nicht sonderlich freute. »Das habe ich befürchtet. Und wie willst du mich jetzt da reinbringen? Sollten wir nicht lieber mit dem Mann reden? Ihm sagen, was los ist?«
»Das ist zu riskant«, entgegncte Justus. »Wenn er uns nicht glaubt, haben wir keine Chance mehr, da reinzukommen, bevor die Halbzeit losgeht.«
Peters Miene drückte Zustimmung und Unsicherheit zugleich aus. »Könnte sein«, meinte er schließlich. »Und wie stellst du's jetzt an? Ein Zaubertrank, der mich unsichtbar macht?«

»Nein. Ich werde mich mit dem Ordner ein wenig unterhalten. Auf Schwedisch.«
Peter starrte seinen Freund ungläubig an. »Schwedisch? Aber du kannst doch gar kein Schwedisch!«
Justus grinste. »Der Ordner hoffentlich auch nicht.«

34. Minute

Justus verschwand um die Ecke und ließ Peter sprachlos zurück. Schwedisch. Der Zweite Detektiv hatte keine Ahnung, wie sein Freund das gemeint hatte. Noch einige Augenblicke hielt er sich hinter der Ecke verborgen, dann wagte Peter einen vorsichtigen Blick. Er drückte sich flach an die Wand und linste mit einem Auge nach vorne zur Glastür.

Justus klopfte an die Scheibe und winkte dem Ordner betont freundlich zu. Der Mann sah von seiner Zeitschrift auf und schüttelte fragend den Kopf. Der Erste Detektiv antwortete ihm mit merkwürdigen Gesten, die abwechselnd auf ihn selbst und auf den Fernsprecher wiesen. Irgendetwas versuchte er ihm klarzumachen, was der Ordner aber offenbar nicht verstand. Stirnrunzelnd stand er auf, legte seine Zeitschrift auf den Hocker und öffnete die Tür.

»Was gibt's denn?«, fragte er ein wenig ungehalten.

Es folgte ein sehr freundlicher, aber absolut unverständlicher Redeschwall von Justus, den er wieder gestenreich untermalte. Endlich ging Peter ein Licht auf.

»Moment, ich versteh kein Wort!«, unterbrach der Mann Justus. »Ich spreche kein … was immer du da sprichst.«

Eine weitere Flut von Wörtern ging auf den Mann hernieder. Dazu wieder Gesten, die jetzt immer öfter zum Telefon deuteten.

»Telefon? Willst du telefonieren?«

»Jou, jou, telefonska«, wiederholte Justus fröhlich, »telefonska!«

Peter musste grinsen. Das schauspielerische Talent von Justus verblüffte ihn ein ums andere Mal.

»Ja, ja, da vorne ist telefonska«, sagte der Mann und deutete auf den Fernsprecher.

»Nee, nee«, widersprach Justus. Dann deutete er auf sein Ohr, ahmte eine Frauenstimme nach, die ein irgendwie englisch klingendes Kauderwelsch sprach, und winkte dem Ordner mitzukommen.
»Du verstehst den Operator nicht?«, fragte der Mann.
»Bla bla bla«, machte Justus und zuckte die Schultern.
»Ah, jetzt wird allmählich ein Schuh draus.« Der Ordner lächelte. »Na dann, komm mit. Mal sehen, was wir für dich tun können.«
»Tak, tak!«, strahlte Justus und nickte dazu wie ein Huhn.
Wieder grinste Peter. Doch als ihm Justus einen unauffälligen Blick zuwarf, wusste er, dass es gleich losging. Er wartete noch, bis der Ordner am Telefon war und Justus sich so hinter ihn gestellt hatte, dass der Mann ihn nicht sehen konnte, wenn er durch die Glastür huschte. Dann lief Peter auf Zehenspitzen los.
Als er an der Tür angekommen war, tauschten sie einen letzten Blick aus. *Beeil dich!*, sagte der von Justus. Aber das hätte Peter ohnehin getan.
Hinter der Glastür begann ein langer Gang. Grelles Neonlicht erhellte den Betonschlauch und spiegelte sich in einigen Glaskästen wider, die an den Wänden hingen. Trainingszeiten, Spiele, Infos, vermutete Peter. Niemand war zu sehen.
Rechts und links entdeckte der Zweite Detektiv ein gutes halbes Dutzend Türen. Er verlor keine Zeit und lief den Gang hinab. Dabei versuchte er, einen möglichst selbstsicheren Eindruck zu machen. Wenn ihm irgendjemand zufällig begegnete, musste er so tun, als gehörte er hierher. Aus welchem Grund auch immer.
Die erste Tür rechts war ein Geräteraum, die ersten beiden links Toiletten. Die zweite Tür rechts führte in ein Büro, dahinter ging es in die Duschen, genau gegenüber lag das Schieds-

richterzimmer. Und dann folgte ein große grüne Tür mit der Aufschrift *Heimmannschaft*.

»Bingo!«, flüsterte Peter. Er blickte noch einmal nach links und rechts und holte sein Dietrichset hervor. Als Schlossknacker der drei ??? hatte er es stets dabei. Oder meistens. Doch das Schloss war keine echte Herausforderung für ihn. Die Tür war nicht abgesperrt.

»Ziemlich leichtsinnig.« Peter wusste aus eigener Erfahrung, dass Umkleideräume ein beliebtes Ziel von Dieben waren. Ein letzter Blick den Gang hinab, dann schlüpfte er durch die Tür und betrat den Raum.

Die Umkleide war sehr schlicht und zweckmäßig eingerichtet. An den Wänden und in der Mitte standen abgenutzte Garderobenständer aus weiß lackiertem Stahlrohr, an die sich unten Holzbänke mit Schuhfächern anschlossen. Im Moment hingen und lagen überall Sporttaschen, Kleidung und Schuhe herum. Rechts in der Ecke befand sich ein Waschbecken, an der hinteren Wand zwei schmale Schränke.

Der Zweite Detektiv ging langsam durch den Raum. Vielleicht fand sich hier schon ein Hinweis, nach wem er suchen musste. Und tatsächlich – auf der Ecke einer Holzbank lag ein Taktik-Board. Offenbar hatte der Trainer den Spielern kurz vor Spielbeginn noch einmal wichtige Spielzüge, Zuordnungen oder Laufwege eingeschärft. Jedenfalls sah Peter ein wirres Gekritzel von Zahlen, Namen und Linien, das sich über die Abbildung eines Spielfeldes erstreckte. Aber er kannte sich mit derlei Dingen aus.

»Wollen wir doch mal sehen, ob uns das nicht schlauer macht.« Peter hob das Klemmbrett, drehte es um und besah sich die Skizze. Bereits nach wenigen Sekunden wurde er fündig.

»Da! Der linke Verteidiger!« Er konnte ganz deutlich den Namen *Tom* erkennen, der neben das linke Strafraumeck der rech-

ten Spielhälfte geschrieben stand. Seltsamerweise war auch noch eine Zahl daneben zu lesen, die 34.
Peter runzelte die Stirn. Tom hätte gereicht. Wieso schrieb der Trainer die Rückennummer daneben? Kurz darauf hatte er die Antwort.
»Noch ein Tom!«, entfuhr es ihm.
Im halb rechten Mittelfeld gab es einen weiteren Tom. Er trug die 20.
»Okay, die 34 oder die 20. Einer von beiden muss es sein.«
Der Zweite Detektiv sah auf die Uhr. In sechs Minuten war Halbzeit. Bis dahin würde er hier drin warten, und dann konnte er nur hoffen, dass es ihm schnell genug gelang … Peter horchte auf.
Schritte! Hastige Schritte hallten durch den Gang!
Jetzt? Wieso schon jetzt? Der Zweite Detektiv sah sich nach einem Versteck um. Wenn der da draußen nicht hier hereinkam, brauchte er es nicht. Aber falls doch hätte er einiges zu erklären …
Einige Augenblicke später senkte sich die Türklinke. Peter machte sich ganz schmal und zwängte sich so weit in den Schrank, wie es ihm die enge Nische ermöglichte. Aber ganz konnte er ihn nicht schließen. Dann ging die Tür auf und der Zweite Detektiv sah durch den Spalt einen Mann in Trainingsanzug hereinkommen. Hastig lief er an der mittleren Garderobe entlang.
»Wo sind sie denn, wo sind sie denn?«, murmelte er ungeduldig. Er bückte sich, sah nach rechts und nach links, hob den Kopf und schaute an der Garderobe entlang.
Peter stockte der Atem. Der Mann blickte genau in seine Richtung. Doch dass der Schrank offen war, registrierte er nicht. Oder er fand es nicht merkwürdig. Jedenfalls richtete er sich wieder auf und sah sich erneut im Raum um.

»Verflixt. Jack hat doch gesagt, dass sie hier sind!«
Peter geriet ins Schwitzen. In dem Wandschrank war es höllisch heiß. Schweiß rann ihm über die Stirn und tropfte von seinen Augenbrauen auf den Boden. Erst jetzt kam ihm in den Sinn, dass er sich vielleicht gar nicht hätte verstecken sollen. Vielleicht hätte er mit dem Mann schon mal reden sollen, ihm alles erklären sollen? Schließlich hatte er es ja schon in die Kabine geschafft. Denn wenn er ihn jetzt hier im Schrank fand, würde das alles um einiges schwieriger werden.
»Ah!« Der Mann hob den Zeigefinger. »Jetzt weiß ich's.«
Unvermittelt ging er auf einen der beiden Schränke zu. Auf den, in dem Peter steckte. Der Zweite Detektiv konnte gerade noch Luft holen, dann gingen die Schranktüren auf.

42. Minute

»Sommerlicher Name … hm.« Das Handy am Ohr, grübelte der dritte Detektiv über das Rätsel nach. Irgendwo tief in ihm verbarg sich eine Ahnung davon, worum es darin ging. Er fühlte es genau, kam aber nicht drauf. Es war wie ein Traum, an den man sich einfach nicht mehr erinnern konnte. Irgendwie war er da und irgendwie auch nicht.

»… der niemals nach der Freiheit frug. Verflixt! Irgendwas ist da doch!«

Ein Schuss der *Tornados* segelte weit über das Tor. Nachdem ihm ein Balljunge einen anderen Ball zugeworfen hatte, kickte der Torwart der *Hawks* das Leder bis zur Mittellinie. Nach einer kurzen Kopfballstafette landete die Kugel bei Callaghan, der mit einer geschickten Körpertäuschung einen Gegenspieler aussteigen ließ. Plötzlich hatte er freie Bahn bis zum Strafraum!

Ein Raunen ging durch die Zuschauer und Bob sah gespannt aufs Spielfeld. Das Rätsel musste für einen Moment warten.

Callaghan trieb den Ball voran. Erst kurz vor dem Sechzehner stellte sich ihm ein Verteidiger der *Tornados* in den Weg. Doch genau in diesem Moment rannte ein Stück weiter rechts Stanton durch zwei Abwehrspieler hindurch in den Strafraum hinein. Callaghan erkannte die Situation sofort. Mit einem genialen, genau getimten Pass zwischen den gegnerischen Beinen hindurch spielte er den Ball Stanton in den Lauf. Der nahm das Leder technisch perfekt an und blickte kurz auf. Er hatte nur noch den Torhüter vor sich!

Die Zuschauer riss es von den Sitzen. Ein Orkan von Stimmen brandete durch das Stadion.

Bob stellte sich auf die Zehenspitzen und ballte unwillkürlich

eine Faust. »Ja, komm schon! Mach ihn rein!«, flüsterte er aufgeregt.
Der Torwart warf sich in die Schusslinie. Aber Stanton hatte nur so getan, als wollte er das Leder in die rechte Ecke ballern. Stattdessen stoppte er unvermittelt in der Ausholbewegung, zog den Ball mit rechts an dem vor ihm liegenden Tormann vorbei und schob die Kugel mit dem linken Innenrist über die Torlinie.
Das Stadion explodierte! Bob schaffte es gerade noch, die Hand auf den Kaugummi zu drücken. Während Stanton in Schlangenlinien zur Eckfahne rannte, wo ihn seine Mitspieler aber bald einholten und unter sich begruben, tobte ein unbeschreiblicher Jubelsturm durch das Stadion! Abertausend Kehlen schrien ihre Begeisterung hinaus, Hupen dröhnten durch die Arena und die Tribünen verschwanden an manchen Stellen unter einem Meer von blau-schwarzen Fahnen.
Auch Bob gönnte sich ein leises »Tor!«. Die *Hawks* führten!
Der Torjingle gellte aus den Lautsprechern, eine quirlige Melodie, die immer schneller wurde und plötzlich abbrach. Dann knackte es und der Stadionsprecher meldete sich zu Wort. Unten lagen sich die Spieler immer noch in den Armen, als er verkündete: »1 : 0 für die *Hawks*. Erzielt durch den Spieler mit der Nummer 9, Chris Stanton aus Santa Monica!«
Abermals jubelten die Zuschauer. Die Spieler sortierten sich allmählich wieder für den Anstoß.
Doch Bob stand mit offenem Mund da und glotzte vor sich hin. »Santa Monica! Natürlich!«
Aber er kam nicht dazu, den Gedanken zu Ende zu denken. Denn ein Stück rechts von ihm, unten, am Rand des Spielfeldes, wo der Spielerausgang ins Stadion führte, erregte etwas seine Aufmerksamkeit.
Bob traute seinen Augen kaum. Da lief Peter! Und hinter ihm

ein Ordner, der ihm den Arm auf den Rücken drehte! Er führte Peter durch ein schmales Eisentor auf die Tribünen, während Peter wild auf den Mann einredete. Aber der schien völlig unbeeindruckt, nickte nur gelassen und bugsierte den Zweiten Detektiv die Treppe hinauf.

»Mist! Da ist was schiefgegangen!« Und so ungefähr konnte Bob sich auch zusammenreimen, was geschehen war. Wahrscheinlich hatte man Peter entdeckt, und jetzt schmiss man ihn aus dem Stadion.

Das Problem war nur: Justus bekam davon nichts mit. Er wartete ja auf der anderen Seite der Katakomben und ging davon aus, dass Peter diesen Tom warnen würde.

In diesem Moment ertönten drei laute, kurze Pfiffe. Bob fuhr herum und blickte bestürzt auf das Spielfeld hinab. Der Schiedsrichter hatte zur Halbzeit abgepfiffen!

»Mann, Mann, Mann!« Der dritte Detektiv überlegte fieberhaft. Was sollte er jetzt tun? Sie hatten nur diese fünfzehn Minuten, um an Tom heranzukommen. Aber Peter konnte es nicht mehr, Justus wusste nicht, dass Peter außer Gefecht gesetzt war, und er, Bob, hatte das Handy, das er nicht mit runter zu Justus nehmen konnte. Die Lage war vertrackt.

Und sie wurde noch komplizierter.

»Mr Brainman?«

Der Namenlose meldete sich wieder!

»Ja, ich bin hier.«

»Ich muss Ihnen unbedingt noch etwas mitteilen, jetzt, wo gerade die Halbzeitpause begonnen hat.« Der Erpresser hörte sich nicht so an, als wäre ihm das eben erst eingefallen. Vielmehr schwang ein gewisser Zynismus in seiner verzerrten Stimme mit.

»Ich höre.«

»Nun, Sie könnten unter Umständen daran denken, die Halbzeit zu nutzen, um unsere Unterhaltung zu beenden und sich mit Ihrem Sohn in Verbindung zu setzen. Vielleicht haben Sie die Nummer seines Trainers oder Sie rufen irgendjemand anderen im Stadion an.« Der Namenlose sagte für einen Moment nichts und ließ das Schweigen seine Wirkung tun. Aber dass er für diesen Fall vorgesorgt hatte, ahnte man dadurch umso deutlicher. »Ich möchte Sie bitten, von diesem Plan Abstand zu nehmen, falls er Ihnen denn überhaupt in den Sinn gekommen sein sollte.« Die Höflichkeit des Verbrechers troff vor Boshaftigkeit. »Ich wäre in kürzester Zeit in den Spielerumkleiden und fände dort mit Sicherheit eine Gelegenheit, Ihren Sohn dafür büßen zu lassen, dass Sie unsere Vereinbarung gebrochen haben. Verstehen wir uns?«

Brainman zögerte. »Ja«, sagte er schließlich leise, »ich habe Sie verstanden.«

Auch Bob war sofort etwas klar geworden. Einer der Erpresser musste sich im Stadion aufhalten. Und er war offenbar in der Lage, in den Spielerbereich vorzudringen.

Der dritte Detektiv biss sich vor Anspannung auf die Fingernägel. Die Gedanken in seinem Kopf überschlugen sich. Sollten sie weiter versuchen, Tom zu warnen? Wenn Brainman den Anweisungen folgte, müsste sich der Namenlose nicht in die Katakomben begeben und würde sie daher gar nicht bemerken – wenn sie überhaupt noch irgendwie da reinkämen. Oder war der Erpresser bereits in der Nähe und sah, was dort unten vor sich ging? Möglich. Aber solange die Verbindung bestand, konnte er sich nicht in den Katakomben befinden. Doch wenn sie andererseits warteten, bis die Verbindung zusammenbrach, war es vielleicht zu spät.

Der dritte Detektiv kämpfte mit sich. Und mit der Angst, die seinen Magen umdrehte. Aber was sie auch weiter unternahmen, er musste runter zu Justus und ihn informieren, was passiert war. Allerdings ohne Handy, weil sie ansonsten die Verbindung verloren und dann gar nicht mehr eingreifen konnten. Er musste das Handy hierlassen.

Bob blickte sich unauffällig um. Die Bankreihen konnte er vergessen, zu viele Leute. Der Tunnel, vor dem er stand, war eine Betonröhre. Auch hier gab es kein Versteck. Aber drinnen im Gang entdeckte der dritte Detektiv einen Feuerlöscher an der Wand.

»Das könnte funktionieren«, sagte Bob zu sich selbst. Er ging durch den Tunnel und auf den Feuerlöscher zu. Dort blieb er stehen, blickte sich unauffällig um, und als er sicher war, dass niemand hersah, klemmte er das Handy hinter den Schaumbehälter. Es verschwand fast vollständig in der dunklen Nische. Nur eine kleine, schwarz schimmernde Ecke schaute noch hervor. Bob drehte sich um und lief los.

Halbzeit

Justus wartete noch immer vor dem Zugang zu den Katakomben. Bob entdeckte ihn, als er um die letzte Treppenkehre rannte. Wie ein Tiger im Käfig lief sein Freund unablässig hin und her.

»Just!« Bob winkte.

Der Erste Detektiv blieb abrupt stehen. »Dritter!« Rasch kam er auf Bob zugelaufen. »Was tust du denn hier?« Sein Blick glitt nervös über Bob hinweg und leiser setzte er hinzu: »Und wo ist das Handy?«

»Später. Wir haben ein Problem.«

»Das ist offensichtlich. Welches?«

Bob sah sich kurz um, ob ihnen auch niemand zuhörte. »Sie haben Peter geschnappt! Vor der Halbzeit!«

Justus wurde blass. »Woher weißt du das?«

»Ich habe gesehen, wie ihn ein Ordner abgeführt hat. Durch den Spielerausgang und dann über die Tribünen. Wahrscheinlich schmeißen sie ihn raus. Oder sie übergeben ihn der Polizei, weil sie denken, dass er da unten was klauen wollte.«

»Mist. Und das Handy?«, fragte Justus mit bewegungslosem Gesicht.

»Hab ich oben versteckt.«

»Das heißt, er konnte diesen Tom nicht warnen.« Der Erste Detektiv dachte angestrengt nach.

»Peter hat wohl versucht, den Ordner zu überzeugen. Er hat unablässig auf ihn eingeredet. Aber der Mann machte nicht den Eindruck, als würde ihn das sonderlich interessieren.«

»Durch den Spielerausgang, sagtest du?«

»Ja.«

»Spielerausgang … hm … Spielereingang«, murmelte Justus.

Plötzlich packte er Bob am Ärmel und zog ihn mit sich. »Komm mit!«
»Was hast du vor?« Bob stolperte die Treppe hinauf.
»Zu diesem Spielerausgang rennen und schreien, so laut wir können, wenn sie wieder rauskommen. Vielleicht können wir Tom dort abfangen, bevor er das Spielfeld wieder betritt. In die Umkleidekabinen kommen wir jedenfalls kein zweites Mal rein.« Er deutete mit dem Daumen auf den Zugang zum Spielerbereich, vor dem sich der Ordner jetzt eindrucksvoll postiert hatte.
Bob blieb stehen. »Das geht nicht.«
Justus machte auf der Stelle halt und drehte sich um. »Geht nicht? Wieso nicht?«
Der dritte Detektiv erzählte ihm kurz, was der Namenlose zuletzt gesagt hatte und welche Schlussfolgerungen er daraus gezogen hatte.
»Oh Mann!« Justus verdrehte die Augen. Wieder dachte er nach, stierte zu Boden, biss sich auf die Lippe. »Wir müssen Peter finden«, sagte er nach wenigen Augenblicken. »Vielleicht konnte er etwas in Erfahrung bringen, bevor man ihn entdeckt hat.« Er sah auf die Uhr und lief los. »Schnell, wir haben nur noch knapp zehn Minuten.«
»Und dann?« Bob folgte in dichtem Abstand. »Selbst wenn wir Peter finden und er was weiß – was machen wir dann?«
»Wir laufen zurück zu diesem Spielerausgang. Wenn wir genau wissen, nach wem wir Ausschau halten müssen, gelingt es uns vielleicht, diesen Tom unauffällig auf uns aufmerksam zu machen und ihn dann aus der Gefahrenzone zu bringen. Was Besseres fällt mir im Moment auch nicht ein.«
»Dann los.«
Die beiden Jungen hasteten die Treppen hinauf, bis sie wieder den Gang erreicht hatten, der unter den Tribünen ums Stadion

verlief. Von dort führten von jedem Block breite Durchlässe, die Justus und Bob über neuerliche Treppen hinab in die umzäunte Außenanlage des Stadions brachten. Hier befanden sich die Sicherheitstore mit ihren Drehkreuzen und Metalldetektoren, durch die jeder Besucher treten musste, wenn er sich ein Spiel ansehen wollte. Wenn man Peter nur aus dem Stadion geworfen und nicht der Polizei übergeben hatte, würde er sich bestimmt irgendwo am Zaun aufhalten und nach ihnen Ausschau halten.

»Wir versuchen es in der Nähe unseres Blockes. Dort rüber.« Justus zeigte nach links und lief los.

Während der Halbzeitpause vertraten sich viele Leute hier draußen die Beine, deswegen konnte die beiden immer nur ein kurzes Stück Zaun überblicken. Aber als sie in der Nähe des Sicherheitstores waren, durch das sie vor gut einer Stunde das Stadion betreten hatten, entdeckten sie Peter sofort.

»Da ist er!«, rief Bob. »Dort vorne, direkt neben dem Kassenhäuschen.«

Auch Peter hatte seine Freunde bemerkt. »Hier bin ich!«, schrie er laut und winkte. Einige Augenblicke später standen sich die drei ??? am Zaun gegenüber.

»So ein bescheuerter Kotrainer hat mich erwischt und die Ordner gerufen«, schimpfte der Zweite Detektiv los. »Ich hab den beiden noch erzählt, was los ist, aber die haben mir kein Wort geglaubt. Erst haben sie mich durchsucht, weil sie dachten, dass ich etwas gestohlen hätte, und mich dann aus dem Stadion geschleift. Ich habe auf die wirklich eingeredet wie ein Wasserfall, aber –«

»Zweiter«, unterbrach ihn Justus.

»Was?«

»Hast du etwas herausgefunden? Wer ist es?«

»Ach so, ja … ja, natürlich.« Peter nickte heftig. »Es gibt zwei

Toms. Die Nummer 34, den linken Verteidiger, und die 20 aus dem Mittelfeld.«
»Zwei also.« Justus gefiel das überhaupt nicht. »Hast du Nachnamen?«
»Nein, auf dem Taktikbrett standen nur die Vornamen und die Nummern.«
»Okay, Bob.« Justus sah seinen Freund an. »Versuchen wir unser Glück.«
»Was wollt ihr tun?«, fragte Peter.
Die beiden erklärten ihm kurz ihren neuen Plan.
Der Zweite Detektiv nickte. »Aber seid vorsichtig, ja? Ich warte hier auf euch. Viel Glück!«
Justus und Bob machten sich wieder auf den Weg. Es war ein beschwerlicher Rückweg, weil sich die meisten Zuschauer ebenfalls wieder zu ihren Plätzen begaben und die Treppen und Durchgänge verstopften. An manchen Stellen kamen sie nur im Schneckentempo voran. Die beiden Detektive drängelten sich, so gut es ging, durch die Massen, auch wenn sie dafür hin und wieder ein Schimpfen oder Fluchen kassierten. Sie entschuldigten sich flüchtig und liefen weiter.
Drei Minuten vor Ende der Halbzeit hatten sie die Stelle der Tribüne erreicht, unter der der Spielerausgang aus den Katakomben aufs Feld führte. Aber es bot sich ihnen ein weiteres Problem.
»Siehst du das? Erzähl mir nicht, dass die alle hier ihre Plätze haben!« Bob deutete auf die Traube von Menschen, die sich genau hier über und neben dem Spielerausgang postiert hatten.
»Die wollen alle ihre Lieblinge sehen.« *Lieblinge* klang aus Justus' Mund wie eine schlimme Krankheit. »Das sind alles Fans.«
»Na toll! Und wie sollen wir uns da bemerkbar machen?«
Justus zuckte die Schultern. »Dieser Auflauf hat auch sein Gutes: Wir fallen nicht auf, wenn wir nach Tom rufen. Aller-

dings …« Der Erste Detektiv sprach nicht weiter. Mit Schwarzmalerei war jetzt keinem gedient. »Komm, wir müssen ganz nach vorne.«
Wieder Drängeln, wieder Fluchen und Schimpfen, und Bob bekam sogar einen unsanften Schubs von hinten, als sie sich zum Geländer vorarbeiteten. Aber er wusste nicht, von wem, und es war auch egal. Sie hatten andere Sorgen.
Endlich standen sie seitlich des Ausganges direkt an der Brüstung. Sie konnten sogar ein gutes Stück in den Spielertunnel blicken und daher die Spieler früh genug bemerken, wenn sie herauskamen.
»Dumm, dass die ihre Trikotnummern nicht auch vorne drauf tragen«, meinte Bob.
Justus nickte in den dunklen Gang hinein. »Sie kommen!«
»Okay.« Bob blickte sich beklommen um und musterte die Fotografen, die sich mit ihren grellgrünen Pressewesten rechts und links des Tunnelausganges für ein gutes Bild postiert hatten, die Ordner, die mit strenger Miene in die Zuschauer starrten, einige Offizielle, die sich angeregt miteinander unterhielten. »Siehst du hier irgendeinen, der ein Präzisionsgewehr mit sich herumträgt?« Es sollte ein Scherz sein, aber Justus nahm ihn beim Wort.
»Nein. Und ich glaube auch nicht, dass er es hierher mitbringt. Dafür gibt es passendere Waffen.«
Bob wurde blass. »Gut zu wissen.«
Dann traten die Spieler ins Freie, erst die *Tornados*, dann die *Hawks*. Ihre meist weiblichen Fans begannen bei ihrem Anblick zu kreischen, riefen ihnen etwas zu und hielten ihnen sogar Zettel und Stifte für Autogramme hin. Einige Spieler winkten ihnen kurz zu, doch die meisten starrten konzentriert vor sich hin, manche unterhielten sich mit ihren Mitspielern.
»Da ist die 34!«, rief Bob auf einmal.

»Und hinter ihm die 20.« Justus zeigte auf einen Jungen mit hellblonden Haaren.
»Tom!«, schrien beide gleichzeitig. »Tom!«
Mit einem Auge behielten sie die beiden Spieler im Blick, mit dem anderen beobachteten sie die nächste Umgebung. Verhielt sich jemand verdächtig? Blitzte irgendwo verräterisch Metall auf?
»Tom!«, rief Justus noch einmal aus Leibeskräften. »Tom! Hierher!« Er schüttelte verzweifelt den Kopf. »Die hören uns gar nicht. Das ist völlig zwecklos.«
»Tom!«, brüllte Bob. »Hier! Hierher!«
Und tatsächlich! Beide Spieler blickten zu ihnen hinauf, fast gleichzeitig. Und beide Spieler lächelten kurz, winkten und gingen dann hinaus aufs Spielfeld.

46. Minute

»Findet ihr Tommy auch so süß?« Ein Mädchen, nicht älter als zwölf oder dreizehn, lächelte Justus verzückt an.
»Äh, was?« Der Erste Detektiv war für einen Moment verwirrt.
»Du kennst ihn?« Bob sah das Mädchen aus großen Augen an. »Wie heißt er denn noch? Tom …?«
»Gardiner«, seufzte das Mädchen mit theatralischem Augenaufschlag.
»Also, ich finde den anderen Tommy viel süßer.« Ein Mädchen mit braunen Zöpfen, das ein kleines Stück weiter oben am Geländer stand, sah herausfordernd zu ihnen.
»Ach, komm schon«, zickte die Erste zurück, »diesen Chilton kannst du doch an die Kaninchen verfüttern.«
»Du spinnst wohl!«
»Chilton? Der andere Tom heißt Chilton?« Justus war wieder Herr der Lage.
»Ja«, schmachtete die Zweite, »deswegen nennen ihn seine Freunde auch oft Chili. Süß, oder?«
»Süß, oder?«, äffte sie die Erste nach.
»Komm, Dritter, wir gehen besser.« Justus zog seinen Freund vom Geländer und die beiden verließen das Schlachtfeld.
»Was sollen wir jetzt tun?«, fragte Bob, als sie endlich aus dem gröbsten Gedränge um den Spielerausgang heraus waren. »Schon irgendeine Idee?«
Justus ging eilig Richtung Ausgang. »Ich fürchte, hier im Stadion können wir nichts mehr unternehmen. An diesen Tom kommen wir nicht mehr heran. Aber wir haben jetzt zwei Nachnamen, und damit sollte es der Polizei gelingen, ihn ausfindig zu machen.« Der Erste Detektiv hielt inne und meinte dann ohne sehr viel Hoffnung: »Dass das allerdings in der zur

Verfügung stehenden Zeit noch etwas nützt, bezweifle ich. Das wird alles viel zu knapp.«

»Moment mal!« Der dritte Detektiv hielt seinen Freund zurück. »Wir haben zwei Namen, und ich glaube, ich weiß auch, wo Brainman ist.«

Justus sah Bob verblüfft an. »Du weißt, wo er ist? Und das fällt dir jetzt ein? Wo denn?«

»Na ja«, meinte Bob entschuldigend, »in dem ganzen Trubel habe ich ganz vergessen, es zu erwähnen. Brainman ist hier. Hier in L. A.«

»Er ist hier?«

»Lass uns das Handy holen. Auf dem Weg dorthin erläutere ich dir meine Theorie.« Der dritte Detektiv zeigte hinüber zu dem Zuschauerausgang, wo er vorhin das Handy versteckt hatte, und lief los.

Justus folgte ihm, immer noch reichlich überrascht. »Okay, schieß los.«

»Hör zu«, sagte Bob. »Mir fiel es wie Schuppen von den Augen, als der Stadionsprecher vorhin was von Santa Monica sagte. Vor ein paar Tagen hatte ich einen Kunstkatalog über wertvolle Altarbilder und Heiligengemälde in der Hand.« Bob war sehr an Kunst interessiert, und deswegen wunderte sich Justus kein bisschen darüber. »Und vorhin fiel mir ein, dass da auch die heilige Monika zu sehen war, deren Sohn – voilà – Augustus hieß.«

Justus packte Bob an der Schulter. »August! Sommerlicher Name! Und Santa Monica! Natürlich! Also ist Brainman alias Mr Chilton oder Gardiner tatsächlich hier in der Gegend. Nicht in Alaska oder Mexiko!«

»Exakt«, stimmte ihm Bob zu. »Und ich weiß sogar, wohin genau er kommen soll.« Er machte eine kleine Kunstpause. »Zum Freeman Building an der Serrano Avenue.«

Justus sah ihn nachdenklich an. Dann fiel der Groschen. »Klar! Santa Monica sieht hoch am Himmel einen Mann …«

»… der niemals nach der Freiheit frug«, sagten beide im Chor. »Weil er eben schon frei ist. Freeman. Der muss nicht mehr nach der Freiheit fragen!« Justus klopfte seinem Freund auf die Schulter. »Hey, Dritter! Das war ausgezeichnete Detektivarbeit!«

Mittlerweile waren sie an dem Ausgang angekommen. Zusammen liefen sie in den Tunnel und Bob schritt zielstrebig auf den Feuerlöscher zu. Da im Augenblick fast jeder draußen auf der Tribüne saß, konnte der dritte Detektiv das Handy unbeobachtet hervorholen. Er lauschte kurz, aber die Leitung war ruhig.

»Nichts«, informierte er Justus kopfschüttelnd, »aber die Verbindung besteht noch, soweit ich das beurteilen kann.«

»Gut. Dann lass uns jetzt hier verschwinden.« Der Erste Detektiv lief los.

Doch in diesem Moment drang ein Aufschrei der Zuschauer aus dem Stadion zu ihnen. Die beiden Detektive machten kehrt und rannten zurück durch den Tunnel. Als sie im Stadion waren, suchten sie das Spielfeld ab. Lag einer der Spieler am Boden? Die 34 oder die 20?

Aber sie konnten nichts Ungewöhnliches entdecken. Fast alle Spieler befanden sich im Sechzehnmeterraum der *Tornados*. Der Aufschrei musste einen anderen Grund gehabt haben.

»Was ist passiert?«, fragte Bob den Ordner, der für ihren Ausgang zuständig war.

Der Mann – verschränkte Arme, leuchtend rote Weste, Bierbauch – nickte aufs Spielfeld. »Die 34 hat einen Kopfball an die Latte gesetzt, der Ball trudelte die Linie entlang, die 12 grätscht daneben und dann haben die *Tornados* zur Ecke geklärt. Das war haarscharf, sag ich euch.«

Die beiden Jungen sahen zur Eckfahne, wo gerade einer der *Hawks* anlief, um die Ecke zu treten. Der Ball segelte angeschnitten in den Strafraum, wurde von Stanton mit dem Hinterkopf verlängert, sprang einem *Tornado* vor die Füße, der aber über den Ball semmelte, und blieb genau vor Gardiner liegen. Der zögerte keine Sekunde und donnerte das Leder mitten ins Tor.
2 : 0! Die *Hawks* hatten ihren Vorsprung ausgebaut.
Wieder tobte das Stadion! Und wieder hielt Bob vorsorglich das Handy zu.
Nur Justus schien darüber nicht glücklich. Angespannt blickte er auf den Tumult, den die *Hawks* in ihrem Torjubel dort unten veranstalteten.
»Was ist, Erster?«, fragte Bob verwundert.
Justus zögerte, er schien scharf nachzudenken und nicht zu wissen, wie er sich entscheiden sollte. »Wir gehen nicht zur Polizei«, verkündete er. »Wir haben nicht die Zeit. Und wir können es nicht verantworten.«

51. Minute

»Das musst du mir noch mal erklären!« Peter sperrte seinen MG auf und alle stiegen ein. »Warum willst du nicht zur Polizei?«
Justus deutete nach vorne durch die Windschutzscheibe. »Fahr los. Serrano Avenue. Das ist in Downtown Santa Monica.« Immer noch wirkte er unschlüssig und angespannt.
»Ich weiß«, sagte Peter und drehte den Zündschlüssel.
»Wenn wir jetzt zur Polizei gehen und man uns glaubt«, fuhr Justus fort, »was so sicher nicht ist, kostet es eine Menge wertvoller Zeit, bis die Dinge ins Laufen kommen. Zur Polizei fahren, Geschichte erzählen, Beweise liefern, telefonieren und ich weiß nicht was noch alles. Und da es 2 : 0 steht, ist eine Verlängerung eher unwahrscheinlich – wenn das für den Namenlosen überhaupt eine Rolle spielen sollte. Vielleicht zählt für ihn nur die reguläre Spielzeit. Soweit ich mich erinnere, hat er sich da nicht ganz eindeutig ausgedrückt.«
»Es steht 2 : 0? Für wen?«, platzte Peter heraus, schickte aber sofort ein verlegenes Grinsen hinterher.
»Die *Hawks*«, erwiderte Bob knapp.
»Aber noch wichtiger ist: Wir können diese Entscheidung nicht treffen.« Der Erste Detektiv schüttelte heftig den Kopf. »Nicht wenn wir die Chance haben, Mr Chilton oder Gardiner zu fragen. Er muss entscheiden, ob die Polizei eingeschaltet werden soll. Es ist sein Sohn, auf den ein Gewehr gerichtet ist. Wir können nicht verantworten, was passiert, wenn die Polizei einen Fehler begeht und der Namenlose seine Drohung wahr macht.«
»Aber denkst du nicht, dass die Polizei schon wissen wird, was zu tun ist und wie?«, widersprach Peter vorsichtig.

Justus starrte aus dem Seitenfenster. »Wir können das nicht tun. Nicht ohne zu wissen, ob Toms Vater das will. Was wir viel eher in Erfahrung bringen als die Polizei. Und Zeit!« Der Erste Detektiv sah seine Freunde eindringlich an. »Zeit ist in diesem Fall der alles entscheidende Faktor. Nur die Zeit zählt.«
Peter drehte kurz den Kopf nach rechts. »Und wie fragen wir ihn? Wie finden wir heraus, wer er ist?«
»Ich denke mir das folgendermaßen«, sagte Justus. »Ihr beiden geht –«
»Psst!«, machte Bob und wies auf das Handy. »Da tut sich was!«
Justus rückte sofort näher. Aus dem Lautsprecher drang Brainmans Stimme. Er klang kurzatmig und hektisch.
»Er hat das Rätsel ebenfalls geknackt. Gerade biegt er in die Serrano Avenue ein und fragt, wo genau er hinmuss«, wiederholte Justus leise für Peter, was er gehört hatte.
»Verflixt!«, entfuhr es Bob. »Der ist schon dort!«
»Die müssen schon mal miteinander gesprochen haben«, erkannte Justus. »Wahrscheinlich, als das Handy hinter dem Feuerlöscher lag.«
»Der Namenlose sagt, er soll zur Rückseite des Gebäudes fahren«, gab Bob den Berichterstatter. »Da steht eine grüne Abfalltonne.«
Peter drückte aufs Gas. Aber nicht, weil sie eine Chance hatten, Brainman anzutreffen. Sie waren über 15 Meilen von Santa Monica entfernt und brauchten dorthin sicher 20 Minuten. Nein. Zeit war der alles entscheidende Faktor, wie Justus gesagt hatte, und der Zweite Detektiv wollte Brainman so schnell wie möglich so nah wie möglich kommen.
»Er ist da«, flüsterte Bob, »steigt aus … Jetzt geht er zur Tonne … Er soll den Deckel hochheben … da sei ein Kuvert druntergeklebt … das soll er öffnen … Er macht es … Es raschelt … ein Brief … ein«, Bob stockte, »neues Rätsel!«

»Was?« Peter schaute überrascht nach rechts, behielt aber den Verkehr im Auge. »Warum macht er das? Brainman hat doch keine Chance!«
»Leise«, mahnte Justus und zog einen kleinen Block und einen Stift aus seiner Jackentasche, »der Namenlose stellt jetzt das Rätsel … Nein, sie diskutieren, Brainman regt sich noch mal auf … Jetzt … jetzt kommt das Rätsel … Es lautet …« Der Erste Detektiv setzte den Stift an, um jedes Wort gleichzeitig zu wiederholen und mitzuschreiben. *»Zu 999 in … alter Zeit, die Colorado … gar nicht weit, entstand, was … Kinder freudig rührt … und täglich … Lichtermeer gebiert.«* Der Erste Detektiv stutzte. Und noch während der Erpresser weitersprach, hob er den Kopf und blickte seine Freunde verdutzt an.
»Was? Was ist?« Peter sah im Sekundentakt zwischen seinem Freund und der Fahrbahn hin und her. »Sag schon!«
»Das ist der Pier!«, sagte Justus ganz so, als könnte er nicht fassen, was er da eben von sich gegeben hatte. »Er meint den Pier.«
»Welchen Pier? Es gibt tausende«, wandte Peter ungeduldig ein.
»Na, den in Santa Monica. Er meint den berühmten Santa Monica Pier!« Justus konnte kaum glauben, dass das Rätsel so einfach sein sollte. »999! Der erste Abschnitt des Piers wurde am 9. September 1909 eröffnet. Der Pier zweigt von der Colorado Avenue ab. Deswegen auch *die* und nicht *der* Colorado, weil es eben nicht um den Fluss geht. Und das mit dem Lichtermeer und den Kinderherzen dürfte ja klar sein!«
Der Pier von Santa Monica war in der Tat weltbekannt. Es gab kaum eine Ansichtskarte von Santa Monica, auf der man ihn nicht bewundern konnte, und in unzähligen Filmen und Serien war er Schauplatz der Ereignisse gewesen. Sein unverwechselbares Wahrzeichen war das Riesenrad, das schon von Weitem zu sehen war. Im Laufe der Zeit waren etliche andere Attraktionen, Schausteller und Geschäfte dazugekommen, so-

dass der Pier inzwischen einem bunten Jahrmarkt glich. Und es war dort auch immer genauso viel los wie auf einem Jahrmarkt, da der Pier von Santa Monica jeden Tag Touristen und Einheimische in großen Scharen anlockte.
»Und woher weißt du das mit dem 9. September 1909?«, wollte Peter wissen.
»Habe ich gelesen«, erwiderte Justus knapp.
»Aha.« Peter zuckte die Schultern. Er würde nie verstehen, wie man sich solche Dinge merken konnte.
»Sehr geschickt.« Der Erste Detektiv machte ein verkniffenes Gesicht. »Brainman wird dort seinen Schatten nicht erkennen können.«
»Und wir werden alle Mühe haben, Brainman zu finden«, sagte Bob. »Vorausgesetzt, er löst das Rätsel und wir wissen bis dahin, wie er aussieht.«
Justus hörte noch kurz, was zwischen Brainman und dem Namenlosen weiter gesprochen wurde, und nickte dann Bob zu, dass er das Handy für sich haben könne. »Wie vorhin: Brainman muss an den angegebenen Ort kommen«, informierte er Peter. »Und was unser erstes Problem angeht: da habe ich eine Idee. Erinnert ihr euch noch an den Fall mit der Kobra?«
Peter und Bob nickten. »Klar. Die Sache mit Stego, der Geheimschrift.«
»Genau«, bestätigte Justus. »Der Fall hat uns doch in Santa Monica in ein Internetcafé geführt. Es hieß *Surfer's Paradise*, wenn ich mich richtig entsinne.«
»Ja«, erinnerte sich Peter schmerzlich. »Ich weiß es noch, als wäre es gestern gewesen. Seadrive 30 irgendwas. Da haben sie meinem Schmuckstück eine fette Parkkralle verpasst.«
Justus grinste. »Genau da müssen wir hin! Und vorteilhafterweise liegt es in allernächster Nähe zum Pier.«
Der Zweite Detektiv hatte tatsächlich keine Mühe, das Café zu

finden. Die Erinnerung an den saftigen Strafzettel und den kilometerlangen Fußmarsch in glühender Sonne hatte sich unauslöschlich in sein Gedächtnis eingegraben. Als sie diesmal vor dem gelben Haus mit dem Strohdach hielten, ging Peter daher keinerlei Risiko ein und fütterte die Parkuhr mit ausreichend Münzen.

Das Café selbst hatte sich kaum verändert. Rechner an vielen Tischen, die Surfbretter an der Decke, die Schaufensterpuppe im Neoprenanzug und dutzende von Bildern von irgendwelchen Surf-Champs. Alles wie damals. Nur der Inhaber war ein anderer. Oder er war nicht da. Denn aus dem blonden, sonnengebräunten Zahnpastareklametyp war eine farbige Schönheit geworden, die Peter erst einmal nach Luft schnappen ließ.

»Er muss an einen Computer«, erklärte er der jungen Frau mit wachsweicher Stimme und deutete auf Justus.

Tracy, so verriet es das Namensschild an ihrem Top, lächelte bezaubernd. »Dann ist er hier richtig.«

»Ja, nicht wahr?«

»Mann, Peter, du nervst«, grollte Justus leise und zog seinen Freund an den erstbesten Rechner.

»Sieh mich mal an«, forderte Bob Peter auf.

»Wieso?« Peter konnte den Blick kaum von Miss Santa-Monica-Beach nehmen.

»Dacht ich's mir doch.« Bob grinste breit.

»Was? Was dachtest du dir?«

»Du solltest für solche Fälle immer eine Sonnenbrille dabeihaben. Du hast kleine rote Herzchen in den Augen.«

»Blödsinn!«

»Jetzt konzentriert euch, Kollegen.« Justus hatte schon die Internetseite eingegeben, die er für die Suche nach den Telefonnummern und Adressen ausgewählt hatte. *Gardiner*, tippte er in die Tastatur und dann auf *Suchen*.

»12 Ergebnisse«, las Bob vom Bildschirm ab.
»Okay, nun *Chil-ton* … und … *Su-chen.*«
»15.« Peter deutete auf den Monitor. »Und jetzt? Wie willst du aus diesen 27 Ergebnissen unseren Mann herausfischen?«
»Abwarten!« Justus nickte zu Peters Handy. »Wobei es uns jetzt äußerst gelegen käme, wenn dein Disply funktionieren würde und wir die Nummer sehen könnten, die du gewählt hast.«
»Ja, schon klar«, sagte Peter zerknirscht.
Einige der Gardiner-Adressen waren verlinkt, sodass der Erste Detektiv sogleich weitere Informationen einholen konnte. Bei fünf Adressen musste er den Umweg über eine Suchmaschine gehen. Ähnlich verhielt es sich mit den Ergebnissen zu Chilton. Am Ende konnte er vierzehn Personen ausschließen.
Der häufigste Grund war, dass er biografische Angaben gefunden hatte, in denen Männer als kinderlos oder aufgeführte Frauen als unverheiratet beschrieben wurden. Das musste noch nicht bedeuten, dass ihre Lebengefährten oder Freunde nicht der Vater von Tom waren. Aber irgendwo mussten die drei ??? ihre Prioritäten setzen. In zwei Fällen waren die Männer über achtzig und in vier weiteren unter dreißig Jahren. Stimmlich und als Väter für Tom schieden sie damit ebenfalls aus.
Aber elf Kandidaten blieben übrig. Justus schrieb sich die Nummern auf und erhob sich. »Komm mit, wir brauchen ein Telefon.«
Auch Peter und Bob standen auf und folgten dem Ersten Detektiv an die Theke, wo Tracy einem Kunden gerade einen Espresso zubereitete.
»Haben Sie ein Telefon, das wir benutzen können?«, fragte Justus und lächelte freundlich. »Wir bezahlen natürlich.«
Tracy sah irritiert zu Bob, der das Handy ans Ohr hielt. »Aber ihr habt doch eins.«
Der dritte Detektiv legte die Hand auf die Sprechschlitze, um

vor Tracy so zu tun, als wollte er von seinem Gesprächspartner nicht gehört werden. Den Kaugummi sollte sie zudem nicht sehen. »Meine Freundin!«, sagte er mit einem bedeutungsvollen Gesichtsausdruck. »Sie erzählt mir gerade von dem *Moon-in-the-Basket*-Konzert, auf dem sie gestern war. Ich kann sie nicht abwürgen.«

»Davon erzählt sie dir, seit ihr hereingekommen seid?«

Bobs Blick bettelte um Mitleid. »Ja.«

Tracy lächelte. »Verstehe. Ihr könnt den rechten Apparat dort drüben benutzen.« Sie zeigte zu einem kleinen Wandtisch, auf dem drei Telefone standen. »Ich leg die Leitung auf euer Terminal, dann telefoniert ihr via Internet und wir können das alles zusammen verrechnen. Wartet kurz.« Sie ging zum Hauptterminal, schob die Maus hin und her und klickte hier und da etwas an. »Okay, ihr könnt loslegen.«

Die drei ??? liefen hinüber zu dem Wandtisch und Justus hob den Hörer ab. »Ich hoffe, das klappt«, sagte er zu Peter und Bob. »Wenn eine der Nummern die unseres Gardiners oder Chiltons ist, müsste es bei ihm anklopfen. Und das müsstest dann auch du im Handy hören, Dritter.«

»Verstehe«, sagte Bob. »Vielleicht erwähnt er es dem Namenlosen gegenüber sogar.«

»Wäre möglich. Peter, könntest du unterdessen an unserem Terminal herausfinden, wie es im *Depot Center* steht und ob sich da was getan hat?«

»Geht klar«, sagte der Zweite Detektiv und ging zurück zu dem ihnen zugewiesenen Computer.

Justus wählte die erste Nummer. Nach vier Freizeichen hob jemand ab.

»Guten Tag, hier Stephen Miller vom E-Werk«, meldete sich der Erste Detektiv und gab seiner Stimme einen möglichst offiziellen Klang. »Könnte ich bitte Mr Gardiner sprechen? Es geht um die Anzahl der Personen in seinem Haushalt … Ah, nicht da … in New York. Gut, danke, dann versuche ich es morgen noch einmal.« Justus drückte das Auflege-Symbol und wählte sofort die nächste Nummer auf seiner Liste. »Guten Tag, hier Stephen Miller …«

Der Erste Detektiv hoffte, dass das Elektrizitätswerk unverfänglich und gleichzeitig wichtig genug war. Hätte er sich als Finanzbeamter ausgegeben, hätten sich Gardiner oder Chilton vielleicht verleugnen lassen, und als Marktforscher hätten sie ihn gleich wieder abgewimmelt. Aber Elektrizität konnte klappen …

Acht Kandidaten schieden nacheinander aus. Sie waren nicht in Los Angeles oder Umgebung, hatten keine Kinder, saßen bei der Arbeit oder waren zu Hause. Und Bob hörte auch niemanden anklopfen. Blieben noch drei. Eine Festnetznummer, zwei Handynummern. Zwei Gardiners, ein Chilton.

Justus wählte die Nummer eines Hank Gardiners, die erste der beiden Handynummern. Sie war besetzt! Hank Gardiner telefonierte!

Der Erste Detektiv sah Bob erwartungsvoll an. »Tut sich was?«

Bob schüttelte den Kopf. »Nein, alles ruhig. Wartet!«, rief er plötzlich.

»Klopft es?«

»Nein, aber Brainman sagt was!« Der dritte Detektiv lauschte mit offenem Mund. Dann blickte er seinen Freund an. »Er hat das Rätsel ebenfalls gelöst. Er meint, dass er in knapp zehn Minuten am Pier ist!«

»Okay, wir müssen das schaffen!« Justus atmete durch, legte auf und rief die vorletzte Nummer auf Festnetz an. Sie gehörte einem Alexander Chilton. Zwar telefonierte Brainman per Handy, aber es gab ja auch die Rufumleitung. Ein Freizeichen ertönte.

»Alexander Chilton«, murmelte Justus nachdenklich. Irgendwo in seinem Gedächtnis blinkte ein kleines rotes Lämpchen.
Peter kam herüber. »Es steht jetzt 2 : 1. Ansonsten nichts Ungewöhnliches. Und bei euch?«
Der Erste Detektiv legte den Finger an die Lippen. Nach drei Signalen änderte sich der Ton. Der Ruf wurde tatsächlich umgeleitet!
Und dann weiteten sich Bobs Augen.

73. Minute

»Es klopft an!«, flüsterte er aufgeregt. »Ich höre es ganz deutlich … Und jetzt …«, der dritte Detektiv hielt inne, »hat es auch der Namenlose bemerkt.«
»Was sagt er?«, fragte Peter gespannt.
»Er will wissen, ob da jemand anruft … Brainman sagt Ja … Der Namenlose befiehlt ihm, nicht ranzugehen.« Bob nickte Justus zu. »Leg auf, Just, dann wissen wir's ganz sicher.«
Der Erste Detektiv beendete das Gespräch, behielt aber das Telefon noch in der Hand. Genau wie Peter wartete er auf eine Reaktion von Bob.
»Treffer!« Der dritte Detektiv hob den Daumen. »Es hat aufgehört. Das ist unser Mann. Wir haben ihn!«
»Gut, wir sind hier gleich fertig.« Justus zögerte. »Alexander Chilton – Da war doch was …« Er legte das Telefon auf und lief wieder zurück zu ihrem Terminal. Peter und Bob stellten sich hinter ihn. Der Erste Detektiv gab den Namen und *Los Angeles* in eine Suchmaschine ein, die sofort etliche Ergebnisse ausspuckte.
»*Chilton Enterprises.*« Justus klickte auf den ersten Eintrag. »Genau, ich erinnere mich vage an einen Artikel, den ich vor einiger Zeit in der *L. A. Post* gelesen habe.«
»Geh auf seine Homepage!«, schlug Peter vor.
Justus nickte und öffnete das Fenster. »Da haben wir's ja! Eine Firma, die sich auf technische Lösungen aller Art spezialisiert hat«, las er das Intro. »Anwendungsorientierte Nutzungen für individuelle Bedürfnisse. Optik, Akustik, Überwachung, Sicherheit. Ja, ja, es dämmert mir wieder. Und in dem Artikel war davon die Rede, dass sich die Firma ganz schön gemausert hat und immer mehr expandiert.«

»Das bringt uns im Moment aber nicht weiter, was die Erpressung betrifft«, bemerkte Bob. »Das Motiv werden wir sicher nicht auf der Homepage finden, es sei denn, es geht ganz einfach um Geld. Wir brauchen ein Bild von Mr Chilton.«
Justus suchte die Menüpunkte auf der Startseite ab. »Hier. Ein *Über uns*.« Er öffnete die Unterseite und mehrere Fotos erschienen.
»Das ist er!« Peter deutete auf das erste Foto.
Das Bild zeigte einen Mann Ende vierzig, Anfang fünfzig, der fröhlich in die Kamera lächelte. Glatte, hellblonde Haare umrahmten ein sympathisches Gesicht, aus dem die dunkelblauen Augen hinter der randlosen Brille wie kleine Saphire funkelten. Darunter stand *Alexander Chilton*.
»Ich druck das aus und dann nichts wie rüber zum Pier.« Justus sah auf die Uhr. »Noch 15 Minuten bis Spielschluss. Bob, versuch du bitte noch mal, Cotta zu erreichen.«
»Mach ich.« Der dritte Detektiv ging zurück zum Telefon und wählte die Nummer, während Justus und Peter den Fotodruck abwarteten. Aber Cotta war immer noch nicht zu sprechen.
»Dann müssen wir weiter alleine unser Glück versuchen«, sagte Justus. »Alles andere macht jetzt keinen Sinn mehr.«
Die drei ??? zahlten bei Tracy ihre Nutzungsgebühr und verließen *Surfer's Paradise*. Peter als Letzter, denn er ließ noch ein sonnenuntergangsrotes *Tschühüss* zu Tracy hinüberschweben.
Obwohl sie den Pier vom Internetcafé aus auch zu Fuß erreicht hätten, nahmen sie den MG. Ein oder zwei Minuten sparten sie dadurch sicher ein. Da auf der Straße vor dem Pier jedoch kein Parkplatz frei war, ließ Peter seine Freunde früher raus und fuhr weiter.
Kurz nachdem sie ausgestiegen waren, meldete sich Brainman alias Chilton wieder. Er sei jetzt auf dem Pier, gab er dem Namenlosen zu verstehen. Der Erpresser befahl ihm, ganz zum

Ende des Piers zu gehen. Dort sei ein Restaurant, das *Lonely Turtle*, und rechts neben dem Eingang befinde sich eine Bank direkt an der Brüstung. Wenn Chilton dort angekommen sei, würde sich der Namenlose wieder melden.

»Wir müssen uns beeilen!«, sagte der Erste Detektiv.

Justus und Bob liefen zur Strandpromenade, wichen dort Skatern und Joggern aus und hasteten über den Strand nach vorne zum Pier. Je näher sie der riesigen Holzkonstruktion kamen, desto mehr Leute mussten sie umkurven. Und als sie schließlich die breite hölzerne Treppe erreicht hatten, die hinauf zum Pier führte, stockte der Menschenstrom sogar kurzzeitig.

Die beiden Detektive warfen einen Blick auf das Foto, das Justus in seinen Händen hielt. Sie mussten sich Chiltons Aussehen genau einprägen. Wenn sie dort vorne angekommen waren, durften sie das Bild nicht mehr hervorholen. Denn auch der Komplize des Namenlosen würde dann in ihrer Nähe sein, und den durften sie keinesfalls auf sich aufmerksam machen.

»Was machen wir, wenn wir Chilton gefunden haben?«, fragte Bob, während sie die letzten Stufen zum Pier hinaufliefen.

»Wir müssen sehr vorsichtig zu Werke gehen«, antwortete Justus. »Wenn wir uns ihm bemerkbar machen, muss alles ganz zufällig und natürlich aussehen.«

»Hast du schon eine Idee?«

Der Erste Detektiv schüttelte stumm den Kopf.

Der Menschenstrom wälzte sich an den ersten Schaubuden, Imbissständen und Fahrgeschäften vorbei. Ein asiatisch aussehender Mann verkaufte drollige Marionettenvögel, die er über die Holzbohlen führte, in einem fahrbaren Verkaufswagen drehte sich ein kupferner Zuckerwatte-Kessel, aus einer Wurfbude drang das Scheppern getroffener Blechdosen, und als Bob der Duft von Hotdogs in die Nase stieg, musste er wieder an das Spiel denken. Und an Tom, der in diesem Moment alles gab, um seiner Mannschaft zum Sieg zu verhelfen, nicht ahnend, dass in wenigen Minuten alles anders sein könnte. Völlig anders.

Im gleichen Moment fiel dem dritten Detektiv ein Fernsehgerät ins Auge. Es stand hoch auf einem Regal in einer Glücksbude, wo man mit dem richtigen Los plüschige Löwen und klapprige Toaster gewinnen konnte. Ein alter Mann saß davor und schaute dem Treiben auf dem Bildschirm zu, während zwei junge Mädchen die Lose verkauften.

»Just, warte kurz. Ich glaube, da läuft unser Spiel!« Bob zeigte zu dem Fernseher. »Ich schau mal schnell, wie es steht.« Er lief hinüber zu der Bude und versuchte die Ergebnisanzeige zu entziffern, die rechts oben in das Fernsehbild eingeblendet war. Aber die Ziffern waren zu klein. Oder Bobs Kontaktlinsen nicht mehr stark genug.

»Entschuldigen Sie«, sprach er den alten Mann an, »können Sie mir vielleicht sagen, wie es in dem Spiel steht?«

Der Alte drehte ihm langsam den Kopf zu. »Interessierst dich wohl für Fußball, was?«

»Ja, ein wenig.« Bob lächelte freundlich und verbarg seine Ungeduld, so gut es ging.

»Mir gefällt ja Baseball besser. Das gute alte Baseball. Kennst du Sandy Koufax? Nein? Das war ein Pitcher, kann ich dir sagen! Und ein Linkshänder dazu! Seine Würfe waren unberechenbar! Pauh!« Der Alte deutete einen Wurf an und schnitt eine grimmige Miene dazu.

»Tut mir leid, den kenne ich nicht.« Bob konnte seine Ungeduld jetzt kaum noch bezähmen. »Und dieses Spiel da? Wie steht's denn?«

Der Alte glotzte ihn eine Sekunde verständnislos an. »2 : 2«, sagte er dann kurz angebunden und wandte sich ab. Wie konnte man sich nur für Fußball interessieren!

Bob eilte zu Justus zurück. »2 : 2. Und nur noch elf Minuten zu spielen.« Seine Augen glänzten hoffnungsvoll. »Vielleicht haben wir Glück!«

»Warten wir's ab.«

Kurze Zeit später hatten sie den breiten Teil des Piers hinter sich gelassen, auf dem sich der Jahrmarkt befand. Von hier führte ein schmalerer Steg weiter hinaus aufs Wasser. Der Wind blies hier um einiges stärker und zahlreiche Möwen bevölkerten die Poller oder ließen sich von der Seebrise in der Luft schaukeln. Fischer hielten ihre langen Angelruten ins Wasser, Münzteleskope boten die Möglichkeit zu einem Rundumblick über die Küste, und etliche weiß gestrichene Bänke luden zu einer kurzen Rast ein. Weiter vorne dehnte sich der Pier dann wieder zu einer größeren Plattform aus und dort stand das *Lonely Turtle*.

Das Restaurant war bekannt für seine frisch zubereiteten Meeresfrüchte und seine herrliche Lage. Während man schmackhafte Langusten verspeiste, konnte man weit draußen die Ozeanriesen beobachten, die nach Japan oder Südamerika fuhren. Aber die beiden Detektive hatten für die Schönheit des Restaurants keinen Blick übrig. Sie interessierten sich viel mehr für die Menschen, die in seine Richtung unterwegs waren. Familien mit Kindern, Jogger, die hier eine kleine Pause einlegten, Fischer, Spaziergänger. So unauffällig wie möglich musterten sie jeden Einzelnen und hielten insbesondere nach Chiltons blondem Haarschopf Ausschau.

»Hey, Leute!« Peter war wieder bei ihnen. Etwas außer Atem blieb er neben ihnen stehen. »Ich hatte Glück. Als ich das zweite Mal die Colorado Avenue entlangfuhr, parkte gerade einer direkt vor dem Weg zum Pier aus. Habt ihr schon jemanden entdeckt?« Er sah sich um. »Wieso eigentlich hier? Was macht ihr hier?«

Justus erzählte ihm kurz von den Anweisungen des Namenlosen.
»Okay. Übrigens, es steht schon 3:2. Die *Tornados* müssen ausgeglichen haben, aber dann hat Stanton gerade einen direkten Freistoß versenkt. Ich habe es gesehen, als ich an so einer Losbude vorbeigelaufen bin, in der das Spiel im Fernsehen lief.«
Bob sah auf die Uhr. »Mist. Nur noch sieben Minuten. Damit können wir eine Verlängerung wohl vergessen.«
Justus hatte dem Gespräch zwar zugehört, dabei jedoch die ganze Zeit nach vorne zum *Lonely Turtle* geblickt. Jetzt wandte er sich langsam um und senkte die Stimme. »Da vorne ist Chilton. Auf ein Uhr. An der Bank unter der Laterne.«
Peter und Bob waren als Detektive erfahren genug, um nicht gleich hinzuglotzen. Ganz beiläufig drehten sie ihre Köpfe so, dass die Bank in ihr Blickfeld geriet.
»Seh ihn.«
»Ich auch. Er spricht«, sagte Bob und lauschte ins Handy. »Fragt, was er tun soll … Unter der Sitzfläche klebt ein Umschlag, sagt der Namenlose.«
»Er bückt sich und … hat jetzt ein Kuvert in der Hand«, bestätigte Justus. »Er öffnet es, holt ein Blatt Papier heraus, liest es … und greift sich an den Kopf. Sagt er was, Bob?« Der Erste Detektiv zückte wieder Block und Stift.
»Ja, wartet, er … Oh Gott!«
»Was?«
»Es ist eine Matheaufgabe. Schnell, schreib mit, Just! Die Wurzel aus 2209 multipliziert … mit der … Wurzel aus … 24336 …«
»Spinnt der?«, regte sich Peter auf. »Das kann doch keiner einfach so ausrechnen!«
»Leise!« Justus schüttelte unwirsch den Kopf.

»Plus 668, von allem dann 10% und das mal 62,5.« Bob lauschte angespannt. »Chilton soll die Lösung nennen und dann … nachdenken.«
»Nachdenken?«, echote Peter. »Was meint er damit?«
»Keine Ahnung, mehr hat er nicht gesagt.«
Justus sah zwischen seinem Block und der Bank hin und her. »Ich habe da so eine Ahnung. Aber zunächst müssen wir die Aufgabe lösen.«
Peter stieß einen verächtlichen Laut aus. »Unmöglich! Ohne Taschenrechner findet Chilton das nie heraus. Und wo soll er den jetzt hernehmen?«
Justus fuhr herum. »Taschenrechner! Genial, Zweiter!« Er blickte zurück zu den Fahrgeschäften. »Ich bin mir ziemlich sicher, dass wir irgendwo dahinten einen auftreiben.«
Peter verstand sofort. »Ich organisiere einen. Bin gleich wieder da!«
Er wollte gerade loslaufen, als ihn Bob am Ärmel zurückhielt.
»Was ist?«, fragte Peter.
Der dritte Detektiv spürte, wie sich sein Herzschlag erhöhte. »Auf zehn Uhr. Der Typ, der so auffällig unauffällig den Speisekartenaushang vom *Lonely Turtle* studiert. Feuerrote Haare, breite Schultern, fieses Gesicht. Und dauernd ein Handy am Ohr. Ich glaube, das ist der Komplize!«

85. Minute

Justus nickte. »Du hast recht, Dritter. Das könnte er sein. Ab und zu sieht er auch zu Chilton hinüber.«
In Peters Magen grummelte es unruhig. »Sieht ja nicht wirklich sympathisch aus, der Kerl. Bräuchte ich für 'nen Film einen Auftragskiller, würde ich den nehmen.«
»Aber wenigstens wissen wir jetzt, auf wen wir achtgeben müssen. Hol jetzt schnell den Taschenrechner, Zweiter. Wir haben nur noch fünf Minuten.«
»Plus Nachspielzeit.« Peter machte eine abschätzende Handbewegung. »Zwei, drei, wenn wir Glück haben, vielleicht sogar vier Minuten. Gib mir den Zettel mit, Just. Bin gleich wieder da.«
Während Peter versuchte, einen Taschenrechner aufzutreiben, nahmen Justus und Bob den Rothaarigen genauer ins Visier. Und je länger sie ihn beobachteten, desto mehr erhärtete sich ihr Verdacht: Dieser Mann war der Komplize des Namenlosen. Er war es, der Chilton auf Schritt und Tritt folgen und ihn keine Sekunde aus den Augen lassen sollte. Wenn man etwas genauer hinsah, tat er das sogar so offensichtlich, dass Chilton es bemerken musste. Was entweder dafür sprach, dass der Mann sehr einfältig war oder dass er überhaupt keine Veranlassung sah, Chilton über sich im Unklaren zu lassen. Die beiden Detektive tippten auf Letzteres. Chilton sollte nicht einen einzigen Augenblick daran zweifeln, dass er keine Chance hatte.
Drei Minuten später war Peter zurück. »50 000«, flüsterte er atemlos. »Der Mann im Riesenradhäuschen hat mir seinen Taschenrechner geliehen.«
»50 000? Sicher?«, fragte Justus.

»Hab's zweimal durchgerechnet.«
Der Erste Detektiv nickte. »Gut, dann wird es jetzt spannend. Angesichts der Zeitknappheit müssen wir improvisieren. Und auf die Schnelle ist mir kein anderer Plan eingefallen. Hört zu, Kollegen ...«

Peter hatte den leichtesten Job. Er sollte das Handy mitnehmen und zurück zur Losbude gehen. Vielleicht fiel ja doch noch der Ausgleich und sie gewannen Zeit – falls den Namenlosen das überhaupt interessierte. Dort an der Losbude würden sie sich dann alle wieder treffen.
Dem Zweiten Detektiv kam dieser Part natürlich nicht ungelegen, aber es hatte seinen Grund, warum Justus und Bob den kniffligen Teil übernehmen mussten: Justus konnte am besten schauspielern und Bob machte einen argloseren Eindruck als Peter. Außerdem hatte er seine Nerven eine Spur besser unter Kontrolle, wenn es darauf ankam. Und beides würde in den nächsten Minuten entscheidend sein.
»Also dann: Viel Glück, Kollegen!« Peter hätte gerne zuversichtlicher gelächelt. Das Handy am Ohr drehte er sich um und lief los Richtung Losbude.
»Okay, dann sind jetzt wohl wir dran.« Der dritte Detektiv atmete ein paarmal tief ein und aus, aber das unangenehme Prickeln im Nacken blieb.
»Wird schon klappen«, munterte ihn Justus auf.
»Es muss!« Bob zog den Reißverschluss seiner Jacke zu und zusammen marschierten sie los.
Chilton saß auf der Bank. Er hatte seinen Organizer hervorgeholt und schrieb fieberhaft. Sicher versuchte er die Aufgabe auszurechnen.
Die beiden Detektive hielten nicht direkt auf ihn zu. Gestenreich miteinander diskutierend steuerten sie zunächst einen ja-

panisch aussehenden Touristen an und hielten ihm die Rückseite einer ihrer Visitenkarten unter die Nase.

»Entschuldigen Sie«, begann Justus, »könnten Sie uns bitte sagen, wo sich diese Adresse befindet?«

23 Strawberry Road, hatte Justus auf die Karte geschrieben, kurz bevor sie losgingen. Ob es diese Straße überhaupt in Santa Monica gab, wussten sie nicht, aber das spielte auch gar keine Rolle.

»Tut mir leid«, antwortete der Japaner in gebrochenem Englisch und deutete eine knappe Verbeugung an, »ich nix von hier.«

»Trotzdem vielen Dank.« Bob lächelte freundlich, verbeugte sich ebenfalls und dann liefen sie weiter in Richtung Alexander Chilton.

Auf dem Weg zu ihm befragten sie noch eine Mutter, die einen Kinderwagen mit Zwillingen vor sich herschob, aber auch sie konnte ihnen nicht weiterhelfen. Dann gingen sie auf Chilton zu. Aus dem Augenwinkel konnten sie sehen, dass sie der Rothaarige beobachtete. Allerdings mit eher mäßigem Interesse.

»Guten Tag!«, sprach Justus Chilton an.

Der Mann erschrak und riss den Kopf hoch. »Was?«

Am Eingang zum Vergnügungsbereich verlangsamte Peter seine Schritte, um ganz genau mithören zu können, was dort vorne am Restaurant jetzt geschah. Und was der Namenlose dazu sagte.

»Guten Tag«, wiederholte der Erste Detektiv. »Wir sind nur auf der Durchreise hier und wollen gleich in die Stadt, um einen Bekannten zu besuchen.«

»Aber wir kennen uns leider nicht aus in Santa Monica und haben auch keinen Stadtplan zur Hand«, fuhr Bob fort. »Könnten Sie uns vielleicht sagen, wo sich diese Adresse befindet?«

Der dritte Detektiv hielt Chilton die Rückseite einer anderen Visitenkarte hin. Aber dadrauf stand diesmal keine Adresse, sondern:

Die Lösung der Aufgabe lautet 50 000.
Sie müssen zu einer Bank (Freeman Chase Bank?)!
Sollen wir die Polizei einschalten?

Der Namenlose hatte Chilton aufgefordert, die Matheaufgabe zu lösen und dann über diese Lösung nachzudenken. Die drei ??? hatten ihre eigenen Schlüsse gezogen: Der Fundort des letzten Rätsels konnte nur bedeuten, dass Chilton zu einer Bank musste. Und da der Zielort des ersten Rätsel das Freeman Building gewesen war, tippten sie auf eine Filiale der Freeman Chase Bank, die einzige Bank, die in Bezug auf die Aussage des Namenlosen einen Sinn ergab.
Chilton jedoch beachtete die Karte gar nicht und sah stattdessen nervös von einem Detektiv zum anderen. »Jungs, seid mir nicht böse, aber ich habe im Moment wirklich überhaupt keine Zeit.«
Die Karte hing weiter vor seinen Augen und Justus und Bob machten verzweifelte Grimassen, die sagen wollten: Nehmen Sie uns wahr! Wir wollen etwas ganz anderes! Sehen Sie sich die Karte an! Lesen Sie! Wachen Sie auf! Und da der Komplize halb links hinter ihnen stand, mussten sie auch nicht befürchten, dass der davon etwas bemerkte.
Aber die größere Gefahr ging von Chilton selbst aus. Wenn er sich verriete, wäre das katastrophal.
»Bitte, ich habe meinen Freund schon so lange nicht mehr gesehen«, drängte Bob. »Könnten Sie nicht doch kurz einen Blick auf die Adresse werfen?«
»Jungs, ich sagte doch«, Chiltons Blick fiel auf die Karte, »dass

ich gerade überhaupt«, er kam in Stocken, »keine Zeit … habe«, sein Gesicht verdüsterte sich, »weil ich ganz dringend«, er sah die beiden erneut an, diesmal mit einem Ausdruck grenzenloser Überraschung, »etwas zu erledigen habe …«
»Was ist da los bei Ihnen?«, hörte Peter den Namenlosen in diesem Augenblick fragen. »Wer ist das?«
Chilton zuckte zusammen. »Äh, nichts, nichts«, sagte er hastig, »nur zwei Jungs, die mich um eine Auskunft bitten.«
»Ach, Sie telefonieren gerade«, sagte Bob. »Tut uns leid, das haben wir nicht gesehen.« Der dritte Detektiv drehte die Karte um und ließ Chilton die Vorderseite sehen.

»Schicken Sie die Bengel einfach weg!«, forderte der Namenlose.
Chilton antwortete nicht gleich. Abermals heftete er seinen Blick auf die beiden Jungen vor ihm. Wieder wirkte er über die Maßen erstaunt. Aber jetzt konnte man noch etwas anderes in seinem Gesicht lesen: Hoffnung.
»Brainman! Schicken Sie sie weg! Hören Sie!«, rief der Namenlose aufgebracht.
»Ja, ja, natürlich«, erwiderte Chilton schnell. Und mit einem

unmerklichen Kopfschütteln und einem flehentlichen Ausdruck in seinen Augen sagte er: »Ich kann euch leider nicht helfen. Bitte lasst mich jetzt wieder weiterarbeiten.«

»In Ordnung. Verzeihen Sie die Störung«, sagte Justus höflich. »Guten Tag.«

Peter, der inzwischen zur Losbude weitergegangen war, konnte deutlich hören, wie sich seine Freunde entfernten. Aber er wusste nicht, ob ihre Mission erfolgreich gewesen war. Hatten sie Chilton die Nachricht übermitteln können? In den nächsten Sekunden bekam er eine Antwort auf diese Frage.

»Ich glaube, ich habe die Lösung«, sagte Chilton.

Der Namenlose holte hörbar Luft. »Sie haben die Aufgabe gelöst?« Verblüffung lag in der verzerrten Stimme. »Einfach … so?«

»Ja. Sie lautet 50 000. Und wenn ich Sie richtig verstehe, soll ich zur Freeman Chase Bank, meiner Bank, und 50 000 Dollar überweisen.«

»H-h-heiliger St. Pa-Pa-Pa-Patrick!«, entfuhr es dem Namenlosen. »Wie ha-haben Sie d-das … das ist doch … u-u-unmöglich.« Der Mann war durcheinander. Damit hatte er nicht gerechnet, so viel stand für Peter fest. Aber kurz darauf hatte er sich wieder einigermaßen unter Kontrolle.

»Nun gut. Sie ha-haben die Aufgabe bravourös gelöst. Und ja, Sie sollen zu Ihrer Bank, wo Sie das Geld jedoch abheben. Es wird nicht überwiesen. Allerdings«, der Namenlose fand wieder zu seinem gewohnten zynischen Tonfall zurück, »dürfte es wohl ein wenig zu spät sein, nicht wahr? Das Spiel ist jeden Moment zu Ende, und selbst wenn der Schiedsrichter nachspielen lässt, kann es nur noch fünf, sechs Minuten dauern. Bis dahin werden Sie das Geld kaum abgehoben und noch viel weniger dorthin gebracht haben, wo ich es mir dann holen werde.«

»Nein! Hören Sie!«, rief Chilton verzweifelt und rannte los. »Ich mache mich sofort auf den Weg! In fünfzehn Minuten haben Sie Ihr Geld.«
Peter sah hinauf zu dem Bildschirm. Es stand nach wie vor 3 : 2. Und eben begann die …

Nachspielzeit

Zwei Minuten. Nur zwei Minuten hatte der Schiedsrichter angesetzt. Peter sah es an der Einblendung oben rechts. Es konnte nicht reichen. Die Katastrophe war unvermeidbar.
»Ich fürchte, das entspricht nicht unserer Vereinbarung«, sprach der Namenlose weiter. Er säuselte fast vor Selbstgefälligkeit. »Es war ganz klar davon die Rede, dass Sie meine Forderungen erfüllt haben müssen, bevor der Schiedsrichter das Spiel abpfeift. Das aber wird Ihnen wohl kaum gelingen!«
»Ratte!«, flüsterte Peter. Das gespielte Mitgefühl des Erpressers ließ Wut in ihm aufsteigen. Er schaute zur Zeitanzeige auf dem Bildschirm. Noch 90 Sekunden.
»Aber so lassen … Sie es mich doch … versuchen!«, keuchte Chilton.
Peter verstand den Mann kaum. Er musste ungemein schnell rennen.
»Ich bin … schon unterwegs! Vielleicht brauche ich auch … nur fünf Minuten.«
»Wohl kaum.« Der Namenlose lachte hämisch. »Das dürfte wohl auch Ihnen nicht gelingen.«
»… habe bis zum Schlusspfiff … Zeit … bis zum Schlusspfiff … Bitte! Tun Sie Tom nichts … bitte …«
Peter reckte den Hals. Und tatsächlich. Dort vorne sah er Chilton durch die Menge hasten. Er rannte wahrlich um sein Leben. Oder vielmehr um das seines Sohnes.
Plötzlich ließ ein Geräusch den Zweiten Detektiv herumfahren. Es war aus dem Fernseher gedrungen. Mit einem Mal war er lauter geworden. Peter starrte auf den Bildschirm.
Die Zuschauer veranstalteten den Lärm, die Stimme des Kommentators überschlug sich beinahe. Im Strafraum der *Hawks*

herrschte ein regelrechter Tumult. Gerade kratzte ein Spieler der *Hawks* den Ball von der Linie und ein zweiter wollte ihn weit wegdreschen. Aber das Leder prallte an einem *Tornado*-Spieler ab, der sofort schoss. Latte! Und der Ball sprang wieder zurück in den Strafraum. Der Reporter schrie jetzt beinahe. Für einen Moment war der Ball eingekeilt, der Schiedsrichter musste sich ducken und wenden, um ihn überhaupt zu entdecken. Dann war der Ball wieder frei, er trudelte langsam zur Strafraumecke. Aber da rauschte der Rechtsaußen der *Tornados* heran und hielt einfach voll drauf. Das Leder sauste Richtung Tor, ein Spieler der *Hawks* warf sich ihm entgegen, bekam die Kugel aber so unglücklich gegen das Schienbein, dass ihre Flugbahn verändert wurde. Abgefälscht flitzte der Ball nach oben, jagte zwischen zwei Verteidigern hindurch und schlug genau über dem Kopf des *Hawks*-Schlussmannes ins Tor ein. Ausgleich! 3 : 3! In letzter Sekunde.

Während die Lautsprecher des Fernsehers zu explodieren drohten, drehte sich Peter blitzschnell um. Chilton! Er musste es erfahren! Und da eilte er auch schon heran. Gleich musste er den Zweiten Detektiv passieren.

Peter steckte sich das Handy in die Tasche. Dann schrie er »Tor!«, so laut er konnte, riss die Arme in die Höhe und begann einen wilden Jubeltanz. »Tor für die *Tornados*! Ausgleich! Tor! Tor! Tor!«

Aber im Gegensatz zu anderen Besuchern beachtete ihn Chilton nicht. Blind und taub für seine Umwelt wollte er an ihm vorbeihetzen. Da machte Peter einen Satz zur Seite, stellte sich ihm in den Weg und brüllte noch lauter: »Tor! Tor! Tor!« Er packte ihn sogar, schüttelte ihn und benahm sich ganz wie ein irregewordener Fan. »Es kam gerade im Fernsehen! Tor!« Peter zeigte zu dem Bildschirm auf dem Regal. Dann ließ er wieder von Chilton ab und hüpfte jubelnd den Pier entlang.

Während die Umstehenden verwundert Peter nachgafften, schien Chilton endlich zu begreifen. Justus und Bob waren ihm gefolgt und sahen ihn jetzt vor der Losbude stehen. Chilton starrte zum Fernseher hinauf, fuhr wie von einem Stromstoß zusammen und redete dann aufgeregt in sein Headset.

»... Ausgleich erzielt«, hörte Peter, der hinter einer Limo-Bude das Handy hervorgeholt hatte. »Es steht 3 : 3. Das bedeutet Verlängerung! Ich habe also noch Zeit!«

»Nein, nein«, antwortete der Namenlose aufgebracht, »ich habe gesagt, bis der Schiedsrichter ...«

»... das Spiel abpfeift«, fiel ihm Chilton ins Wort. »Das haben Sie gesagt! Das waren Ihre Regeln. Aber das Spiel ist noch nicht zu Ende! Es dauert noch einmal mindestens 30 Minuten. Ihre Regeln!«

Schweigen am anderen Ende der Leitung. Nur Atemgeräusche waren zu hören, wütende Atemgeräusche. »In Ordnung«, meldete sich der Erpresser zurück. Er klang, als könnte er seinen Zorn nur mühsam unter Kontrolle halten. »Meine Regeln. Bis zum Ende des Spiels. Aber Sie haben sich geirrt, Mr Brainman. Für dieses Spiel gilt die Golden-Goal-Regel. Das nächste Tor entscheidet über den Sieg. Dann ist das Spiel aus. Keine dreißig Minuten.«

»Was? Sind Sie sicher?«, erschrak Chilton.

»Begeben Sie sich zur Bank«, erwiderte der Namenlose, ohne auf die Frage einzugehen. »Dort melden Sie sich wieder – wenn das dann überhaupt noch nötig ist.«

Der Zweite Detektiv war völlig durcheinander. Eben noch hatte er seiner Erleichterung darüber, dass sie Zeit gewonnen hatten, mit einem langen Seufzer Luft machen wollen, dann hatte der Namenlose das mit der Golden-Goal-Regel gesagt. Das änderte alles. Es zählte weiterhin jede Minute, jede Sekunde. Und schlimmer noch – ab jetzt wussten sie nicht einmal mehr,

wie lange sie noch Zeit hatten. Es konnte jeden Augenblick vorbei sein.
»Verdammt!« Peter barg das Gesicht in seiner Hand.
Wenige Augenblicke später waren Justus und Bob bei ihm. Als Peter ihnen von der Golden-Goal-Regel erzählte, waren auch sie zunächst wie vor den Kopf geschlagen. Doch keine dreißig Minuten Zeit. Die Hatz ging weiter.
Justus fing sich als Erster. »Lasst uns die Informationen austauschen, während wir uns auf den Weg zur Bank machen. Wir bleiben in Chiltons Nähe«, beschloss der Erste Detektiv. »Womöglich benötigt er noch einmal unsere Hilfe.« Die drei ??? liefen los Richtung Auto.
»Also nicht zur Polizei?«, wollte Peter wissen.
»Nein. Ich denke, das Kopfschütteln und Chiltons Gesichtsausdruck haben eine deutliche Sprache gesprochen. Was meinst du, Dritter?«
Bob nickte. »Sehe ich auch so. Chilton will auf keinen Fall die Polizei einschalten.«
»Dann hat er uns tatsächlich in der Hoffnung in die Konferenzschaltung geholt, dass wir auf irgendeinem Weg seinem Sohn helfen können?«, überlegte Peter.
»Davon müssen wir ausgehen. Doch für Tom können wir im Augenblick nichts tun. Also lasst uns zu dieser Bank fahren.«
Bis zum Ende des Piers fragten die drei Detektive einige der Schausteller nach der Freeman Chase Bank. Der Mann im Kassenhäuschen der Achterbahn konnte ihnen Auskunft geben.
»Ich glaube, die liegt am San Vincente Boulevard. Ziemlich am Ende auf der rechten Seite.«
»Vielen Dank!« Die drei ??? liefen hinab zur Strandpromenade Richtung Parkplatz. Von Chilton war nichts mehr zu sehen, aber sie waren sich sicher, dass sie ihn an der Bank wiedertreffen würden.

»Irgendwie ist dieser Namenlose merkwürdig«, sagte Peter, während er den MG aufschloss. »Ich meine, welcher Verbrecher lässt mit sich handeln und hält sich an irgendwelche Regeln? Und was diese Schnitzeljagd soll, ist mir immer noch schleierhaft. Genauso wie diese Namen. Der Namenlose. Brainman. Hm.«

Justus ließ Bob einsteigen und setzte sich dann auf den Beifahrersitz. »In diesem Fall ist einiges sehr merkwürdig. Und du sagst, er hat wieder gestottert, als Chilton ihm die Lösung präsentierte?«

»Ja, ziemlich heftig. Und er hat geflucht.«

»Geflucht?«

»H-h-h-eiliger St. Pa-Pa-Pa-Patrick«, ahmte Peter den Erpresser nach.

Justus sah seinen Freund aufmerksam an. »Heiliger St. Patrick? Interessant!« Seine Hand wanderte langsam zur Unterlippe. »Und dann diese Rätsel. Eines aus dem Bereich der Kunst, ein geschichtliches, ein Matherätsel. Peter, hat er sonst noch etwas Auffälliges gesagt, irgendetwas, das uns vielleicht weiterhilft?«

»Nein, er hat überhaupt nicht viel geredet. Nur wieder so hämisch gelacht, als er meinte, das dürfte wohl nicht mal Chilton gelingen, in der kurzen Zeit zur Bank zu laufen und das Geld abzuheben.«

»Das hat er so gesagt? Dass nicht mal Chilton das schaffen kann?«

Peter überlegte. »Ja, ich bin mir ganz sicher.«

»Er muss also wissen, dass Chilton sportlich und recht flott unterwegs ist.« Der Erste Detektiv bekam einen merkwürdigen Glanz in den Augen. Ganz so, als wäre ihm plötzlich irgendetwas klar geworden. »Oder war«, setzte er gedankenvoll hinzu.

Peter ließ das Auto an und schaltete sofort das Radio ein. Während er losfuhr, suchte Bob den richtigen Sender. Kurz darauf hatte er ihn gefunden.
»Gott sei Dank!«, atmete der dritte Detektiv auf. »Das Spiel läuft noch!«
Der Kommentator berichtete gerade über ein Angriff der *Tornados*, der jedoch bereits im Mittelfeld abgefangen wurde. »Es scheint, dass die beiden Mannschaften zunächst sehr vorsichtig zu Werke gehen wollen«, beurteilte er die Spielsituation.
»Gut so«, sagte Peter grimmig. »Sollen sie auch. Die sollen sich nicht vom Fleck rühren. Keiner. Standfußball bitte!«
Plötzlich stieg Bob auf die Bremse. »Da! Seht!«
Justus und Peter drehten ihre Köpfe nach rechts. Und sofort entdeckten sie, was Bob gemeint hatte. Chilton. Er stand neben seinem Wagen. An dem eine große, rote Parkkralle hing.

Auf Messers Schneide

»Mist!«, fluchte Peter. »Von hier aus sind es zur Bank sicher fünfzehn Minuten ohne Auto.«

»Da ist auch unser Freund wieder«, sagte Justus und wies zu einer Palme. Der Rothaarige stand lässig an den Baum gelehnt und rauchte eine Zigarette. Von Weitem sah es fast so aus, als lächelte er.

»Am besten, wir lassen das Auto auch stehen und folgen Chilton zu Fuß«, schlug Bob vor. »So können wir ihm auch eher von Nutzen sein und vielleicht müssen wir ja noch einmal Kontakt zu ihm aufnehmen. Oder er zu uns.«

»Gute Idee.« Justus schnallte sich bereits ab. »Nimm den nächsten Parkplatz, Zweiter.«

Während Justus und Bob Chilton im Auge behielten, suchte Peter eine freie Parklücke. Aber erst 200 Meter weiter vorne fand er eine. Als sie ausstiegen, konnten sie Chilton nicht mehr sehen.

»Er ist weg!« Bob stellte sich auf die Zehenspitzen, sah hierhin, sah dorthin. »Nichts!«

»Wir laufen zurück!«, entschied Justus. »Weit kann er nicht sein.« Plötzlich blieb er stehen. »Da ist der Komplize wieder!« Keine zwanzig Meter vor ihnen war der Gauner zwischen zwei Autos auf den Bürgersteig getreten. Er hatte ihnen den Rücken zugewandt und bog jetzt mit schnellen Schritten in eine Querstraße ein.

»Wir bleiben an diesem Kerl dran«, sagte der Erste Detektiv. »Dann kommt er gar nicht auf den Gedanken, dass wir eigentlich Chilton folgen.«

»Bin ich auch dafür«, schloss sich Peter an.

»Aber wir sollten uns aufteilen.« Bob machte eine dement-

sprechende Handbewegung. »Immer nur einer von uns heftet sich ihm an die Fersen. Und alle paar Minuten wechseln wir uns ab. So fallen wir noch weniger auf.«
»Vorschlag angenommen.« Justus nickte. »Peter, am besten machst du den Anfang. Dein Gesicht hat er vielleicht schon wieder vergessen.«
»Geht klar.«
Die drei ??? trennten sich. Während Peter weiterhin dem Rothaarigen folgte, wechselten Justus und Bob auf die andere Straßenseite. Dort warteten sie, bis sie zwar noch Peter sehen konnten, der Komplize jedoch aus ihrem Sichtfeld verschwunden war. Und sie aus seinem. Dann erst gingen sie los. Bob hatte die ganze Zeit Atemgeräusche in seinem Handy gehört. Mit ziemlicher Sicherheit stammten sie von Chilton, der irgendwo vor ihnen durch die Straßen hetzte. Doch plötzlich zischte es in Bobs Ohr und kurz darauf sagte der Namenlose: »Hoppla, das war knapp! Sie können es ja nicht sehen, Verehrtester, aber gerade haben die *Tornados* einen strammen Linksschuss haarscharf neben den linken Pfosten gesetzt.«
»Ich werde es … schaffen«, sagte Chilton außer Atem, »ich werde rechtzeitig da sein.«
»Na, ich weiß nicht.« Der Namenlose machte drei kurze Schnalzgeräusche. »Ich jedenfalls würde nicht drauf wetten.«
»Fieser Kerl!«, knurrte Bob und erzählte Justus, was er gehört hatte.
Nach drei Häuserblocks bog Peter in eine andere Straße ein. Mit einem Blick zurück signalisierte er, dass sie sich abwechseln sollten. Sofort lief Bob los, und als er mit Peter auf einer Höhe war, tauschten sie die Straßenseiten. Peter wartete einen Moment, indem er scheinbar interessiert eine Auslage betrachtete, und schloss sich dann wieder Justus an.
Kurz darauf gelangten sie in eine sehr belebte Straße, in der sich

ein Straßencafé ans andere reihte. Sie mussten aufpassen, dass sie sich nicht aus den Augen verloren. Und den Rothaarigen. Bob lief daher dichter auf ihre Zielperson auf und auch Justus und Peter verkürzten die Distanz zu ihrem Freund.

»Das gefällt mir nicht«, murmelte der Erste Detektiv, »das gefällt mir ganz und gar nicht.«

In der nächsten Straße war er dran. Justus ließ wieder etwas mehr Abstand. Doch gerade als er sich einigermaßen sicher war, nicht aufzufallen, blieb der Mann plötzlich stehen, drehte sich mit einem Ruck um und starrte den Ersten Detektiv an. Justus war geistesgegenwärtig genug, nicht stehen zu bleiben oder gar umzudrehen. Stattdessen ging er weiter, sah nach links und nach rechts und kratzte sich dann am Kopf. Erst jetzt hielt er an und sah sich um, wie jemand, der nach der richtigen Straße oder dem richtigen Haus sucht.

Nach einigen Augenblicken wandte sich der Rothaarige um und lief weiter. Aber ob sein Ablenkungsmanöver erfolgreich gewesen war, konnte der Erste Detektiv nicht mit letzter Bestimmtheit sagen.

Chilton bekamen sie nur einmal zu Gesicht. Als Bob wieder den Komplizen beschattete, sah er aus weiter Ferne, wie Chilton eben um eine Ecke lief.

Und noch zweimal meldete sich der Namenlose zu Wort, um Chilton zu berichten, wie »höllisch knapp« ein Ball gerade vorbeigegangen war oder wie viel Glück der Tormann gehabt hatte, »dass er die Kugel noch mit den Fingerspitzen um den Pfosten lenken konnte«.

»Wieso erzählen Sie mir das?«, fragte Chilton beim dritten Mal.

»Na, ich dachte, Sie wollen auf dem Laufenden sein, was das Spiel angeht«, gab sich der Erpresser erstaunt. »Und da Sie im Moment ja keine Möglichkeit haben, das Spiel zu verfolgen, dachte ich, ich berichte Ihnen, was da auf dem Rasen passiert.«

Einen Augenblick hielt er inne, dann fügte er mit einem gehässigen Unterton hinzu: »Durch mein Zielfernrohr sehe ich nämlich alles ganz genau, wissen Sie.«
»Ich könnte ihn … erwürgen.« Peter schloss sein Hände um einen imaginären Hals. »So ein Kotzbrocken!«
Es konnte nicht mehr allzu weit bis zur Bank sein. Als die zweite Halbzeit der Verlängerung eben begann, meldete sich Chilton und informierte den Namenlosen, dass er gleich da sei, und bat ihn um Anweisungen, was er dann tun solle.
»Gehen Sie erst mal rein, dann unterhalten wir uns«, wimmelte ihn jedoch der Erpresser ab.
Die drei ??? wechselten sich noch einmal bei der Beschattung ab. Der Rothaarige hatte sich nicht mehr nach ihnen umgedreht und sie waren sich ziemlich sicher, dass er von der Verfolgung nichts mitbekommen hatte. Justus blieb zurück und Bob übernahm wieder.
Aber sie hatten den Zeitpunkt ungünstig gewählt. Als der dritte Detektiv die Lücke zu Justus geschlossen hatte, lief der Rothaarige gerade in eine kleine Seitenstraße und verschwand aus Bobs Blickfeld.
»Mist!« Der dritte Detektiv legte an Tempo zu und kam fünfzehn Sekunden später ebenfalls an der Straßenecke an.
Doch als er die Straße hinabblickte, war der Mann wie vom Erdboden verschluckt.
»Wo zum Henker …?« Bob drehte sich um. Justus und Peter waren ein gutes Stück hinter ihm. Sollte er auf sie warten? Oder zu ihnen zurücklaufen? Der dritte Detektiv entschied sich dagegen und rannte stattdessen die Straße hinab. Vielleicht kam ja gleich ein kleines Gässchen, das er von hier aus nicht sah.
Aber nach fünfzig Metern blieb er wieder stehen. Da war keine Gasse. Und von dem Rothaarigen war weit und breit immer noch nichts zu sehen.

Bob sah nach hinten. Justus und Peter waren noch nicht um die Ecke. Er blickte nach rechts, wo eine offene Haustür in einer schäbigen, grauen Mauer gähnte, er schaute die Straße hinab, konnte aber weder den Komplizen noch Chilton entdecken. Er hatte sie verloren.
Enttäuscht von sich selbst drehte sich Bob mit hängenden Schultern um, um seinen Freunden entgegenzugehen. Doch als er der Haustür den Rücken zuwandte, legte sich plötzlich eine riesige Hand um seinen Mund und riss ihn nach hinten. Panik wallte in dem dritten Detektiv auf, als er in den Hausflur geschleift wurde. Er wollte schreien, aber die Hand erstickte seine Rufe. Verzweifelt strampelte er mit Armen und Beinen und war doch machtlos angesichts der Kraft, die ihn mit sich ins Dämmerlicht und die Stufen zum Keller hinabzerrte.
Dann stoppte die wilde Fahrt. Bob wurde herumgewirbelt und gegen die Wand gedrückt. Heißer Atem näherte sich seinem rechten Ohr. Und an seiner Kehle spürte er plötzlich die Spitze eines Messers!
»Hör mir genau zu, Kleiner!« Eine raue Stimme, die sich in seine Gehörgänge fraß. »Seit fünfzehn Minuten lauft ihr drei Weichnasen mir hinterher und ich weiß nicht, was ihr von mir wollt. Geld wahrscheinlich. Aber ihr habt euch den Falschen ausgesucht. Solltet ihr euch nicht ganz schnell verpissen, werde ich meinen kleinen Freund hier von der Leine lassen.« Er drückte die Messerspitze noch ein winziges Stück weiter in Bobs Hals. »Ist das klar?«
»Alles klar«, röchelte der dritte Detektiv voller Angst. »Sicher, alles klar.«
»Na prima. Dann schlaf schön.«
Schlaf schön?, dachte Bob noch. Dann traf irgendetwas Hartes seine Schläfe und es wurde Nacht um ihn.

Notbremse

Als Bob aufwachte, hatte er das Gefühl, dass sein Kopf in einem Schraubstock klemmte und gleich platzen würde. Die Schmerzen waren höllisch und das Dröhnen in seinen Ohren klang wie ein Güterzug, der neben ihm vorbeidonnerte.
Dennoch rappelte er sich auf und blickte im Sitzen auf seine Uhr. Drei Minuten. Er war drei Minuten bewusstlos gewesen. Nicht viel, aber angesichts der verbleibenden Zeit eine halbe Ewigkeit. Der dritte Detektiv stand stöhnend auf, musste sich mit einer Hand an der Wand abstützen und wankte dann die Stufen hinauf ins Freie.
Die Sonne blendete ihn so sehr, dass er die Hand vor die Augen halten musste. Außerdem schienen hier draußen gleich drei Güterzüge an ihm vorbeizurumpeln.
Erst nach einer weiteren halben Minute gelang es ihm, die Augen zu einem kleinen Spalt zu öffnen und die Straße hinabzublicken. Verschwommene Menschen, Häuser in grellen Leuchtfarben und am Himmel dieser gnadenlose Riesenscheinwerfer.
»Bob!« Eine Stimme aus weiter Entfernung. Und doch unerträglich laut.
»Bob! Da bist du ja! Gott sei Dank!«
Wenige Augenblicke später waren Justus und Peter bei ihm.
»Was ist passiert, Dritter?«
»Bist du okay?«
Bob machte eine Handbewegung, mit der er die Lautstärke auf ein Flüstern drückte, und sagte dann: »Ja, alles klar. Bis auf die Güterzüge in meinem Kopf und dieses gleißend helle Ding da oben an der Decke.«
In kurzen Worten erzählte er seinen Freunden, was geschehen

war. »Es kann nur der Rothaarige gewesen sein, dem ich meine Beule verdanke«, schloss Bob seinen Bericht.
»Aber er weiß nicht, weswegen wir eigentlich hier sind«, sagte Peter. »Er denkt, dass wir ihm ans Leder wollten. Das ist gut.«
Bob lächelte verkniffen. »Gut? Sag das mal meiner Birne.« Er rieb sich den Hinterkopf. Doch allmählich wich die Benommenheit und nach ein paar tiefen Atemzügen fühlte er sich wieder halbwegs in der Lage, die Verfolgung fortzusetzen.
Justus sah ihn besorgt an. »Und es geht dir wirklich gut?«
»Klar. Lasst uns aufbrechen. Wir haben schon genug Zeit verloren.«
»Dem Rothaarigen sollten wir aber ab jetzt unbedingt aus dem Weg gehen«, meinte Peter. »Der scheint nicht allzu viel Spaß zu verstehen.«
Chilton war mittlerweile in der Bank angekommen. Justus hatte am Handy mit angehört, wie er die Schalterhalle betreten hatte und sofort zu einem der Mitarbeiter gelaufen war. Den hatte er dann angewiesen, ihm 50 000 Dollar von seinem Konto auszuzahlen. Der Bankangestellte hatte sich daraufhin für einen Moment entschuldigt, um alles Nötige in die Wege zu leiten.
»Hat er gesagt, was mit dem Geld passieren soll?«, fragte Bob, während sie die 26th Street hinabliefen.
Justus schüttelte den Kopf. »Nein, noch nicht. Aber ich habe so ein Gefühl, dass das sicher wieder mit irgendwelchen Umwegen verbunden sein wird.«
»Du meinst ein neues Rätsel?«
»Etwas in der Art, ja.«
Bob machte ein ratloses Gesicht. »Ich kann mir immer noch keinen Reim darauf machen, wieso der Kerl Chilton bis zur letzten Minute durch die Gegend hetzt. Fast könnte man den Eindruck bekommen, dass er das Geld gar nicht haben will

und sowieso nur darauf aus ist, den Jungen …«, Bob stockte, »… na, ihr wisst schon.«
Der Erste Detektiv nickte. »Entweder das, oder dem Ganzen liegt ein völlig anderes Motiv zugrunde, von dem wir bisher noch nichts wissen.«
»Außerdem, Kollegen, mal ganz ehrlich«, sagte Peter. »Findet ihr nicht auch, dass 50 000 Dollar ein bisschen wenig sind für den ganzen Aufwand? Ich meine, es geht hier um Erpressung der übelsten Art, es sind mindestens zwei Verbrecher im Spiel und Chilton ist nicht gerade das, was man einen armen Schlucker nennt. Und dann nur 50 000 Dollar? Ist doch seltsam, oder?«
»Der Gedanke ging mir auch schon durch den Kopf«, bestätigte der Erste Detektiv und bog in den San Vincente Boulevard ein. Zwei Blocks weiter vorne sahen sie das Logo der Bank. »Eine weitere Merkwürdigkeit in diesem merkwürdigen Fall. Sobald wir etwas Luft haben, sollten wir unbedingt Kriegsrat halten, damit wir die Fakten –« Justus hielt inne. »Der Bankangestellte ist zurück! … Oh nein! Er sagt, dass Chilton nicht genügend Geld auf dem Konto hat.«
»Verdammt!« Peter hob flehentlich die Hände. »Das ist ja der reinste Albtraum!«
»Chilton fragt, ob man nicht schnell Wertpapieranteile aus seinem Depot verkaufen könne«, berichtete Justus weiter.
»Das ist natürlich möglich, Mr Chilton«, erwiderte der Bankangestellte, »aber selbst wenn wir jetzt eine Order aufgeben, kann es einige Zeit dauern, bis sie ausgeführt wird. Sie können es höchstens beschleunigen, indem Sie weit unter dem aktuellen Preis verkaufen.«
»Tun Sie's!«, befahl Chilton. »Verkaufen Sie, was immer Sie wollen und zu welchem Preis Sie wollen. Aber tun Sie's jetzt!«
Nach einem kurzen Schweigen fragte der Bankangestellte: »Ist denn alles in Ordnung, Mr Chilton?«

»Ja, ja, sicher. Nun machen Sie schon!«
Wieder zögerte der Mann. »Natürlich, Mr Chilton. Ich mache mich unverzüglich an die Arbeit.«
Die drei ??? waren jetzt nicht mehr weit von der Freeman Chase Bank entfernt und liefen eben an einem Taxistand vorbei, an dem mehrere Fahrzeuge auf Aufträge aus der Zentrale oder Laufkundschaft warteten. Konzentriert hielten sie Ausschau nach dem Komplizen, doch er war nirgends zu sehen.
»Sicher ist er mit in die Bank gegangen und beobachtet jetzt Chilton von dort aus«, vermutete Bob.
»Kann sein«, erwiderte Justus. »Wir sollten aber dennoch auf der Hut sein.«
Plötzlich blieb Peter stehen. Aus dem Inneren eines Taxis, dessen Scheiben heruntergekurbelt waren, drangen vertraute Wörter und Laute zu ihm.
»Kollegen, hört ihr das?« Er zeigte auf das Autoradio. »Da läuft unser Spiel!«
Justus und Bob kamen zurück und horchten. »Du hast recht!«, pflichtete ihm Bob nach einigen Augenblicken bei.
Die Begriffe *Hawks* und *Tornados* waren gefallen und der Radiosprecher hatte auch die Namen einiger Spieler genannt. Stanton. Callaghan. Und Chilton.
»Wir bleiben hier«, beschloss der Erste Detektiv. »Von hier aus haben wir die Bank im Blick und können gleichzeitig das Spiel mitverfolgen.« Er beugte sich zum Beifahrerfenster hinab und sprach den Taxifahrer an, der Zeitung lesend hinter dem Steuer saß. *Abe Graham* stand auf seiner Zulassungskarte, die am Armaturenbrett befestigt war. »Entschuldigen Sie, dürften wir das Spiel mit anhören, solange Sie hier stehen? Wir sind große *Hawks*-Fans und würden gerne wissen, wie sich unsere Jungs schlagen.«
Der Mann warf ihm über die Zeitung hinweg einen gelang-

weilten Blick zu. »Klar, meinetwegen. Tut sich aber nicht viel. Die Verlängerung war bisher ziemlich lahm.«

»Lahm, sagen Sie?« Peter war genauso verblüfft wie Justus und Bob. Der Namenlose hatte doch gemeint …

»Die schieben die Kugel nur hin und her. Wenn ihr mich fragt, dann spekulieren die alle aufs Elfmeterschießen. Keiner von denen will vorher noch ein Risiko eingehen.«

»Der Typ ist ja noch fieser, als ich dachte«, knurrte Peter. »Erzählt was von Pfostenknallern und Glanzparaden, nur um Chilton zu quälen.«

Justus runzelte die Stirn. »Entweder das oder …«

»In Ordnung, Mr Chilton.« Der Bankangestellte war zurück. »Ich habe den Verkauf von einem Drittel Ihrer Öl-Aktien geordert. Zwei Dollar unter Kurswert. Der Auftrag wird sicher gleich abgeschlossen werden, dann haben Sie in wenigen Minuten das Geld auf Ihrem Verrechnungskonto. Dann noch –«

»Ersparen Sie mir die Details«, unterbrach Chilton den Mann schroff. »Wann habe ich das Geld?«

Der Bankangestellte räusperte sich. »In spätestens fünf Minuten«, lautete seine knappe, hörbar gekränkte Antwort.

Peter sah auf die Uhr. »Fünf Minuten. Das Spiel dauert höchstens noch sieben oder acht Minuten. Am Ende der Verlängerung wird selten mehr als eine Minute nachgespielt.« Der Zweite Detektiv senkte die Stimme: »Wenn nicht vorher schon Schluss ist.«

Justus und Bob sagten nichts. Jetzt konnten sie nur noch hoffen. Hoffen, dass Chilton das Geld rechtzeitig bekam, hoffen, dass er es rechtzeitig abliefern konnte, hoffen, dass kein Tor fiel. Die Minuten zogen sich wie ein zäher Brei. Auf dem Rasen geschah nichts, am Handy tat sich nichts, die Welt schien stillzustehen.

Der Erste Detektiv nutzte die Zeit jedoch, um nachzudenken.

Mit einem Ohr am Radio ließ er sich die vergangenen 120 Minuten durch den Kopf gehen, sortierte die Informationen, kombinierte dieses mit jenem, verwarf Gedanken, brütete über neuen Ideen. Und ganz langsam, wie Nebel an einem kalten Novembermorgen, lüftete sich der Schleier über diesem rätselhaften Fall. Noch waren ihm nicht alle Zusammenhänge klar, aber einiges glaubte er sich nun erklären zu können.
Ein Schrei riss ihn aus seinen Überlegungen. »Kein Abseits!«, überschlug sich die Stimme des Kommentators. »Chris Stanton, der Stürmer der *Hawks*, läuft alleine aufs Tor zu! Das ist die Chance 60 Sekunden vor Spielende!«
Die drei ??? krochen fast ins Taxi. Kam jetzt das Ende?
»Ein genialer Pass seines Kapitäns brachte Stanton hinter die Abwehr der *Tornados*! Er hat nur noch den Schlussmann vor sich!«
»Bitte nicht!«, flehte Bob.
»Rauslaufen!«, rief Peter. »Er muss raus aus seinem Kasten!«
»Jetzt kommt Hennessy aus dem Tor! Mit weit geöffneten Armen und tiefem Gang versucht er, den Winkel zu verkürzen. Aber Stanton ist bekannt für seine Cleverness in Eins-zu-eins-Situationen.«
Die drei Detektive hielten den Atem an, und auch der Taxifahrer klappte seine Zeitung zusammen und sah zum Radio.
»Jetzt ist Stanton am Sechzehner! Er macht zwei Übersteiger, zieht den Ball nach links, wieder nach rechts. Hennessy wirft sich zu Boden. Stanton springt über ihn hinweg. Hennessy streckt sich, aber Stanton ist vorbei, er muss – Nein! Hennessy holt ihn von den Beinen! Foul! Das war ein eindeutiges Foul!«
Die drei Detektive sahen sich beklommen an. Jedem war klar, was jetzt kam.
»Elfmeter! Der Schiedsrichter hat keine Sekunde gezögert. Er

läuft in den Sechzehner, zeigt auf den Punkt und – gibt Hennessy die Rote Karte! Klar, das war eine Notbremse, dafür kann es nur Rot geben.«

»Ich habe das Geld!«, drang es auf einmal aus dem Handy. »Wohin? Wohin soll ich es bringen?«

Justus informierte sofort seine Freunde. Aber weder Peter noch Bob konnte diese Nachricht jetzt aufheitern. Es war zu spät.

»Tja«, erwiderte der Namenlose schmierig. »Ich würde es Ihnen wirklich gerne sagen, aber ich fürchte, die Sache hat sich gleich erledigt.«

»Was? Wieso?«, rief Chilton aufgewühlt.

»Weil die *Hawks* eben einen Elfmeter zugesprochen bekommen haben. Und wenn mich meine Augen nicht täuschen, ist es …« Der Namenlose hielt kurz inne und lachte dann leise ins Telefon. »Ja, raten Sie mal, wer den Strafstoß schießen wird?«

Ein verzweifelter Laut entfuhr Chilton. Angst, Hoffnungslosigkeit, Erschöpfung pressten sich durch seine Kehle. »Tom. Es ist Tom«, sagte er tonlos.

»Richtig!«, freute sich der Erpresser. »Es ist Ihr Sohn. Ist das nicht ein seltsamer Zufall? Ihr Sohn hat sein eigenes Leben nun quasi auf dem Fuß. Welcher Fußballer hätte das jemals von sich behaupten können?«

Chilton atmete heiser. »Sie verdammter Mistkerl!«, stieß er hervor.

»Na, na, na, wer wird denn gleich ausfallend werden! Noch dazu, wo ich Ihnen einen besonderen Service anbieten kann. Sie dürfen den Schuss Ihres Sohnes nämlich live mitverfolgen. Ich habe hier ein kleines Taschenradio. Hören Sie gut zu! Viel Spaß!«

Die drei ??? klebten förmlich zusammen. Bleich vor Anspannung und mit klopfenden Herzen lauschten sie dem Gespräch und gleichzeitig dem Kommentator, den sie jetzt gleichermaßen aus dem Taxi-Radio und dem Handy vernahmen. Der Taxifahrer wunderte sich zwar über ihr seltsames Verhalten, sagte jedoch nichts. Junge Leute eben …

»Im Stadion ist es jetzt mucksmäuschenstill.« Die Stimme des Reporters war zu einem leisen, spannungsgeladenen Flüstern herabgesunken. »Es ist Chilton, der sich den Ball zurechtlegt, und das, obwohl er sich vorhin verletzt hat. Aber er ist eben der beste Elfmeterschütze der *Hawks*. Chilton tritt zurück. Fünf Schritte nimmt er Anlauf. Wenn er jetzt trifft, ist das Spiel vorbei. Laughton, der Ersatztorhüter der *Tornados*, steht geduckt auf der Linie wie ein Tiger vor dem Absprung. Gleich ist es so weit.«

»Nein, nein, nein«, flehte Peter.

»Chilton läuft an.« Der Reporter erhöhte seine Lautstärke. »Er sieht noch einmal kurz hoch, Laughton bewegt sich nach links, und er schießt, Chilton schießt …!«

Tödliches Duell

»… der Ball fliegt halbhoch nach rechts. Aber Laughton hat die Ecke geahnt, er macht sich lang«, überschlug sich die Stimme des Reporters, »kommt mit den Fingerspitzen an die Kugel, lenkt sie an den Innenpfosten, der Ball prallt ab, trudelt auf der Linie entlang … Mein Gott, was ist das denn?« Der Sprecher kreischte nahezu vor Aufregung. »Chilton kommt angerannt, Laughton wirft sich nach rechts, Chilton ist fast da. Aber nein! Laughton hat den Ball unter sich begraben! Laughton hat den Ball gehalten! Kein Tor! Kein Tor!«

»Ja!«, jubelte Peter und riss die Arme hoch. »Ja! Ja! Ja!«

»Gott sei Dank!« Bob ballte beide Fäuste und auch Justus schickte ein stummes Stoßgebet gen Himmel.

»Und in diesem Moment pfeift der Schiedsrichter das Spiel ab«, verkündete der Reporter. »Elfmeterschießen! Jetzt wird das Spiel um die Highschool-Meisterschaft im Elfmeterschießen entschieden. Gott, ist das spannend!«

Der Taxifahrer sah die drei Jungen verwundert an. »Ich dachte, ihr seid *Hawks*-Fans?«

Der Zweite Detektiv hielt mitten im Jubeln inne und Bob lächelte betreten.

»J…ja schon«, beeilte sich Peter zu sagen. »Aber so ein Elfmeterschießen ist doch eine tolle Sache. Und wir sind … ganz sicher, dass unsere Jungs das gewinnen.«

Der Fahrer runzelte die Stirn. »Obwohl einer von ihnen gerade einen Elfer versemmelt hat?«

»Das … passiert ihnen sicher nicht noch einmal.«

»Soso«, war alles, was der Mann darauf antwortete. Er musterte die drei ??? noch mit einem fragenden Blick, dann verschwand er wieder hinter seiner Zeitung.

Justus überließ Bob das Handy und blickte nachdenklich über die Straße zum Eingang der Bank. »Er hat ein Taschenradio«, murmelte er. »Und von Chiltons Verletzung hat er nichts gesagt. Seltsam …«

»Es ist wieder dran!« Bob deutete auf das Handy und Justus und Peter liefen schnell zu ihm.

»Na, das ist ja noch mal gut gegangen«, heuchelte der Namenlose Anteilnahme. »Wenngleich Ihr Sprössling wohl doch noch ein bisschen üben muss.«

»Wohin?«, ächzte Chilton. »Wohin soll ich die 50 000 Dollar bringen?«

»Ah ja, das Geld, das schöne Geld. Da waren wir stehen geblieben.«

Justus zückte wieder Block und Stift und sah seine Freunde vielsagend an. »Gleich kommt's!«

»Ich dachte mir«, fuhr der Erpresser fort, »dass ich Ihnen zum Abschluss unseres kleinen Spiels noch ein letztes Rätsel präsentiere. Die Lösung wird Ihnen dann sagen, wohin Sie das Geld bringen sollen.«

»Tatsächlich«, sagte Bob. »Er tut es wirklich!«

»Das Rätsel lautet:

Er kennt die alte Blumenstadt,
die Ärzte einst zu Herrschern hatt'.
Am schiefen Turm küsst er das Meer,
doch unserer ist ganz aus Teer.
Und wo er in die Dämmerung sinkt,
Ihr Geld dann fröhlich für mich winkt.

Dorthin bringen Sie bitte das Geld. Aber Sie müssen sich beeilen.«

»Warten Sie!«, rief Chilton. »Geben Sie mir einen Tipp! Wonach muss ich suchen?«

Beim Lachen des Namenlosen musste Peter an einen riesigen

Haifisch denken. »Aber, aber, mein lieber Brainman. So verzagt? Der glänzende Ritter braucht Hilfe? Das ist doch gar nicht Ihre Art. Nein, nein, ich bin überzeugt, Sie machen das schon. Und für den Fall dass nicht – habe ich gewonnen und Sie alles verloren!«

»Nein, hören Sie, Sie verdammter –«

»Kein Wort mehr!«, fuhr der Erpresser Chilton über den Mund. »Sonst beende ich es sofort! Machen Sie sich auf der Stelle an die Arbeit!«

Chilton keuchte, blieb aber stumm.

Die drei ??? sahen hinüber zur Bank und warteten eine Weile. Doch Chilton kam nicht heraus.

»Was will er da noch?«, fragte sich Bob.

Justus zuckte die Achseln. »Ich würde auch da drinbleiben. Dort stehen ihm viele Möglichkeiten zur Verfügung, das Rätsel zu lösen.«

»Die Spieler haben sich so weit regeneriert und die Trainer haben die fünf Schützen bestimmt«, tönte es da wieder aus dem Radio.

»Mann!« Peter faltete die Hände. »Kann vielleicht irgendjemand kurz die Zeit anhalten! Das geht mir alles zu schnell. Ich muss mal durchatmen, sonst platzt mir der Kopf!«

»Geht mir auch so«, pflichtete ihm Bob bei, »aber Durchatmen ist später. Jetzt müssen wir uns zusammenreißen. Vielleicht können wir Chilton noch einmal helfen.«

»Richtig, Dritter.« Justus sah auf seine Mitschrift. »Was haben wir …? Also, gesucht wird ein Er.«

»Der erste Schütze für die *Tornados* wird die Nummer 3 sein. John Bewford.«

Das Quäken des Reporters machte das Konzentrieren für die drei Jungen nicht gerade einfacher. Aber sie mussten auch wissen, ob sich ihre Anstrengungen überhaupt noch lohnten, also blieben sie neben dem Taxi stehen. Der Fahrer schien sich bloß noch für seine Zeitung zu interessieren, nur hin und wieder sah er kurz zu ihnen herüber.

»Bewford läuft an … ist am Ball, schießt und … Tor! Klasse versenkt. Unhaltbar ins rechte untere Eck. 1 : 0 für die *Tornados*.«

Die drei Detektive blickten wieder auf das Rätsel. »Ein Er aus Teer«, sagte Bob. »Eine Straße?«

»Könnte gut sein«, meinte Justus. »Wobei der ursprüngliche Er, der, mit dem das Rätsel beginnt, nicht aus Teer ist. Der küsst das Meer und kennt eine alte Stadt.«

»Jetzt ist Callaghan an der Reihe. Er nimmt nur einen kurzen Anlauf, blickt nicht einmal hoch und … trifft. Genau in die Tormitte. Riskant, wirklich riskant dieser Schuss, aber es hat geklappt. 1 : 1.«

»Was soll das heißen: ein Meer küssen? Irgendetwas oder jemand, der ans Meer grenzt, es berührt?«, überlegte Peter fieberhaft. »Klippen, Strände, Stege … Häfen … Abwasserleitungen …?«

Justus sah ihn verdutzt von der Seite an. »Abwasserleitungen? Wie kommst du denn auf – Flüsse!«, rief er plötzlich. »Genial, Peter! Ich glaube, ein Fluss ist gemeint. Und auf den passt *küssen* auch am besten.«

»Du meinst wegen feucht und so?« Peter grinste.

»Genau! Und –« Justus verstummte.

»Jetzt ist Obregas an der Reihe, der Linksfüßer. Anlauf … Schuss und … gehalten! Adams hält! Wahnsinn! Das ist ein klarer Vorteil für die *Hawks*!«

Bob konnte sich nur mühsam wieder auf das Rätsel konzentrieren. »Ein Fluss. Aber welcher? Er kennt eine alte Blumenstadt, die Ärzte zu Herrschern hatte, und küsst am schiefen Turm das Meer.«

Justus kniff die Augen zusammen. »Schiefer Turm, schiefer Turm. An irgendetwas erinnert mich das.«

»Stanton wird der nächste Schütze sein. Er hat einen knallharten Schuss. Sieben, acht, neun Schritte Anlauf. Er rennt los … schießt und … Unglaublich! An die Unterkante der Latte und von da ins Tor. Das war knapp! 2 : 1 für die *Hawks*. Die *Hawks* führen!«

»Pisa«, sagte der Taxifahrer hinter seiner Zeitung.

Die drei ??? sahen sich verwundert an.

»Bitte?«, fragte Bob nach.

»Pisa«, wiederholte der Mann. »Der Schiefe Turm steht in Pisa. War letztes Jahr mit meiner Anabel da. Sehr schön dort, aber höllisch teuer.«

»Der Schiefe Turm von Pisa!«, rief Justus. »Der ist es. Richtig! Und der Fluss, der dort ins Meer mündet, heißt … heißt … Moment, ich hab's gleich …« Der Erste Detektiv hielt sich die Finger an die Schläfen. »Arno! So heißt er! Und der Arno fließt auch durch Florenz, die Stadt der Blumen, wenn man es sehr frei übersetzt, in der einst die Medici herrschten.«

»Ja, Arno, ich erinnere mich«, sagte der Taxifahrer. »So hieß der Fluss. Musste damals gleich an diese Straße hinten in *Pacific Palisades* denken. Eine Kurve nach der anderen.«

»Eine Straße?« Peter sah den Mann aufmerksam an.

»Der dritte Spieler der *Tornados*. Garry Logan. Er macht auf mich keinen besonders sicheren Eindruck.« Die drei ??? lauschten wieder dem Radio. »Er läuft an, sieht einmal hoch, noch mal, Schuss und … Was für eine Rakete! Der hat Adams aber verladen. Das war wohl alles Show. Eiskalt in den Winkel gesetzt, das Ding. 2 : 2. Jetzt sind die *Hawks* wieder dran.«

»Ja«, sagte der Taxifahrer. »Arno Way. Eine der teureren Adressen.«

Bob blickte nachdenklich auf Justus' Zettel. »Und diese Straße

sinkt in die Dämmerung. Hm. Vielleicht da, wo sie nach Westen führt?«
»Wäre eine Idee«, meinte Justus, »aber ich denke, dass das Rätsel einen ganz konkreten Punkt angibt.«
Plötzlich wandte sich Peter ab. »Kollegen! Dreht euch nicht um. Aber aus der Bank kam gerade unser rothaariger Freund spaziert.«
»Wirklich? Und Chilton?«, fragte der Erste Detektiv.
»Den habe ich nicht gesehen.«
Bob sah vorsichtig aus den Augenwinkeln hinüber. »Wieso lässt der Chilton alleine?«
»Ich würde sagen, die Ratte verlässt das sinkende Schiff«, antwortete Justus. »Jetzt, wo sich die Sache dem Ende zuneigt, muss Chilton nicht mehr überwacht werden. Der Komplize bringt sich lieber schon mal in Sicherheit.« Er wandte sich wieder an den Taxifahrer. »Mr Graham, wissen Sie zufällig, welche Straßen den Arno Way kreuzen?«
»Hm«, überlegte der Taxifahrer, »der Livorno Drive, die Marquez Avenue … weiter hinten die Edgar Street …«
»Es wird spannend«, tönte der Kommentator wieder aus dem Lautsprecher. »Chuck Susson, der Mittelfeldregisseur der *Tornados*, ist an der Reihe. Normalerweise ein ganz sicherer Schütze. Er tritt den Strafstoßpunkt fest, legt sich den Ball zurecht und nimmt Anlauf. Jetzt gibt der Schiri den Ball frei. Susson läuft eine kleine Kurve … schießt und … Oh! Meine Güte! Haushoch über den Kasten! Was war das denn? Susson verschießt!«
»Und natürlich der Sunset Boulevard«, fiel dem Taxifahrer noch ein.
Der Erste Detektiv fuhr herum. »Sunset Boulevard, sagen Sie?« Er sah seine Freunde an, und Peter und Bob wussten sofort, woran er dachte.

»Sunset. Dämmerung«, sagte Peter. »Das ist es! Da muss er hin!«
»Schnell!«, rief Justus. »Wir müssen es Chilton sagen!«
Er wollte losrennen, aber der Zweite Detektiv hielt ihn zurück.
»Was? Was ist denn?«
»Just«, sagte Peter niedergeschlagen, »das reicht nicht mehr. Wenn der nächste Schütze der *Hawks* trifft, ist das Spiel vorbei.«
Justus starrte seinen Freund an. »Da schießt nicht jeder aus beiden Mannschaften?«
»Nein, nur jeweils fünf. Wenn sich dann ein Sieger ergibt, ist das Spiel aus.«
Der Erpresser war wieder zu hören. »So, mein Lieber. Gehe ich recht in der Annahme, dass Sie mein kleines Rätsel noch nicht geknackt haben?«
Chilton atmete schwer. »Nein, aber ich brauche sicher nicht mehr lang. Ganz sicher. Sie bekommen Ihr Geld.«
»Nun, leider kann sich das schon sehr bald erübrigen. Denn wenn der nächste Schütze trifft, platzt unser Deal. Daher gewähre ich Ihnen nun erneut meinen speziellen Service und lasse Sie ein wenig mithören.«
Chilton erwiderte nichts. Stattdessen vernahmen die drei ??? den Reporter nun auch wieder über das Handy.
»Ja, was sehe ich? Es ist tatsächlich wieder Tom Chilton, der antritt. Er wagt es also noch einmal. Noch einmal hat er die Entscheidung auf dem Fuß.«
Peter biss sich auf die Unterlippe. »Ich halte das nicht mehr aus, ich halte das einfach nicht mehr aus!«
»Chilton nimmt Blickkontakt zum Torhüter auf. Jetzt platziert er den Ball und geht nach hinten. Er läuft los … verlangsamt sein Tempo … läuft weiter … schießt …«
Die drei ??? hielten den Atem an.

»Tor! Tor! Tor! Das Spiel ist aus! Die *Hawks* haben gewonnen!«
»Nein!«, rief Peter, während Justus nur stumm zu Boden blickte. Bob schlug die Hände vors Gesicht. »Oh Gott!«, stöhnte er
»Das war's!«, vermeldete der Namenlose knapp. »Tut mir leid!«
»Nein! Tun Sie's nicht!«, schrie Chilton. »Bitte! Bitte! Nein!«
In der nächsten Sekunde dröhnte ein Schuss wie ein Donnerschlag durch das Handy. Dann knackte es in der Leitung und das Gespräch war beendet.

Griechische Tragödie

»Tom! Tom! Oh mein Gott!« Sie hörten Chilton rennen. »Tom!«
»Der Schiedsrichter hebt die Arme und pfeift das Spiel ab!«, verkündete der Kommentator. »Die *Hawks* gewinnen die nationale Highschool-Meisterschaft. Nach einem dramatischen Spiel, das erst im Elfmeterschießen einen Sieger fand, schlagen die *Hawks* die *Tornados*.«
Bob tauchte langsam aus seinen Händen auf und Justus hob den Blick vom Boden. Auch Peter war sichtlich verwirrt.
»Die Spieler der *Hawks* rennen auf Chilton zu und heben ihn auf ihre Schultern! Er ist der Mann des Spiels!«
»Aber … wir haben doch eben … Da war doch …« Peter deutete mit zitternden Fingern auf das Handy. »Ich verstehe das nicht!«
Justus' atmete erleichtert auf. »Der hat geblufft! Der wollte Tom nie erschießen! Der wollte einfach nur –«
»Da ist Chilton!«, rief Bob. »Da drüben läuft er! Er kam gerade aus der Bank!«
»Schnell, kommt mit!«, forderte Peter seine Freunde auf. »Wir müssen ihn informieren!«
Einen völlig verdutzten Taxifahrer zurücklassend, liefen die drei ??? den San Vincente Boulevard hinab hinter Alexander Chilton her. Der Mann rannte kopflos erst in die eine, dann in die andere Richtung, bis er sich schließlich besann und die Straße entlangblickte.
»Wahrscheinlich sucht er ein Taxi«, vermutete Justus. »Oder eine Polizeistreife.«
Eine Minute später waren die drei Detektive bei Chilton. Der Mann war völlig aufgelöst und nahm zunächst gar nicht wahr,

was die drei Jungen zu ihm sagten. Sie wussten nicht einmal, ob er sie überhaupt bemerkte. Er stammelte nur immer »Tom!«, »Oh Gott!«, »Arzt« und »Stadion«. Erst nach und nach gelang es den drei ???, zu ihm durchzudringen, und als er endlich verstanden hatte, was sie ihm sagen wollten, verstummte er urplötzlich.

»Tom ... ist nicht ... tot?«, brachte er schließlich mühsam hervor. »Er wurde nicht ... Dieser Mann ... er hat ihn wirklich nicht ...?«

»Nein, ganz sicher nicht«, erwiderte Bob. »Es geht ihm sehr gut.«

Die drei Detektive erzählten ihm in aller Kürze, was aus ihrer Sicht vorgefallen war, welche Rolle sie in dem Fall spielten und was sie wussten. Chilton gewann nur langsam seine Fassung wieder, hörte dann jedoch immer konzentrierter zu. Er bestätigte die Sache mit der Konferenzschaltung und dass es ein spontaner Einfall gewesen war. Später, als sich die Ereignisse überschlugen, habe er jedoch völlig vergessen, dass noch jemand in der Leitung war.

»Hört zu, Jungs«, sagte Chilton, »wir müssen das alles noch mal ganz genau besprechen. Ich fahre jetzt sofort zu Tom, aber ich würde euch bitten, dass ihr nachher, sagen wir in zwei Stunden, zu mir kommt. Ginge das?«

»Sicher, gerne«, erwiderte Justus.

»Gut, meine Adresse lautet 24 Arno Way in *Pacific Palisades*. Es ist ein großes, blaues Haus und gegenüber mündet der Sunset Boulevard. Ihr könnt es überhaupt nicht verfehlen.« Chilton verabschiedete sich, stoppte ein Taxi, das eben an ihnen vorbeifuhr, und stieg ein. Die drei ??? sahen ihm erstaunt hinterher.

»Was hat das zu bedeuten?«, wunderte sich Bob. »Er sollte das Geld in sein eigenes Haus bringen!«

Justus' Miene verriet Ungeduld. Der Erste Detektiv wollte jetzt endlich Licht in diesen mysteriösen Fall bringen. »Das werden wir nachher sicher erfahren.«

Die zwei Stunden nutzten die drei Freunde noch für einige sehr aufschlussreiche Recherchen im *Surfer's Paradise* und fuhren dann zu Chiltons Anwesen in *Pacific Palisades*. Vor dem schönen Haus, das in mexikanischem Stil errichtet war und einen weitläufigen Garten besaß, parkten auch zwei Fahrzeuge der Polizei. Nachdem sie geklingelt hatten, kam einer der Beamten an die Tür und führte sie ins Haus. Offenbar hatte Chilton die Polizei schon von ihrer Ankunft unterrichtet.

Sie liefen durch einen langen, kühlen Flur und betraten ein Zimmer, das zum Garten lag. Chilton, sein Sohn und zwei weitere Beamte saßen auf Stühlen und einem Sofa.

Aber etwas anderes zog zunächst die Aufmerksamkeit der drei ??? auf sich. In diesen Raum, offenbar Chiltons Arbeitszimmer, war eingebrochen worden. Und der Einbrecher hatte geradezu gewütet hier drin. Alles lag kreuz und quer durcheinander, Ordner, Bücher, Regale, der Computer, Ziergegenstände. Im Kamin lag ein Haufen verkohlten Papiers, und hinter einem Bild, das schief und aufgeschlitzt von der Wand hing, stand ein kleiner Wandtresor offen. Die Brandspuren drum herum wiesen eindeutig darauf hin, dass der Safe aufgesprengt worden war.

»Hallo, Jungs«, begrüßte sie Chilton. Der Mann wirkte niedergeschlagen und traurig. Wie ein Häufchen Elend saß er auf seinem Stuhl und brachte nur mühsam ein Lächeln zustande. »Darf ich euch Tom vorstellen?«

Der Junge mit den hellblonden Haaren, den Justus und Bob schon im Spielertunnel gesehen hatten, kam auf sie zu und schüttelte jedem die Hand. Auch er wirkte erschöpft und um seine Augen lag ein bekümmerter Zug. »Hallo. Dad hat mir schon erzählt, was ihr für ihn getan habt. Ihr seid echt super. Ich möchte euch auch von Herzen danken.«

Peter winkte ab. »Noch haben wir gar nichts getan, solange der Kerl nicht geschnappt ist, der für das hier«, er wies auf das zerstörte Zimmer, »und die Sache im Stadion verantwortlich ist.«

»Und genau dazu hätten wir ein paar Fragen an euch«, ergriff einer der Beamten das Wort, ein gewisser Inspektor Craig.

In der nächsten halben Stunde standen die drei Detektive den Polizisten ausgiebig Rede und Antwort. Sie berichteten von den vergangenen Vorfällen aus ihrer Sicht, gaben jedes Detail wieder und erklärten, wie sie auf die Lösung der Rätsel gekommen waren.

»Ihr seid wirklich ganz schön auf Zack, fast wie echte Profis«, sagte einer der anderen Beamten anerkennend, ein gewisser Sergeant Biederman. »Man könnte meinen, ihr macht das dauernd.«

»So falsch ist das auch nicht«, erwiderte Bob und reichte Biederman eine ihrer Karten.

»Die drei Detektive. Wir lösen jeden Fall«, las der Polizist und reichte die Karte an seine Kollegen weiter. »Die drei Detektive. Das habe ich schon mal irgendwo gehört.«

Chilton starrte gedankenverloren vor sich hin. Dem Gespräch war er kaum gefolgt. »Dass ich das Geld hierher bringen sollte, wurde mir vorhin auch klar«, sagte er müde. »Aber ich habe absolut keine Ahnung, warum.«

Der Erste Detektiv erhob sich. »Vielleicht können wir Licht in die Sache bringen.« Er ging langsam zum Tresor.

»Du meinst, das war alles nur ein Ablenkungsmanöver, um den Safe auszuräumen?«, sagte Craig. »So weit sind wir auch schon.«

»Was wurde denn gestohlen?«, fragte Peter.

»Mein Vater sammelt Armbanduhren«, erwiderte Tom. »Wertvolle Armbanduhren. Und die waren im Safe. Zwei Rolex, eine Omega, eine Lange & Söhne und noch ein paar andere.«
»Und wie viel sind die wert?«, wollte Bob wissen.
Tom zuckte die Schultern. »200 000 bis 300 000 Dollar ungefähr.«
Bob und Peter pfiffen leise durch die Zähne. Damit war klar, wieso dem Erpresser die 50 000 Dollar egal sein konnten. Aber bei ihren Recherchen waren sie noch auf ein mögliches anderes Motiv als Geldgier gestoßen.
»Fehlt denn sonst noch etwas?«, fragte Justus daher nach. Mittlerweile stand er vor dem Kamin mit den verbrannten Papieren. Auch einige Bücher waren den Flammen zum Opfer gefallen.
Chilton seufzte schwer. »Diese Idioten haben alles Mögliche zerstört. Darunter auch einen Gedichtband meiner Frau, den sie für uns geschrieben hat, nachdem sie erfahren hat ... erfahren hat, dass sie nicht mehr lange ...« Dem Mann versagte die Stimme. Mit feucht schimmernden Augen sah er in die Asche.
Tom ging zu seinem Vater und legte ihm die Hand auf die Schulter. »Mum ist vor drei Jahren an Krebs gestorben. Nachdem sie von ihrer Krankheit erfahren hatte, hat sie die Gedichte geschrieben«, sagte er leise.
Die drei ??? nickten. Auf die Information vom Tod seiner Frau waren sie auch bei ihrer Recherche gestoßen. Nur das mit dem Gedichtband war ihnen neu. Aber es passte haargenau in ihre Theorie.
Justus drehte sich um. »Meine Herren«, sagte er mit fester Stimme, »wir glauben nicht, dass es sich hier um ein Verbrechen aus Habsucht handelt. Wir sind viel eher der Meinung, dass es aus Rache, aus verletztem Stolz und, wie wir eben ge-

hört haben, aus Eifersucht verübt wurde. Denn der Erpresser kennt Mr Chilton, und zwar recht gut.«

Die Polizisten sahen ihn verblüfft an und auch Chilton hob den Kopf.

»Wie kommt ihr denn dadrauf?«, fragte Dempsey, der dritte Beamte.

»Die ganzen Umstände des Falles sprechen dafür«, erwiderte der Erste Detektiv. »Der Erpresser machte immer wieder Andeutungen, die verrieten, dass er Mr Chilton kennt. Angefangen von der Anrede *Brainman*, die er ihm gab, über das Wissen um Mr Chiltons sportliche Fähigkeiten bis hin zu Aussagen über seine Art, seine Gewohnheiten, sein Verhalten. All das ließ uns zu dem Schluss kommen, dass der *Namelose* Mr Chilton kennt.«

»Hinzu kommt die Tatsache«, fuhr Bob fort, »dass sämtliche Rätsel gewissermaßen schulische Fächer abdecken.« Der dritte Detektiv hob die Hand und zählte an den Fingern ab: »Kunst, Geschichte, Mathe, Geografie. Wobei der Erpresser sehr aufgeregt reagierte, wenn Mr Chilton schnell auf die Lösung kam oder gar die Intelligenz des Erpressers selbst in Zweifel zog. Er fing an zu stottern. Das ergab für uns die Frage, ob der Erpresser vielleicht in irgendeiner schulischen Verbindung mit Mr Chilton steht.«

Peter ergriff das Wort. »Auch sein eigener Name, *der Namelose*, hat sicher irgendeine persönliche Bedeutung, die wir noch ergründen werden.«

»Aber ganz offensichtlich wird diese persönliche Dimension«, sprach Justus wieder weiter, »wenn wir die Morddrohung an sich betrachten. Der Namelose versetzte Mr Chilton mit dieser angedrohten Ermordung seines Sohnes in Angst und Schrecken, obwohl er ihn sicher auch anders von zu Hause hätte weglocken können, wenn es ihm nur um den Inhalt des Safes gegangen wäre. Ganz abgesehen davon, dass er einfach nur hätte warten müssen, bis Mr Chilton einmal nicht zu Hause ist. Es waren also, wie Sie sehen, sehr persönliche Gründe im Spiel bei diesem Verbrechen, Gründe, die wir Ihnen ebenfalls gleich nennen werden. Und all das lässt den unweigerlichen Schluss zu, dass sich Mr Chilton und der Erpresser kennen. Gut kennen.«

»So gut«, setzte Peter noch hinzu, »dass wir sogar eine Vermutung haben, wer dahintersteckt.«

»Wie bitte?«

»Ihr wisst, wer es war?«

»Ihr kennt den Kerl?«, riefen die Polizisten durcheinander.

Chilton sagte nichts. Er schaute die Jungen nur an. Erst nach einer Weile fragte er leise: »Wer?«

Justus sah immer noch in die verbrannten Papiere. Jetzt drehte er sich langsam um und ging auf Chilton zu. »Bevor wir unsere Vermutung äußern, hätte ich noch eine ebenfalls sehr persönliche Frage an Sie.«

»Bitte.« Chilton blickte ihn aufmerksam an.

»Ich frage Sie ohne Umschweife: Gab es je einen Mann, der auf Sie eifersüchtig war und Ihrer Frau und Ihnen Ihre Liebe nicht gegönnt hat?«

Chilton blinzelte verwirrt. »Ich … weiß nicht … Es gab viele Männer, denen Julia gefiel. Sie war sehr schön und ein Engel von einem Mensch. Aber einer, der uns unsere Liebe … ich weiß nicht …«

»Denken Sie nach. Denken Sie an Ihre Highschool-Zeit.«

Chilton verkrampfte sich leicht. »Ja«, sagte er langsam, »da gab es einen. Er war vor meiner Zeit mit Julia zusammen und sie verließ ihn wegen mir. Er kam darüber lange nicht hinweg und legte sich auch ein- oder zweimal deswegen mit mir an. Aber irgendwann hörte das auf.«

Peter und Bob stellten sich neben Justus. »Dieser Mann«, sagte der Erste Detektiv, »heißt Sean O'Donnell, nicht wahr? Alias der Namelose, und nicht Name*n*lose, wie wir immer dachten, was nämlich dann ein Anagramm darstellt. Wenn Sie die Buchstaben vertauschen, erhalten Sie *Menelaos*, jenen Herrscher aus der griechischen Mythologie, den seine Frau, die schöne Helena, einst wegen Paris verließ. Sean O'Donnell ist unser Erpresser.«

Kalte Dusche

»Moment, lasst mich das noch mal zusammenfassen.« Inspektor Craig dachte einen Augenblick über das nach, was ihm die drei Detektive unterbreitet hatten, nachdem Justus den Namen des Erpressers genannt hatte.

»Ihr denkt also, dass dieser O'Donnell sich rächen wollte. Weil ihn Mr Chilton unwissentlich in den Ruin getrieben hat, weil er ihm die Frau seines Lebens genommen hat und weil er sich schon zu Schulzeiten immer von ihm gedemütigt fühlte.«

Der Erste Detektiv nickte. »Das Fass war einfach voll für O'Donnell. In der Schule war er immer der Zweite hinter Mr Chilton. Das ließ sich sogar ganz einfach übers Internet und über einige Telefonate in Erfahrung bringen. Dann der Verlust seiner Geliebten, den er nie verwunden hat, und schließlich die Pleite. Letzten Monat musste O'Donnell, wie wir herausgefunden haben, seine Firma, einen kleinen Betrieb für Fototechnik, zu einem Spottpreis an Mr Chiltons Unternehmen verkaufen, weil er sonst Konkurs hätte anmelden müssen.«

»Das wusste ich nicht«, sagte Chilton leise, »um diese Dinge kümmere ich mich nicht.«

»Sie konnten das alles nicht ahnen«, tröstete ihn Peter. »Aber O'Donnell war eine tickende Zeitbombe, was Sie betrifft. Und jetzt wollte er Ihnen offenbar alles heimzahlen.«

»Okay.« Craig dachte nach. »Klingt plausibel. Der Kerl wollte Sie leiden sehen, Ihnen die seelischen Qualen heimzahlen, die Sie ihm seiner Meinung nach zugefügt haben. Deswegen versetzt er Sie in Todesangst um Ihren Sohn und steigert Ihre Panik, indem er Sie von einem Rätsel zum nächsten hetzt. Gleichzeitig will er sich mit diesen Rätseln beweisen, dass Sie doch nicht so klug sind, weil er immer davon ausging, dass Sie sie auf gar keinen Fall rechtzeitig lösen können. Und schließlich gewinnt er die Zeit, die er braucht, um hier einzubrechen und Ihnen das zu nehmen, was Ihnen so viel bedeutet: das Buch Ihrer Frau. Die Armbanduhren, die davon eigentlich nur ablenken sollten, bekommt er sozusagen als Entschädigung obendrauf.« Craig starrte wütend vor sich hin. »Was für ein cleverer Mistkerl.«

Bob nickte. »Und mit den Namen, die er verwendete, wollte er sich einen weiteren Triumph gönnen. Dass Mr Chilton nicht an ihn dachte, obwohl er deutliche Spuren hinterließ. Brainman und der Namelose.«

»Aber für euch hat er dann doch ein paar Spuren zu viel hinterlassen.« Dempsey hob anerkennend den Daumen. »Wirklich klasse, wie ihr euch angesichts der brenzligen Situation verhalten habt und wie schnell ihr dem Kerl auf die Schliche gekommen seid. Auch eure Rückschlüsse aus dem Fluch – erste Sahne!«

»Der heilige St. Patrick ist der irische Nationalheilige«, bestätigte Justus. »Und damit war uns klar, dass wir nach einem Iren Ausschau halten müssen, denn wer sonst würde diesen Fluch in den Mund nehmen? Dazu die Rätsel aus den klassischen Schulfächern, und es lag auf der Hand, dass wir nach einem ehemaligen Schulkameraden von Mr Chilton suchen müssen, der irischer Abstammung ist. Wir haben also online in den Jahrbüchern Ihrer ehemaligen Highschool nachgeforscht, die wir über Ihre Firmenhomepage erfahren haben.« Der Erste Detektiv sah Chilton an. »Und da haben wir recht bald Sean O'Donnell entdeckt, der im gleichen Jahr wie Sie den Abschluss machte. Alles andere passte dann von selbst ins Bild: der ewige Zweite, die Firmenübernahme und schließlich die Sache mit dem Gedichtband.«

Chiltons Augen verengten sich. »Ich weiß nicht, was ich tue,

wenn ich Sean in die Finger kriege«, presste er zwischen den Zähnen hervor.
Craig erhob sich. »Finden wir's heraus.«
Sean O'Donnell wohnte in der Chestnut Avenue in South Gate, einem weniger wohlhabenden Vorort von Los Angeles. Dennoch konnte sich O'Donnells Haus sehen lassen. Es war in einem weichen Rot getüncht, hatte zwei Stockwerke und zur Straße hin lag ein schmucker Garten, auf dem gerade der Rasensprenger lief. In einem weiten Bogen benetzte er das kurze Gras mit Wasser.
Vor dem Haus standen zwei Autos, ein alter Ford und ein Nissan Kombi. Eines der Fenster im ersten Stock war offen. Es war also jemand zu Hause.
»Ryan«, sagte Craig zu Dempsey, »bleib du hier. Für alle Fälle.«
Craig klingelte und wenig später meldete sich eine Stimme aus der Gegensprechanlage. »Ja, bitte?«
Die drei ??? zuckten zusammen. Obwohl die Stimme diesmal nicht verzerrt war, waren sie sich sicher: Es war der Namelose.
»LAPD, bitte machen Sie auf, Mr O'Donnell, wir müssen Sie sprechen.«
Sean O'Donnell, ein Mann von knapp fünfzig Jahren mit dünnem, rötlichem Haar und einem leichten Bauchansatz, musste ein brillanter Schauspieler sein. Als er in der Tür stand, war ihm nicht die Spur Überraschung oder gar Panik anzumerken. Ganz im Gegenteil. Er drehte in aller Ruhe den Wasserhahn für den Rasensprenger ab, der sich neben dem Eingang befand, lief über das Gras und öffnete das Gartentor.
»Alex! Meine Güte! Wie lange habe ich dich nicht mehr gesehen!« Lachend reichte er Chilton die Hand und nickte den Polizisten und den drei ??? freundlich zu.
Chilton ging wortlos an ihm vorbei und würdigte ihn keines Blickes.

O'Donnell zuckte die Schultern. Er bat alle ins Haus, führte sie ins Wohnzimmer und bot ihnen Sitzplätze und etwas zu trinken an. »Also, was kann ich für Sie tun?«
Die drei Detektive sahen sich um. In dem Raum, in dem sie sich befanden, herrschte eine ziemliche Unordnung. Alle möglichen Utensilien, die mit Fotografie und Fotoapparaten zu tun hatten, lagen herum: Linsen, Objektive, Stative, Taschen, Speicherchips, zwei Dutzend Fotoapparate, Haltevorrichtungen und vieles mehr.
Aber ein Gegenstand weckte sofort das Interesse der drei ???. Sie entdeckten ihn fast gleichzeitig. Neben einem Foto mit einem riesigen, sehr ungewöhnlich aussehenden Teleobjektiv lag eine grellgrüne Weste mit der Aufschrift *Presse*.
»Mr O'Donnell«, begann Craig, »können Sie uns sagen, wo Sie sich heute zwischen 14 Uhr und 17 Uhr aufgehalten haben?«
O'Donnell lächelte leutselig. »Gerne. Ich war hier.« Er deutete auf das Chaos um sie herum. »Ich musste mal wieder dringend für Ordnung sorgen.«
»Gibt es dafür Zeugen?«
»Leider nein. Worum geht es denn?« O'Donnell sah Chilton und die drei ??? an. »Und was verschafft mir die Ehre, meinen alten Freund Alex wiederzusehen und diese drei jungen Herren kennenzulernen?«
Chiltons Gesicht färbte sich rot. »Du Mistkerl! Du verdammter Mistkerl!«
O'Donnell riss die Augen auf. »Bitte? Alex? Was ist nur in dich gefahren?«
Craig erhob sich. »Das hat so keinen Sinn. Mr O'Donnell, darf ich Sie bitten, uns aufs Revier zu begleiten? Und nehmen Sie bitte Ihr Handy mit.«
Justus bemerkte ein leichtes Zucken in O'Donnells Gesicht. Die drei ??? flüsterten miteinander und sahen dabei immer wie-

der zu dem Fotoapparat neben der Weste. O'Donnell bemerkte ihre Blicke und runzelte irritiert die Stirn.
»Tut mir leid«, antwortete er dem Inspektor, »aber ich habe jetzt keine Zeit. Und wenn Sie keine konkreten Vorwürfe gegen mich haben oder gar einen Haftbefehl, dann muss ich Ihre Einladung leider ablehnen. Vielleicht morgen.«
Craig zögerte. Auf der Herfahrt hatte er die Vermutung geäußert, dass O'Donnell beim Anblick Chiltons und der Polizei sofort zusammenbrechen würde. Schließlich war er kein abgebrühter Krimineller. Aber diese Hoffnung hatte sich zerschlagen, der Mann war eiskalt.
»Mr O'Donnell«, machte Craig einen letzten Versuch, während sich Bob erhob und langsam zu der Weste und dem Foto schlenderte. O'Donnell warf ihm einen nervösen Blick zu. »Machen Sie es sich und uns doch nicht unnötig schwer. Wir haben berechtigten Grund zu der Annahme, dass Sie … in ein Verbrechen verwickelt sind. Wenn Sie jetzt nicht mitkommen, werden wir umgehend mit einem Durchsuchungsbefehl zurück sein und ein Beamter wird Ihnen die ganze Zeit Gesellschaft leisten.«
O'Donnell schmunzelte, wenngleich etwas bemüht. Wieder sah er zu Bob, der mittlerweile interessiert den Fotoapparat musterte. »In ein Verbrechen sagen Sie? Das ist doch lächerlich! Lässt du das bitte liegen!«
Bob hatte den Apparat hochgehoben. Aber er machte keine Anstalten, ihn wegzulegen.
»Hast du mich verstanden? Der Apparat ist sehr empfindlich und enorm teuer.« O'Donnell wirkte auf einmal äußerst beunruhigt.
Der dritte Detektiv hielt sich die Kamera vors Gesicht und sah durch den Sucher. »Bitte recht freundlich!«
»Nicht!« O'Donnell sprang wie von der Tarantel gestochen auf.

Bob schwenkte die Kamera nach rechts, zielte an die Wand und drückte auf den Auslöser. Im nächsten Moment ertönte ein dumpfer Knall.
Die Polizisten und Chilton sprangen auf, während O'Donnell starr vor Schreck zu Bob blickte.
»Was zum Henker ist das?«, rief Biederman und zeigte auf die Kamera.
»Ein zu einer Waffe mit Schalldämpfer umgebauter Fotoapparat«, erklärte Justus und stand ebenfalls auf. »Sehr einfallsreich. Auf ein Stativ gesetzt eine sehr präzise und vor allem unauffällige Schusswaffe. Damit wurde der Ball erlegt. Und getarnt als Pressefotograf hätte Mr O'Donnell auch ungehindert zum Spielerbereich vordringen können, falls das nötig gewesen wäre.«
O'Donnell stand wie erstarrt und keuchte. Langsam wanderte sein Blick zu Chilton. »Du …«, fauchte er ihn mit wutverzerrtem Gesicht an, »du hast mein Leben zerstört! Immer hast du auf mir herumgetrampelt, hast meine Existenz zerstört und mir die Liebe meines Lebens genommen. Und du hast Julia umgebracht!« Das letzte Wort schrie er und rannte dann auf Chilton zu. Aber Craig und Biederman traten dazwischen und hielten ihn fest.
Chilton stand traurig im Raum. Lange sagte er nichts, sah nur O'Donnell an, der schnaubte wie ein Stier. Dann sagte er leise: »Julia ist an Krebs gestorben, das weißt du so gut wie ich. Und für alles andere bist du selbst verantwortlich. Auch für das, was du meinem Sohn und mir heute angetan hast.« Dann drehte er sich um und verließ den Raum.
»Okay.« Craig legte O'Donnell Handschellen an. »Das war's dann wohl. Toni, sieh dich noch mal im Haus um, bevor wir fahren. Vielleicht liegen die Armbanduhren irgendwo herum. Nicht dass sie sich der Komplize unter den Nagel reißt. Ich bringe unseren Freund hier schon mal zum Wagen.«

»Geht klar.« Biederman nickte.
»Wir helfen ihm«, sagte Justus.
Zusammen mit Biederman durchsuchten die drei ??? das Haus. Sie teilten sich auf. Bob und der Beamte nahmen sich das obere Stockwerk vor, Peter und Justus suchten unten.
»Ich sehe mich in diesem Chaos hier drin einmal genauer um«, sagte Justus zu Peter, »widme du dich schon mal den anderen Räumen.«
»Okidoki.« Peter lief zur Tür hinaus und ließ Justus im Wohnzimmer zurück.
Der Erste Detektiv hatte bereits einen Verdacht. Wenn O'Donnell erst im Stadion und dann bei Chilton gewesen war, musste er seine ganze Fotoausrüstung dabeigehabt haben. Was lag also näher, als die Uhren …
Justus öffnete die große Fototasche, die neben der Presseweste auf dem Boden stand, und blickte hinein. »Bingo!« Eine Reihe von kostbar aussehenden Armbanduhren funkelte ihm entgegen. »In der Fototasche, wie ich es mir gedacht hatte.« Er holte die erste Uhr heraus. »Eine Rolex!«
Gerade wollte er sich umdrehen, um die anderen zu sich zu rufen, als sich eine schwere, schweißige Hand um seinen Mund legte. Gleichzeitig bohrte sich die Spitze eines Messers in seinen Rücken!
»Ich habe es euch Matschbirnen einmal gesagt«, zischte eine raue Stimme. »Ein zweites Mal tue ich es nicht. Jetzt ist Schluss mit lustig!«
Panik stieg in Justus auf. Der Rothaarige! Er war im Haus gewesen!
»Und das Zeug da gehört mir.« Die Hand löste sich von seinem Mund und griff nach der Fototasche. Dann verstärkte sich der Druck des Messers. »Du kommst jetzt mit, Dicker! Du bist mein Ticket nach draußen.«

Der Erste Detektiv sagte nichts. Er versuchte, seine Angst in den Griff zu bekommen und wieder einen klaren Gedanken zu fassen. Was sollte er tun? Wie kam er hier heraus? Der Rothaarige würde ihn als Geisel nehmen, so viel war klar. Und was danach passierte, mochte sich Justus gar nicht ausmalen.
»Da entlang!« Der Verbrecher schubste ihn aus dem Zimmer und den Flur entlang. »Und dass du mir da draußen gleich keinen Blödsinn machst!«
Plötzlich trat Peter aus einem der angrenzenden Zimmer. »Erster!« Fassungslos starrte er seinen Freund und den Mann mit dem Messer hinter ihm an.
»Mach dich vom Acker, Kleiner!« Der Rothaarige ließ sich nicht beirren.
Oben an der Treppe erschienen nun auch Biederman und Bob. Sofort erfassten sie die Situation und kamen langsam die Stufen herunter.
»Mister, ich weiß nicht, was Sie vorhaben, aber Sie kommen nicht weit«, versuchte Biederman den Gangster einzuschüchtern.
»Klappe! Ich komme genau dahin, wo ich will.« Er setzte Justus das Messer an die Kehle. »Und er hier wird dafür sorgen.«
Mit dem Rücken zur Tür und Justus vor sich schob sich der Mann langsam zur Haustür vor. Peter, Bob und Biederman beobachteten jeden seiner Schritte. Verzweifelte Blicke flogen zwischen den drei Jungen hin und her. Dann öffnete der Rothaarige die Tür und zwängte sich zusammen mit Justus nach draußen.
»So, und jetzt gehen wir beide zu meinem Wagen und machen eine kleine Spritztour.« Der Kidnapper lachte dreckig.
Spritztour! Justus stutzte. Spritztour, ging es ihm durch den Kopf.
»Hey! Was soll das?«, rief in diesem Moment Craig von der

Straße her. Dempsey stieg aus dem Wagen. O'Donnell stierte dumpf vom Rücksitz aus dem Fenster.
»Machen Sie keinen Ärger, Inspektor. Dem Kleinen hier würde das nicht guttun«, rief der Rothaarige.
»Mann, lassen Sie den Blödsinn!«
»Schnauze! Und jetzt Platz da!«
Der Ganove arbeitete sich langsam zum Gartentor vor. Das Messer unverwandt in Justus' Rücken, hetzte sein Blick zwischen Tür und Straße hin und her.
»Macht's gut, Kollegen!«, rief der Erste Detektiv seinen Freunden zu, die neben der Haustür standen und entsetzt verfolgten, was mit Justus geschah. »Und vergesst nicht zu duschen, ja? Das Spiel war schweißtreibend!«
»Duschen?«, raunzte ihn der Mann an. »Was redest du für einen Blödsinn? Klappe jetzt.«
Einen Moment waren Bob und Peter verwirrt. Aber dann schalteten sie fast gleichzeitig. Während Peter ein Stück zur Seite trat und Bob Deckung gab, griff der dritte Detektiv nach dem Wasserhahn und drehte ihn voll auf. Im nächsten Augenblick schoss eine Wasserfontäne über den Rasen und erfasste Justus und den Rothaarigen.
»Was zum …?«, erschrak der Verbrecher, zuckte zusammen und nahm für den Bruchteil einer Sekunde das Messer von Justus' Rücken.
Darauf hatte der Erste Detektiv spekuliert. Er trat mit der Ferse nach hinten und erwischte den Gangster genau am Schienbein. Der Mann heulte auf vor Schmerz und ging in die Knie. Justus fuhr herum, holte aus und senste seinem Gegner die Beine weg, sodass er wie ein gefällter Baum zu Boden krachte.
Eine Sekunde später waren die Polizisten über ihm, während Peter und Bob ihren Freund in Sicherheit brachten.
»Mann, Erster!« Peter klopfte seinem Freund lachend auf den

Rücken. »Das war klasse. In jedem Fußballspiel hätte man dich zwar sofort vom Platz gestellt, weil das wirklich ein Hammerfoul war. Aber super!«

»Ich wusste gar nicht, dass du solche Tritte parat hast!« Bob grinste breit. »Justus, der Beinbrecher. Ein toller Kampfname. Jeder Gegner würde vor Angst das große Schlottern kriegen.« Der dritte Detektiv lachte.

Justus grinste ebenfalls und sah den Polizisten hinterher, die den wütend um sich schlagenden Mann nicht gerade sanft in den anderen Wagen verfrachteten. »Tja.« Der Erste Detektiv setzte seinen unschuldigsten Blick auf. »Wie sagte Bob noch vor wenigen Stunden? Irgendwann ist Schluss mit Beschnuppern. Dann geht es voll auf die Knochen.«

Leseprobe

Die drei ???®

Fußball-Teufel

erzählt von Marco Sonnleitner

»Hab ich das geträumt?«, stieß Peter hervor. »Der Kerl hatte einen – Pferdefuß!«
»Ich habe es auch bemerkt«, bestätigte Justus.
»Einen Pferdefuß!« Peter drehte den Kopf wie in Zeitlupe und blickte seine Freunde entgeistert an. »Wie, zum Teufel, ist so etwas möglich?«
Eine steile Falte bildete sich zwischen den Brauen des Ersten Detektivs. »Du hast deine Frage selbst beantwortet«, sagte er abwesend.
Peter verstand nicht. »Was?«
Bob hingegen wusste sofort, was Justus meinte. »In vielen alten Texten und Abbildungen wird der Teufel mit einem Ziegen- oder Pferdefuß dargestellt.«
Dem Zweiten Detektiv verschlug es für einen Moment die Sprache. »Bitte?«, entfuhr es ihm schließlich. »Wollt ihr damit sagen«, er zeigte vage in die Richtung, in die der dunkle Mann verschwunden war, »dass das eben der – der Teufel war?«
»Nein, natürlich nicht.« Justus machte zwei Schritte nach vorne, ging in die Knie und sah sich die Spuren im Sand an. Ein Pferdehuf, eindeutig.
»Aber du sagtest doch gerade –«
»… dass der Teufel so dargestellt wird. Das sagte Bob.«
»Ja, aber – der da eben hatte einen Pferdehuf!«

»Wie auch immer er das zuwege gebracht hat, ja.« Justus überprüfte, in welche Richtung die Spuren verliefen. »Und ich könnte mir vorstellen, dass er genau diese Assoziation induzieren will.«
Peter stöhnte. »Komm mir jetzt nicht wieder mit deinen Fremdwörtern. Ich habe mein schlaues Büchlein nicht dabei.«
Justus erhob sich. »Man soll denken, dass er der Teufel ist.«
»Und woher weißt du, dass er es nicht ist?«
Justus sah Peter mitleidsvoll an. »Weil sich mein gesunder Menschenverstand im Gegensatz zu deinem nicht auf den nächsten Baum flüchtet, nur weil sich jemand in einen Pferdefuß zwängt. Kommt, lasst uns Buster holen und diese Spuren verfolgen. Womöglich können wir das Geheimnis lüften, das auf Hooked Nose liegt.«
»Du willst was?«, protestierte Peter, während sich Bob unter die Büsche kniete und Buster hervorlockte. »Korrigier mich, wenn ich falschliege, aber der … Typ hat doch unmissverständlich klargemacht, was passiert, wenn wir nicht schleunigst von hier verschwinden.« Er fuhr sich mit der Hand über die Kehle und untermalte seine Geste mit einem schauerlichen Krächzen.
Justus lächelte zuckersüß. »Tun wir ja. Wir verschwinden von hier.« Er zeigte die Anhöhe hinab in den kleinen Wald hinein. »So wie die Spuren.«
Peter fehlten die Worte. Wie meistens in solchen Situationen stand er auf verlorenem Posten. Wenn sich Justus etwas in den Kopf gesetzt hatte, war er kaum davon abzubringen. Zumal dann, wenn er die Gelegenheit sah, ein geheimnisvolles Rätsel zu lösen. Nachdem es Bob gelungen war, Buster ganz unter dem Busch hervorzulocken, leinten sie den Labrador an und machten sich an die Verfolgung der absonderlichen Spuren, die der dunkle Mann hinterlassen hatte.
Die Hufabdrücke zeichneten sich sehr deutlich im sandigen

Untergrund ab, der Hooked Nose umgab. Und auch im Wald hatten die drei ??? keine Mühe, die Fährte im Auge zu behalten. Peter allerdings beteiligte sich kaum am Spurenlesen. Er war vollauf damit beschäftigt, nach dem dunklen Mann Ausschau zu halten, der sicher noch irgendwo in der Nähe war. Und wenn keiner hersah, setzte er auch seine Nase ein. Denn der Teufel, so erinnerte sich der Zweite Detektiv, hinterlässt ja oft einen ganz eigenen, schwefelartigen Geruch …

Die Abdrücke führten zunächst tiefer in den lichten Laubwald hinein, näherten sich dann aber wieder dem Waldrand. Kurz bevor die Jungen wieder aus dem Wald traten, verlor sich die Spur.

»Hm, das war's.« Bob kniete sich hin und überprüfte den Boden. Buster stellte sich neben ihn und schnupperte. »Nichts. Die vielen Wurzeln und Äste hier machen es unmöglich, noch etwas zu erkennen.«

Justus nickte. »Du hast recht. Wir müssten den ganzen Waldrand absuchen. Aber ich glaube nicht, dass wir noch Spuren finden würden. Das heißt, wir würden vermutlich jede Menge Spuren finden. Die ersten Häuser sind nicht weit.« Der Erste Detektiv zeigte aus dem Wald. Sie näherten sich wieder Santa Ynez, allerdings von einer anderen Seite.

»Vielleicht absolvieren die da sogar hier ihre Waldläufe, dann ist alles platt gedrückt.« Der dritte Detektiv deutete zu dem Sportplatz, der weiter unten am Ortsrand lag. Etliche Spieler in blauen und gelben Trikots spielten Fußball. Offenbar trainierten sie.

»Vielleicht ist der Teufel ja ein Fußballfan«, witzelte Justus.

»Du solltest Komiker werden, wenn du mal groß bist«, konterte Peter bissig. Ihm war nach wie vor nicht zum Lachen zumute.

»Lasst uns runtergehen«, schlug Bob vor. »Ich kann es mir zwar kaum vorstellen, aber vielleicht hat doch jemand etwas gesehen.«

Die drei ??? und Buster verließen den Wald und liefen Richtung Sportplatz. Peter schenkte dem Treiben dort unten zunächst wenig Beachtung. Zu sehr war er in Gedanken noch bei den Vorfällen am Hooked Nose. Doch je näher sie dem Geschehen auf dem Rasen kamen, desto aufmerksamer wurde er.

Vor allem zwei Spieler weckten sein Interesse. Ein großer, blonder und ein schwarzhaariger Junge mit einem auffallend dunklen Teint. Beide waren sie etwa in seinem Alter. Und beide schienen sie ausnehmend gute Fußballer zu sein. Peter konnte das sofort erkennen. Diese Bewegungen, diese Schnelligkeit, diese Ballsicherheit – die Jungs waren wirklich gut.

Plötzlich blieb der Zweite Detektiv stehen. »Habt ihr das gesehen?«, rief er erstaunt.

Möchtest du wissen, wie dieses Abenteuer für die drei ???
ausgeht? Dann frage deinen Buchhändler nach:
Die drei ??? Fußball-Teufel
ISBN 978-3-440-12692-9

Leseprobe

Die drei ???®
und der verschollene Pilot

erzählt von Ben Nevis

»Das soll das Hotel sein?«, fragte Bob. »Sieht aus, als ob hier schon seit Jahren kein Mensch mehr gewesen wäre.«
»Lasst uns reingehen«, schlug Justus vor. »Ein Dach über dem Kopf ist immer noch besser, als hier draußen zu erfrieren. Hast du das Auto abgeschlossen?«
»Ich glaube nicht.«
»Egal. Hier ist ja sowieso kein Mensch.« Justus fasste sich ein Herz und stieg die Stufen hinauf. Die Glastür war nicht verschlossen. Vorsichtig zog Justus sie auf. Sie quietschte laut. Die drei ??? betraten einen kleinen holzgetäfelten Empfangsraum. Direkt gegenüber der Tür befand sich eine Theke. Bob entdeckte einen Lichtschalter und betätigte ihn. Überraschenderweise mit Erfolg: Eine gelbliche Glühbirne leuchtete auf, in deren Licht sie endlich besser sehen konnten.
Doch einladender wurde der Anblick dadurch nicht. Das Schild »Dies ist ein Nichtraucherhotel!« an der Wand war ausgeblichen und wasserfleckig. Auf der Theke stand ein Drehständer, in dem sich ein paar alte Postkarten und drei von Feuchtigkeit wellig gewordene Broschüren befanden. Bob trat näher: »Die Planzenwelt der Aunella Mountains« stand auf der Titelseite. Eine dicke Staubschicht bedeckte die Theke und auch die rostige, klebrige Klingel, die einmal dazu gedient haben musste, um jemanden an den Empfang zu rufen. Hinter

der Theke war eine Arbeitsfläche, auf der wild durcheinander alte Zettel, Stifte, ein umgefallenes Glas und achtlos hingeworfene Zimmerschlüssel herumlagen. Auch ein Telefon war da. Justus überprüfte die Leitung. Sie war tot.

»Ob hier wirklich noch jemand lebt?«, fragte Peter.

Bob leuchtete ein riesiges Spinnennetz an und schüttelte den Kopf. »Sieht nicht danach aus.«

»Doch!« Justus hatte eine Kaffeetasse gefunden. Er roch dran und hielt sie schräg vor das Gesicht. »Flüssiger Kaffeerest«, sagte er. »Vor Kurzem war hier jemand!«

»Ich weiß nicht, ob wir uns darüber freuen sollten«, sagte Peter skeptisch. »Ehrlich gesagt, wäre ich lieber allein hier. Ich habe mal einen Film gesehen. Es ging um ein einsames Haus, das eine Familie aus der Stadt neu angemietet hatte, und zum Schluss waren zehn Leichen im Garten vergraben.«

»Hör auf, Peter!« In Justus' Stimme klang leichter Ärger mit. »Du und deine Filme! Das hilft uns jetzt auch nicht weiter!«

»Doch, das hilft uns durchaus weiter: indem wir hier nämlich schleunigst verschwinden!«

»Ich möchte mich aber noch ein wenig umsehen!«, sagte Justus entschieden. Er spürte ein Kribbeln im Bauch, das sich immer einstellte, wenn er ein Geheimnis witterte. Gegen dieses Gefühl konnte er sich kaum wehren. Es war stärker als alles andere, auch stärker als die Angst.

Bei Peter verhielt es sich genau umgekehrt. »Bitte, Justus! Hier ist irgendetwas nicht in Ordnung«, sagte er mit banger Stimme. »Das spürst du doch auch! Lass uns abhauen, bevor es zu spät ist!«

Doch Justus hatte das Gegenargument schon parat: »Bei dem Nebel? Willst du dich verfahren und riskieren, einen Abhang runterzustürzen? Übermüdet, wie wir alle sind? Der nächste Ort ist Stunden entfernt!«

»Wir können uns auch ins Auto setzen und dort übernachten.«
»Bis uns da jemand überfällt?«
»Hört auf«, ging Bob dazwischen. »Ich finde Justus' Vorschlag vernünftig. Wir schauen uns das Hotel näher an. Wenn uns das Ganze zu merkwürdig vorkommt, können wir immer noch ins Auto und wegfahren. Aber eine prickelnde Aussicht ist das nicht.«
»Schon klar«, sagte Peter.
Bob wandte sich nach rechts, wo sich eine weitere Glastür befand. Sie gingen hindurch und kamen in einen länglichen Raum, der in früheren Zeiten als Lounge gedient haben musste. Doch nun rochen die Sessel und die Couch modrig und Bob entdeckte Schimmel an ihnen. Seitlich war ein Kamin in die Wand eingelassen, in dem kalte Asche und Holzreste lagen. Durch ein großes Glasfenster konnte man nach draußen sehen. Doch es war zu neblig und zu dunkel, um irgendetwas zu erkennen.
Justus sah sich bereits in einer anderen Ecke um und entdeckte ein paar Fotos, die an der Wand hingen. Neugierig trat er näher. Mehrere Bilder zeigten offenbar das Hotel. Ohne das Schild »King of the Mountain« über der Tür hätte Justus es fast nicht wiedererkannt. »Wow!«, entfuhr es ihm. »Das war ja einmal eine richtig tolle Anlage! Und hier, die stolzen Besitzer, ein Mann und eine Frau, glücklich Arm in Arm, direkt vor dem Eingang!« Auf einem anderen Bild war ein in den Bergen zerschelltes Flugzeugwrack zu sehen.
Währenddessen hatte sich Peter den Küchenbereich vorgenommen. »Mal sehen, was so auf der Speisekarte steht!« Tatsächlich fand er ein paar Dosen Limonade. »Das Verfallsdatum ist noch okay«, sagte er und stellte die Dosen auf den Tresen. »Pause, Kollegen!«
Das ließen sich Justus und Bob nicht zweimal sagen. Sie wisch-

ten drei Stühle ab und setzten sich an einen der Tische. Peter nahm einen großen Schluck Limonade. »Jetzt fühle ich mich besser«, sagte er. »Bring mir bitte noch einen Hamburger, Bob!«
»Gerne. Fünf Dollar Vorauskasse«, sagte Bob und grinste.
»Fünf Dollar? Dann geh ich lieber selber!« Peter stand auf und überprüfte die Küche. »Hey! Ein Kühlschrank!«, rief er aus und öffnete die Tür. »Innen ist alles ziemlich vereist und voller Stockflecken, aber da liegt eine riesige Packung Salami! Meinst du, wir können uns hier einfach so bedienen?«
»Ist doch ein Hotel«, sagte Bob. »Hinterher bezahlen wir auch! So teuer kann das ja nicht sein! Ich würde mal sagen: Das Hotel verdient gerade mal einen halben Stern! Wenn wir es gut meinen …«
Peter brachte die Wurst an den Tisch und öffnete den Plastikverschluss. »Haltbarkeitsdatum okay«, sagte er, »na dann, guten Appetit, die Herren. Willkommen im Halbsterne-Hotel King of the Mountain! Genießen Sie Ihren Urlaub!«
Justus grinste Peter an. Kaum hatte sein Freund etwas zu essen, verbesserte sich dessen Stimmung sprunghaft. Obwohl auch Justus ein begeisterter Esser war – mehr noch als Peter –, blieb er wachsam. Er achtete auf jeden Laut. So war er auch der Einzige, der das Geräusch von draußen wahrnahm.

Möchtest du wissen, wie dieses Abenteuer für die drei ??? ausgeht? Dann frage deinen Buchhändler nach:
Die drei ??? und der verschollene Pilot
ISBN 978-3-440-12693-6

Leseprobe

Die drei ???®

Im Schatten des Giganten

erzählt von Kari Erlhoff

»Das schafft der doch nie!« Bob Andrews hob eine Hand, um seine Augen zu beschirmen. Er starrte an dem Felsmassiv hinauf, das senkrecht vor ihm in den Himmel ragte. Ein Mann hing mehrere hundert Meter über dem Boden an einem Seil. Dass etwas nicht stimmte, konnte man auf den ersten Blick erkennen: Das linke Bein des Mannes war unnatürlich verdreht, ein Arm ruderte hilflos in der Luft. Bei jeder Bewegung des Seils lösten sich Steine aus der Felswand und prasselten herab. Immer wieder rief der Mann etwas, doch die Worte kamen nur verzerrt im Tal an: »Hilf … so … helft …«

Schließlich gingen die Rufe komplett im Dröhnen und Knattern des Rettungshubschraubers unter. Wie ein rot-weißes Insekt schwebte er über dem Berg. Ein Helfer stieg mitten im Flug aus und ließ sich an einem Seil aus der Pilotenkanzel herab. Als seine Füße den flachen Berggipfel berührten, klinkte er sich aus. Ein zweiter Helfer folgte. Dann an einem Gurt eine Trage. Sie schwang in der Luft hin und her.

Bob massierte sich den Nacken, der vom langen Hinaufstarren bereits wehtat. »Wie wollen die den Bergsteiger denn da reinbekommen? Der kann doch niemals allein in die Trage klettern. Dazu hat er sich viel zu sehr in seinem Seil verheddert.«

Eine erneute Kaskade aus losem Geröll prasselte an der Steilwand hinab.

»Das war knapp!«, sagte Peter Shaw unbehaglich. Er stand zusammen mit Justus Jonas neben Bob. »Sehr knapp!«
»Keine Sorge, Jeanne und ihr Team werden ihn retten. Die machen so etwas jeden Tag.« Bobs Vater gesellte sich zu den Jungen. Obwohl Mr Andrews sich offensichtlich Mühe gab, zuversichtlich zu klingen, schwangen Zweifel in seiner Stimme mit. Er hatte seine Fotoausrüstung dabei und schraubte gerade ein Teleobjektiv auf die Kamera. Als Journalist für eine große Tageszeitung in Los Angeles konnte er das Fotografieren normalerweise einem Profi überlassen. Dennoch hatte Mr Andrews meistens eine Ausrüstung mit verschiedenen Objektiven und einem Stativ dabei. Für den Fall, dass er unvermutet auf eine spannende Geschichte stieß. So wie jetzt.
»Siehst du was?«, fragte Bob seinen Vater.
Mr Andrews drehte am Objektiv. »Moment.«
»Und?« Peter trat ungeduldig von einem Fuß auf den anderen. »Können Sie überhaupt etwas erkennen?«
»Bei 500 Millimeter Brennweite bestimmt«, stellte Bob fest.
»Er hat eine Wunde am Kopf«, berichtete Mr Andrews. »Und sein Bein ist definitiv gebrochen.«
»Und sonst?«
»Sieht aus, als würde er aus seinem Sicherheitsgurt rutschen.«
»Kann das denn passieren?« Bob unterdrückte den Wunsch, seinem Vater den Fotoapparat abzunehmen und selbst durch die Linse zu spähen.
»Hoffentlich nicht!« Mr Andrews drehte erneut an dem Objektiv. Dann schoss er ein paar Fotos.
»Mit dem Hubschrauber können die unmöglich noch dichter an die Steilwand heranfliegen.« Justus, der ungewöhnlich lange geschwiegen hatte, verfolgte die Rettungsaktion mit ernstem Blick. »Die Rotorblätter könnten an Felsvorsprünge stoßen und dann würde der Helikopter abstürzen.«

»Jeanne weiß schon, was sie macht!« Mr Andrews schoss ein weiteres Foto. Inzwischen kletterte einer der Helfer an einem Seil über die Felskante. Meter für Meter ließ er sich zu dem verzweifelten Bergsteiger hinab.
»Die Leute von YOSAR und Helitack machen ihre Arbeit wirklich gut«, bemerkte Justus.
»Wer?« Peter zwang sich, seine Aufmerksamkeit von dem Bergsteiger zu lösen. Der Rettungshelfer hatte den Mann noch immer nicht erreicht. Und jetzt löste sich auch schon die nächste Steinlawine. Ein großer Brocken verfehlte den Bergsteiger nur um Haaresbreite. Er konnte jeden Moment abstürzen. Und das wollte der Zweite Detektiv nicht mit ansehen. Erstaunt bemerkte er, wie schwer es war, sich wegzudrehen. So, als würde die Katastrophe den Blick magnetisch anziehen.
»Die YOSARs und die Helitacks«, wiederholte Justus. »Das hat uns Bobs Vater heute Morgen doch schon alles erklärt.«
»Da war ich noch zu müde von der langen Autofahrt«, entgegnete Peter.
Die drei ??? und Mr Andrews waren in der Nacht in San Francisco gestartet und mit dem Auto bis zum Yosemite National Park gefahren. Mr Andrews war zu einer Pressekonferenz in der Nähe eingeladen worden und wollte seinen Aufenthalt im Nationalpark mit einem Kurzurlaub verbinden. Außerdem überlegte er, eine Reportage über die Rettungseinsätze im Yosemite Valley zu schreiben. Da in diesem Herbst die Feiertage günstig lagen, konnten Bob und seine beiden Freunde für ein verlängertes Wochenende mitkommen. Sie mussten erst in der Nacht zum Dienstag, nach dem Columbus Day, wieder zurück nach Rocky Beach. Mr Andrews war einverstanden gewesen, die Jungen mitzunehmen – wenn auch nur unter der Bedingung, dass die drei ??? dieses Mal wirklich Urlaub machten und sich von Kriminalfällen aller Art fernhielten.

Über einen Fall waren die Jungen in der kurzen Zeit noch nicht gestolpert. Dafür hatte es bereits zwei Stunden nach ihrer Ankunft den ersten Notruf gegeben, und so standen sie alle am Fuß vom El Capitan, dem gigantischen Felsblock, der wie ein scharfkantiger Fremdkörper aus dem grünen Tal herausragte.
»YOSAR ist die Abkürzung für ›Yosemite Search and Rescue‹ – den Such- und Rettungsdienst des Parks«, erklärte Justus. »Sie kümmern sich um Verletze, suchen vermisste Wanderer oder bergen verunglückte Kletterer – so wie jetzt.«
»Sag das doch gleich. Und wer sind diese Helileute?«
»Das Helitack-Team macht die Hubschraubereinsätze und arbeitet mit YOSAR zusammen.«
Der Zweite Detektiv sah sich um. Mittlerweile hatten sich viele Schaulustige angesammelt, darunter auch zahlreiche Pfadfinder.
Einige von ihnen hatten sich auf die großen Steine am Ufer des Merced River gesetzt. Der Fluss wand sich wie eine Schlange durch das Tal. Das Wasser war von einem merkwürdigen Türkisgrün und so glasklar, dass man die Steine auf dem Grund sehen konnte. Links und rechts vom Fluss lagen Wiesen und Waldstreifen und dahinter steil aufragende Klippen. Es war die perfekte Urlaubskulisse. Nur das Knattern des Hubschraubers störte die Idylle – eine trügerische Idylle, wie sich zeigte: Ein erschrockenes Raunen ging durch die Zuschauermenge. Oben an der Steilwand war der Bergsteiger arg ins Schwanken geraten. Er hing nun mit dem Kopf nach unten. Sein Schutzhelm löste sich. Wie ein kleiner, flacher Stein stürzte der Helm in die Tiefe und prallte im Fall immer wieder an Felsvorsprüngen ab. Nun war der Bergsteiger dem Geröllregen schutzlos ausgeliefert. Der Retter versuchte, ihn zu erreichen, musste dabei aber aufpassen, nicht selbst von den Steinen getroffen zu werden, die nun immer zahlreicher zu Tal stürzten. Ein Felsbrocken von

der Größe eines Schafs schlug krachend auf dem Geröllfeld am Fuß des Berges auf. Steinsplitter schossen in alle Richtungen. Graubrauner Staub wirbelte auf.
»Geht ein Stück zurück!«, rief Mr Andrews. »Nicht, dass ihr getroffen werdet.«
Bob hustete. Er hatte Staub in die Augen bekommen. Bei seinen Kontaktlinsen war das ein echtes Problem. Innerhalb von Sekunden verschwamm das Bild vor seinen Augen. Eilig wischte sich der dritte Detektiv die Hände an der Hose ab. Dann tastete er nach der rechten Linse. Er musste vorsichtig sein, um den Dreck nicht tiefer ins Auge zu wischen.
»Verdammt!«, rief Peter neben ihm.
Der dritte Detektiv sah erschrocken auf. Aber er konnte nichts erkennen. Vom El Capitan war nur noch ein grauer Nebel zu erkennen. Etwas Dunkles bewegte sich davor.
»Vorsicht!«, brüllte jemand.
»Bob!«
Im selben Augenblick hörte Bob, wie etwas Schweres neben ihm aufprallte.

Möchtest du wissen, wie dieses Abenteuer für die drei ??? ausgeht? Dann frage deinen Buchhändler nach:
Die drei ??? Im Schatten des Giganten
ISBN 978-3-440-12694-3

Die drei ???® … ihre großen Fälle!

Jeder Band €/D 7,95
Preisänderung vorbehalten

- ☐ Angriff der Computerviren
  978-3-440-11674-6
- ☐ Fußball-Gangster
  978-3-440-11675-3
- ☐ Vampir im Internet
  978-3-440-11676-0
- ☐ Gift per E-Mail
  978-3-440-11680-7
- ☐ und der Schatz der Mönche
  978-3-440-11681-4
- ☐ Auf tödlichem Kurs
  978-3-440-11685-2
- ☐ Das düstere Vermächtnis
  978-3-440-11687-6
- ☐ und der Geisterzug
  978-3-440-11692-0
- ☐ Spur ins Nichts
  978-3-440-11693-7
- ☐ Fußballfieber
  978-3-440-11691-3
- ☐ Geister-Canyon
  978-3-440-11690-6
- ☐ SMS aus dem Grab
  978-3-440-11695-1
- ☐ Schatten über Hollywood
  978-3-440-11696-8
- ☐ Schwarze Madonna
  978-3-440-11694-4
- ☐ Fluch des Drachen
  978-3-440-11698-2
- ☐ Spuk im Netz
  978-3-440-11697-5
- ☐ Haus des Schreckens
  978-3-440-11699-9
- ☐ Fluch des Piraten
  978-3-440-11701-9
- ☐ Fels der Dämonen
  978-3-440-11700-2
- ☐ Der tote Mönch
  978-3-440-11703-3
- ☐ und das versunkene Dorf
  978-3-440-11705-7
- ☐ Die geheime Treppe
  978-3-440-11704-0
- ☐ Das Geheimnis der Diva
  978-3-440-11708-8
- ☐ und die Fußball-Falle
  978-3-440-11706-4
- ☐ Stadt der Vampire
  978-3-440-11707-1
- ☐ Zwillinge der Finsternis
  978-3-440-11548-0
- ☐ und die Poker-Hölle
  978-3-440-11567-1
- ☐ Tödliches Eis
  978-3-440-11568-8
- ☐ Grusel auf Campbell Castle
  978-3-440-11920-4
- ☐ Die Rache der Samurai
  978-3-440-11906-8
- ☐ Der Biss der Bestie
  978-3-440-11919-8
- ☐ Das Gespensterschloss
  978-3-440-11921-3
- ☐ Schwarze Sonne
  978-3-440-11875-7
- ☐ und die feurige Flut
  978-3-440-11876-4
- ☐ Der namenlose Gegner
  978-3-440-11877-1
- ☐ Geisterbucht
  Trilogie; €/D 14,95
  978-3-440-12144-3
- ☐ und das Fußballphantom
  978-3-440-11840-5
- ☐ Skateboardfieber
  978-3-440-11842-9
- ☐ Botschaft aus der Unterwelt
  978-3-440-11845-0
- ☐ und der Meister des Todes
  978-3-440-11846-7
- ☐ Im Netz des Drachen
  978-3-440-11847-4
- ☐ Im Zeichen der Schlangen
  978-3-440-12491-8
- ☐ und der Feuergeist
  978-3-440-12492-5
- ☐ Nacht der Tiger
  978-3-440-12334-8
- ☐ und die Geisterlampe
  12 Kurzgeschichten
  978-3-440-12328-7
- ☐ Die blutenden Bilder
  978-3-440-12329-4
- ☐ und der schreiende Nebel
  978-3-440-12333-1
- ☐ Geheimnisvolle Botschaften
  978-3-440-12324-9

kosmos.de/die_drei_fragezeichen

Die drei ???® Detektivarbeit leicht gemacht

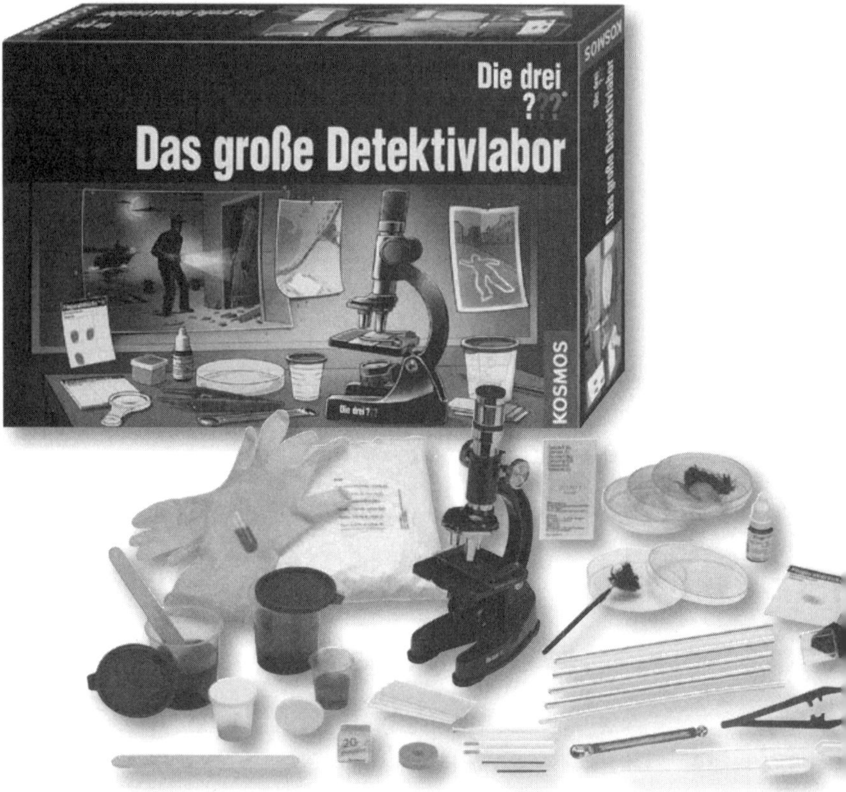

Das große Detektivlabor
ab 10 Jahren
€/D 69,99 (UVP)
Art.-Nr.: 63148

Erlebe, wie Ermittler und Wissenschaftler einen Täter mit Hilfe der Spuren, die er am Tatort hinterlassen hat, einkreisen und überführen. Die Ausrüstung für mikroskopische Untersuchungen (z.B. Haare, Fasern, Hautschuppen, Schriftstücke, u.s.w.) und auch einfache chemische Nachweisreaktionen, auch unter UV-Licht, können mit diesem Set durchgeführt werden. Und natürlich darf auch die klassische Fingerabdruckanalyse nicht fehlen!

kosmos.de/die_drei_fragezeichen

Die drei ???® und der dreiTag

Buchna • Wenderoth • Menger
Die drei ??? und der dreiTag
€/D 14,95
ISBN 978-3-440-12620-2

Kann ein und derselbe Tag dreimal völlig unterschiedlich verlaufen? Kann ein unscheinbares Detail wie ein Colaglas darüber entscheiden, wie sich alle weiteren Geschehnisse entwickeln? Erlebe, wie Justus, Peter und Bob auf den unheimlichen Fluch der Sheldon Street, die mysteriösen Zeichen der Ritter und den bedrohlichen Fremden Freund stoßen – und zwar zeitgleich am selben Tag!
Drei Bücher im Schuber.

kosmos.de/die_drei_fragezeichen

Pssst, HÖR doch mal
drrring
ggggrrrr
Die drei ???
Fluch des Piraten
135
EUROPA
lle
Diva
knarr
knack
„Juuustuuus!"
Hörspiele und mehr
gibt's hier!!!
www.dreifragezeichen.de
Community
Gewinnspiele
Shop und mehr
EUROPA
© 2010 — „Die drei ???" ist eine eingetragene Marke der Franckh-Kosmos Verlags-GmbH & Co. KG · Gestaltung: www.KBandB.de